Hallo Hellas, ich komme!

von

Antje Chomley

Hallo Hellas, ich komme!

von

Antje Chomley

Rediroma-Verlag

Bibliografische Information der Deutschen Nationalbibliothek:
Die Deutsche Nationalbibliothek verzeichnet diese Publikation in der Deutschen Nationalbibliografie; detaillierte bibliografische Daten sind im Internet über http://dnb.ddb.de abrufbar.

ISBN 978-3-96103-267-9

Neuauflage des Buches »Ein Koffer voller Träume«

Covergestaltung: Antony Chomley

www.rediroma-verlag.de
15,95 Euro (D)

Inhaltsverzeichnis

Seite

Wie alles begann

Himmel, tat das weh!

Eigentlich sollte es ein eleganter Sprung über Mutters liebevoll angepflanztes Blumenbeet werden. Eigentlich. Doch irgendetwas war schiefgegangen. Jedenfalls landete ich rücklings inmitten der Blütenpracht. Eine Glockenblume kitzelte mich schadenfroh an der Nase und in meinem linken Fuß tobten unzählige Schmerzkobolde. Oh, oh! Das würde Ärger geben!

Doch erst einmal blieb das große Donnerwetter aus. Erprobt im jahrelangen Umgang mit dem Übermut ihrer Jüngsten, und den daraus resultierenden Folgen, begab sich meine Mutter in stoischer Gelassenheit zum Telefon und rief einen Krankenwagen. Dreckverkrustet wie ich war, wurde ich in die Klinik gefahren. Mit meinen elf Jahren hatte ich zu dem Zeitpunkt bereits mehr Erfahrungen mit Ärzten, Röntgenapparaten und eingegipsten Körperteilen, als meine beiden älteren Geschwister zusammen.

Der unsensible Versuch, einer schon etwas betagten Krankenschwester, mir die Gartenerde vom Leibe zu schrubben, fiel auch nicht gerade in die Rubrik *glückliche Kindheitserinnerungen.* Nachdem ich diverse Untersuchungen tapfer über mich hatte ergehen lassen, durfte ich das, nach Desinfektionsmitteln riechende, Gemäuer zum Glück noch am gleichen Tag wieder verlassen.

Mein Fuß schmerzte höllisch und der Zinkleimverband, den mein Körperteil nun zierte, stank erbärmlich. Meine Mutter verfrachtete mich zu Hause in einen alten Sessel, der inmitten unserer geräumigen Wohnküche stand.

Sollte *das* meine Strafe sein? Ich wurde das Gefühl nicht los, dass sie es regelrecht genoss, mich so schön unter Beobachtung zu haben. Sie ging wohl davon aus, dass ich auf diese Art und Weise wenigstens nichts anstellen konnte.

Dort saß ich also und ließ mich von den Mitgliedern meiner Familie bedauern. Leider hatte ich außer meinen Eltern nur zwei Geschwister, deren Interesse an meiner bandagierten, miefenden, Pfote bereits nach wenigen Minuten schon wieder abflaute.

In diesen langen – um genau zu sein, waren es vier – Wochen des Herumsitzens, durfte ich den Fuß nicht belasten. In dieser Zeit gab es viele grässliche Momente. Wobei die nächtliche Gesellschaft einer *Fußbank* in meinem Bett die Krönung der unzumutbaren Dinge war. Das alte, ziemlich ramponierte Teil *musste* sein, wie der Doktor gesagt hatte, da ich ansonsten einen »Spitzfuß« bekäme.

Doch dann hatte ein gütiges Schicksal Erbarmen mit mir. Mein Bruder konnte es nach ein paar Tagen nicht mehr ertragen, wie ich nur stumpfsinnig aus dem Fenster starrte. Er brachte mir ein Buch mit dem Titel ›*Griechische Sagen*‹.

Und so begann es.

Dieses Buch weckte jene Sehnsucht in mir, die mich nie wieder loslassen sollte. Sehnsucht, nach einem sonnendurchfluteten Land, leuchtend blauem Meer, weißen Stränden und Eseln in Hülle und Fülle. Auch packte mich eine unbändige Neugier, was es mit den Olivenhainen auf sich hatte. Damals hatte ich absolut keine Ahnung was Oliven überhaupt waren, geschweige denn wie sie schmeckten. Und natürlich war ich gespannt auf die schwarzgelockten, braungebrannten Helden. Kurzum: Griechenland war für mich der Inbegriff eines paradiesischen Landes. Ein Land voller Mythen und Sagen, Träumen und Geheimnissen.

Ich las das Buch nicht nur, ich verschlang es regelrecht.

Ob es sich um Göttervater Zeus, Apollo oder Ikarus handelte. Jede einzelne Geschichte fesselte mich und brannte sich tief in mir ein.

Besonders faszinierte mich das tragische Schicksal des armen Prometheus. An eine Felswand gekettet, wurde ihm in regelmäßigen Abständen von einem Adler seine, sich immer wieder erneuernde, Leber heraus gehackt. Wie furchtbar!

Die alltäglichen Dinge des Lebens, die da lauteten: Essen, waschen und schlafen, waren von mir bis dato heißersehnte Abwechslungen gewesen; nun traten sie ganz weit in den Hintergrund. Ich empfand sie nur noch als störende und notwendige Übel.

Besonders unleidlich wurde ich, wenn nachmittags eine Klassenkameradin vorbeikam, um mir die Hausaufgaben zu bringen. Für *so etwas* hatte ich nun wirklich keine Zeit. Außerdem hatte ich nicht aus der Schule, sondern aus dem Buch erfahren, woher unser Kontinent seinen Namen hat.

Doch welche Rechte hat schon eine hilflose Elfjährige? Mir blieb also nichts anderes übrig, als mich zu fügen.

Hätte mir damals jemand gesagt, dass es noch *vierzehn* Jahre dauern würde, bis ich mein Traumland kennenlernen sollte, ich wäre wahrscheinlich verrückt geworden. Bis dahin wäre ich ja *uralt*! Und: Würde es meine Helden dann überhaupt noch geben?

Hinzu kam, dass ich zu jenem Zeitpunkt gerade eine sehr intensive und äußerst gefühlsbetonte Schwärmerei durchlebte. Als Elternteil weiß man, dass Kinder, insbesondere Mädchen, während der Backfischzeit, nicht immer ganz einfach sind. Milde ausgedrückt.

Bei meinem Opfer handelte es sich um den griechischen Sänger *Costa Cordalis*. Ich fand seine Lieder einfach himmlisch. So einfühlsam und melancholisch ... und ihn selbst geradezu *göttlich*. Natürlich besaß ich all seine Schallplatten. – Diese Dinger gab es damals wirklich! – Ich spielte sie so oft ab, bis ich die Texte auswendig kannte ... oder eines meiner lieben Familienmitglieder die Stromzufuhr kappte.

Außerdem sammelte ich jedes Bild, das ich von ihm finden konnte. In einem eigens dafür angeleg- tem Heft wurden sie für alle Zeiten auf UHU ge- pappt. Die größte Fundgrube auf meiner Jagd nach seinem Abbild waren dabei die Zeitschriften meiner Mutter. Liebevoll schnitt ich sie aus; selbstverständlich *bevor* diese die Illustrierten gelesen hatte.

Bei einem seiner Auftritte in der ZDF-Hitparade war mein Idol fürchterlich erkältet. Mein Erfin- dungsreichtum wuchs ins Unermessliche. Ich wollte unbedingt auch so eine Erkältung haben. Es klappte tatsächlich. Allerdings erst vier Wochen später, als *er* schon wieder kerngesund war.

Mein ›Glanzstück‹ leistete ich mir jedoch, in dem ich einen silbernen Kettenanhänger, auf des- sen Vorderseite die Worte *Vergiss mich nicht* prangten, und den mir meine Mutter geschenkt hatte, heimlich verschönern ließ. Ich brachte das gute Stück zu einem Juwelier und ließ von mei- nem mageren Taschengeld die Initialen ›*CC*‹ auf der Rückseite eingravieren. Meinen Freundinnen wollte ich weismachen, dass ich den Anhänger von Herrn Cordalis persönlich bekommen hätte! – Lügen haben ja bekanntlich kurze Beine, viel- leicht ist das auch der Grund, dass ich nur knapp einen Meter sechzig groß bin!? –

Mein *Geheimnis* flog auf, als ich mit meinem Bänderanriss daniederlag. Dummerweise rief der Juwelier an, um zu sagen, dass das Schmuckstück fertig sei, und abgeholt werden könne.

Das Donnerwetter, welches unausweichlich folgte, hatte es ganz schön in sich. – Besagten Anhänger habe ich übrigens *nie* getragen! –

Ein knappes Jahr später gab es wieder Ärger. Der Grund: FUSSBALL!

Eigentlich sind nur meine Mutter und meine Schwester Fans dieser Sportart. Aber da Deutschland gegen *mein* Griechenland antrat, *musste* ich mir dieses Spiel einfach anschauen. Nun, von den Regeln hatte ich eh keine Ahnung, aber dass Tore fielen, bekam selbst ich mit.

Beim Schlusspfiff stand es 3:1 für *meine* Mannschaft. Ich jubelte. Allerdings nicht lange. »Das Kind hat keinen Nationalstolz« und: »Das Kind gehört in ein Heim«, waren noch die harmloseren Unmutsbezeugungen meiner Mutter. Die anderen möchte ich hier lieber nicht wiedergeben.

Verstanden habe ich das Verhalten meiner Mutter allerdings nicht. *Was* konnte *ich* denn dafür, dass die *Besseren* gewonnen hatten? Dadurch ließ sich an dem Ergebnis doch auch nichts mehr ändern. ERWACHSENE!

Das Ende vom Lied war, dass sie mir meine geliebten Schallplatten wegnahm und ich vier Wochen lang keine ›Hitparade‹ sehen durfte. Das Buch mit den Griechischen Sagen, das ebenfalls ihrer Entsorgungswut erliegen sollte, konnte sie allerdings nicht finden. Ich hatte es in weiser Voraussicht gut versteckt.

Aber auch mein Bruder bekam noch seinen Rüffel ab. Schließlich hatte *er* mir ja damals, vor einem Jahr, besagtes Buch gegeben und den Stein damit ins Rollen gebracht.

Trotz alledem konnte meine Mutter aber auch ganz prima und lieb sein! Nur in manchen Dingen war sie halt manchmal etwas … putzig. Doch im Laufe der Jahre gewöhnte ich mich an ihr besorgtes Seufzen genauso, wie an ihr unnachahmliches Kräuseln der Nase. Und manchmal, ich gebe es ja zu, hatte sie auch gar nicht mal so Unrecht mit ihren Unterstellungen und Befürchtungen. Aber welcher Teenager kann sich schon in die Denkweise der Eltern hineinversetzen?

Jetzt, viele Jahre später, höre ich immer noch gerne die Lieder von Costa Cordalis.
Vor allem eines: »Das kleine weiße Haus am Meer, drei Meilen entfernt von Korinth«. Ich fand, und finde, es immer noch wunderschön.

Das erste Mal

Endlich war es soweit; mein jahrelanger Traum von Griechenland sollte Wirklichkeit werden!

Seit meinem vierzehnten Lebensjahr hatte ich nach Schulschluss, und in den Ferien, gejobbt. Aber das Geld hatte nie für eine so weite Reise gereicht. Nur bis Norderney war ich gekommen. Damals war ich sechzehn und stolz wie Oscar, weil ich ganz alleine dorthin fahren durfte.

So richtige Familienurlaube hatte es in unserer Familie nie gegeben. Außer einem einzigen Mal: Damals war ich drei, meine Schwester fünf und mein Bruder elf Jahre alt. Vier Wochen Nordsee waren angesagt. Wir hatten auch tatsächlich drei Tage Strandwetter. Nicht nur dass der gesamte Urlaub verregnete, nein, in der zweiten Hälfte bekam meine Schwester auch noch die Windpocken!

Da ich stets bestrebt war, ihr in allem nachzueifern. Schließlich war sie meine große Schwester. Allerdings konnte ich es nur schwer – bis gar nicht – ertragen, wenn *sie* etwas hatte und *ich* nicht. So dauerte es auch nur wenige Tage, bis auch ich die hübschen roten Pünktchen bekam. Trotz Mutters striktem Verbot, hatte ich mich, bei jeder sich bietenden Gelegenheit, in ihre Nähe geschlichen. Dass ich dabei aus ihrem Glas trank und von ihrem Löffel aß, beschleunigte den Lauf der Dinge wohl etwas. So klappte es mit der Ansteckung prima. Noch heute höre ich die Stimme meines Vaters bei der Rückreise: »*Einmal und nie wieder*!«

Er sollte damit Recht behalten. – Muss wirklich peinlich für ihn gewesen sein, mit zwei gesprenkelten kleinen Mädchen im Schlepp, den Heimweg mit der Bahn anzutreten. –

Da unser Vater sehr krank war, fuhr er einmal im Jahr zur Kur. Meistens begleitete ihn unsere Mutter während dieser Zeit. Später dann auch unser Bruder. Aber niemals fuhren wir wieder alle gemeinsam.

Als ich siebzehn war, starb mein Vater. Ich hatte gerade die Realschule abgeschlossen und anstatt weiter die Schulbank zu drücken, entschied ich mich, eine Ausbildung zur Masseurin und medizinischen Bademeisterin – heute Physiotherapeutin – zu absolvieren.

In den Jahren darauf unternahm ich mehrere Anläufe, um nach Griechenland zu kommen. Doch bedingt durch verschiedene Widrigkeiten des Lebens, wurde dem immer wieder ein Strich durch die Rechnung gemacht.

Nun endlich war es soweit. Meine Fahrt ins Abenteuer konnte beginnen!

Bei einem Busunternehmen hatte ich einen achtzehntägigen Urlaub in *Stomion*, an der Ostküste Griechenlands, gebucht.

Allein die Fahrt dorthin war schon ein Erlebnis für sich!

Im Bus saß ich neben einer netten, zierlichen – *ich* gehörte leider *nie* zu dieser Kategorie – jungen Frau. Die erste Nacht fuhren wir ohne Zwischenübernachtung durch. Als uns langsam aber sicher die Augen zufielen, rollte sie sich auf unseren beiden Sitzplätzen zusammen. Ich dagegen knüllte mich mit meiner Decke in den Fußbereich. So bekamen wir, im Gegensatz zu den anderen Fahrgästen, gute vier Stunden Schlaf.

Zu unserem Glück befand sich auch unser griechischer Reiseleiter, *Jannis*, in unserem Bus. Er erzählte uns viel über Land und Leute, Sitten und Gebräuche. Gebannt hing ich an seinen Lippen. Jedes seiner Worte saugte ich auf, wie ein Schwamm das Badewasser. Aus dem Radio erklangen griechische Lieder und ich war unbeschreiblich glücklich.

Während der regelmäßigen Pausen war es faszinierend, die Mitreisenden zu beobachten. Der Ablauf war Folgender: Der Bus hielt. Die Türen öffneten sich. Die Leute drängelten nach draußen. Und stürzten in die Raststätte. Gemäß dem Motto: ENDLICH SITZEN – Dieses Phänomen wiederholte sich bei *jeder* Rast! –

Nur ganz wenige, nämlich die Raucher, zu denen auch ich zähle, vertraten sich die Beine. Dabei leistete Jannis mir ab und zu Gesellschaft und so lernte ich meine ersten griechischen Wörter.

Während unserer einzigen Zwischenübernachtung, in einem kleinen Hotel, ereignete sich etwas, was ich nie vergessen werde:
Am späten Nachmittag erreichten wir unsere Unterkunft in *Skopje*, dem damaligen Jugoslawien. Meiner Sitznachbarin und mir wurde ein Doppelzimmer zugeteilt. Ungeduldig hechelte ich nach einer kühlen Dusche, trotzdem ließ ich ihr den Vortritt. Während sie die wohltuende Erfrischung genoss, entledigte ich mich schon mal meiner Kleidung. Unter anderem der Stützstrumpfhose, die ich auf Anraten einer Bekannten, eigens für die Fahrt erstanden hatte. Nie zuvor hatte ich mitbekommen, *wie* schnell ein Mensch sich verändern kann. In diesem speziellen Fall handelte es sich um meine Füße. Von ihrer einengenden Umhüllung befreit, blähten sie sich auf wie zwei Luftballons. Mein Entsetzen war grenzenlos!
Nachdem ich sie eine halbe Stunde in kaltes Wasser getaucht hatte, schrumpften sie wenigstens etwas zusammen. Nach einer weiteren Stunde schaffte ich es sogar, sie in meine ausgelatschten Gesundheitstreter zu quetschen. Das gelang allerdings erst, nachdem ich die Riemen auf die allergrößte Weite eingestellt hatte.

Tja, und dann war es endlich geschafft! Die Grenze nach Griechenland hatten wir drei Stunden zuvor passiert. Nun hielt der Bus auf dem Marktplatz von Stomion. Da der Großteil der Mitreisenden bereits in verschiedenen Hotels in den Orten *Leptokaria* und *Platamonia* ausgestiegen war, blieben, außer mir, nur noch fünf weitere Sonnenhungrige übrig. Unsere Koffer wurden in einen Pickup umgeladen und zu unserem Hotel gebracht. Angeblich schaffte es der – deutsche – Busfahrer nicht, den etwas steilen, serpentinenartigen Weg hinaufzufahren. Wir gingen also zu Fuß.

Unser Zuhause für die nächsten vierzehn Tage thronte auf einem Hügel über dem Ort. Mit seinem weißen Anstrich und den braunen Fensterläden war es für mich das schönste Hotel des ganzen Landes. Und die Aussicht von der mit Wein umrankten Dachterrasse war atemberaubend.

Mein Zimmer maß knapp zwanzig Quadratmeter. Es war sehr geräumig und beinhaltete drei einzelne Betten. Das Bad war allerdings etwas gewöhnungsbedürftig. Es hatte weder eine Duschwanne noch einen Duschvorhang, sodass die Brause fröhlich ihren Wasserstrahl im ganzen Raum verteilte. War ja auch gar nicht schlimm; ärgerlich war dabei nur, dass ich das Toilettenpapier nach dem ersten Duschbad auf der Veranda zum Trocknen ausbreiten musste. – Dies passierte mir insgesamt aber nur drei Mal! –

Unsere Mahlzeiten nahmen wir auf der großen Dachterrasse ein. Es war ein unbeschreibliches Erlebnis, mit so vielen fremden Gerichten konfrontiert zu werden. Ob diese nun *Bauernsalat*, *Bifteki* oder *Zaziki* hießen, alles schmeckte exotisch und absolut köstlich.

Der Wirt kümmerte sich rührend um uns. Hauptberuflich war er als Philosophie-Professor in Athen tätig und führte das Hotel gemeinsam mit seiner Ehefrau und Tochter, Katarina.
Da er ein paar Brocken Deutsch sprach, wollte er von uns gerne noch mehr lernen. Im Gegenzug versuchte er uns Griechisch beizubringen. Wir hatten viel Spaß miteinander und waren richtig stolz, als wir es nach fünf Tagen schafften, dass er die Wörter *Nudeln* und *Gurken* fehlerfrei aussprechen konnte.

Abends saßen wir unter der mit Wein umrankten Pergola, spielten Karten, handarbeiteten – ich nicht! – und plauderten. Fast jeden Abend leistete uns Jannis Gesellschaft. Er fühlte sich in unserer fröhlichen Runde sehr wohl und konnte sich bei uns ein wenig von seiner anstrengenden Tätigkeit als Reiseleiter erholen.

Der kleine griechische Ort Stomion war damals noch gänzlich vom Tourismusboom verschont geblieben und somit eine absolute Herausforderung.

Das einzige Geschäft des Ortes wurde von einer alten Frau geführt. Natürlich sprach sie kein Englisch, geschweige denn Deutsch. Mein damaliger Wortschatz belief sich auf »*Jassou*« (hallo), »*Ella*« (komm her), »*Kalimera*« (guten Morgen), »*Kaliorexi*« (guten Appetit) und »*Kalinichta*« (gute Nacht). – Gehen Sie mal mit solch einem mickrigen Vokabular einkaufen! – Es entpuppte sich in der Tat als recht abenteuerlich. Trotzdem schaffte ich es, Postkarten, Briefmarken und sogar eine dicke Wassermelone zu erwerben. Ich war überrascht, *wie* preiswert dort alles war! Für die Melone bezahlte ich keine sechzig Pfennig.

Und dann der Strand! Herrlicher, feinkörniger Sand, massenhaft Platz und glasklares Wasser. Einfach paradiesisch.

Um dorthin zu gelangen gab es zwei Möglichkeiten: Entweder latschte man auf der Straße die Anhöhe hinab und durch den Ort, was ca. zwanzig Minuten dauerte, oder man benutzte einen unwegsamen Trampelpfad. Dieser führte über eine Wiese, mit anschließender Kletterpartie durch ein steiles, ausgetrocknetes Flussbett. Der Weg war zwar beschwerlicher, dauerte dafür aber nur knapp zehn Minuten, deshalb benutzten wir am liebsten diese Abkürzung.

Der Hinweg war auch immer ganz fix bewältigt, da es bergab ging. Zurück, bei zweiundvierzig Grad im Schatten, war es manchmal eine ganz schöne Tortur.

Dennoch machten mir die hohen Temperaturen nicht das Geringste aus. Im Gegenteil. Ich fühlte mich dabei genauso wohl, wie die kleinen Echsen, die sich auf meiner Veranda sonnten.

Nicht weit – aus griechischer Betrachtungsweise – von unserem Domizil entfernt, befand sich eine *Heilige Quelle*. Diese wollte ich mir unbedingt ansehen. Kurzentschlossen buchte ich bei dem Reiseveranstalter einen Ausflug dorthin.

Nach einstündiger Fahrt erreichten wir das *Tempe-Tal*. Ein kleiner See, gespeist von der *Daphne-Quelle*, inmitten eines Waldes, bot ein idyllisches Bild. Ein paar Stände, an denen man Wasserflaschen in allen Größen kaufen konnte, um sich ausreichend mit dem heilenden Nass einzudecken, rundeten das Bild ab.

Der Legende nach war einst *Apollon* durch das Tempe-Tal gewandert. Er befand sich auf dem Weg zu König *Admetos*. Bei ihm sollte er acht Jahre lang Sklavendienste leisten, weil er als Knabe den Drachen *Delphine* getötet hatte. Während einer Rast wurde Apollon in dem Tal von der Schlange *Python* in den Fuß gebissen. Um die Wunde zu reinigen tauchte er sein Bein in besagte Quelle und die Wunde heilte sofort.

Noch heute spricht man dem Wasser heilkräftige Wirkungen zu. So soll es bei Augenleiden und zur inneren Reinigung wahre Wunder vollbringen, und wer darin badet, erhält ewige Jugend!

Natürlich besorgte auch ich mir drei Plastikflaschen und füllte sie bis zum Rand mit dem kostbaren Nass. – Nachdem ich sie jahrelang wie einen Goldschatz in meinem Kühlschrank gehütet hatte, gingen sie leider bei einem meiner vielen Umzüge verloren. Benutzt hatte ich das Wasser nie. Es wäre ja schade darum gewesen, es aufzubrauchen. Wenn ich jedoch heute, viele Jahre später, in den

Spiegel schaue, ärgere ich mich maßlos, es nicht wenigstens *einmal* benutzt zu haben. –

Außerdem gab es in dem Tal noch eine Besonderheit: Die aus dem Fels gehauene Kapelle *Agios Paraskewi* .

In einer Höhle des Tales hatten Bauarbeiter 1921 eine verschüttete Ikone entdeckt und nahmen das Bildnis mit nach Hause. Am nächsten Morgen war es verschwunden. Als die Arbeiter in der Höhle nachschauten, befand es sich wieder an der gleichen Stelle wie tags zuvor. So errichteten sie eine Kapelle an jenem Ort, stellten die Ikone hinein und, da sich dies an einem Freitag zugetragen hatte, gaben sie ihr den Namen *Agios Paraskewi* (heiliger Freitag).

Eines Tages fragte Jannis mich, ob ich Lust hätte, ihn nach *Platamonia* und *Leptokaria*, zu den beiden anderen Vertragshotels, zu begleiten. Natürlich wollte ich mir dies nicht entgehen lassen. War ich doch neugierig, ob andere Hotels ebenso charmant waren, wie meine Unterkunft. Ich weiß zwar nicht, was ich erwartet hatte, aber die Enttäuschung folgte auf dem Fuße.

Die Hotels waren einfache Betonbauten, die so gar nicht meinen griechischen Vorstellungen entsprachen.

Während ich gelangweilt an der Bar im Garten des einen Hotels eine Cola trank und darauf wartete, dass Jannis mich wieder nach Hause brachte, bekam ich fast einen Herzkasper!

Mit lautem Getöse und Gerumpel donnerte plötzlich, keine zehn Meter von mir entfernt, die Überlandbahn von Thessaloniki nach Athen vorüber. Mitten durch den Hotelgarten.

Ein Erlebnis, das ich ebenfalls nie vergessen werde, war der Zweitageausflug zu den *Meteora-Klöstern*, *Delphi* und *Athen*.

Morgens um vier Uhr sollte es losgehen. Da es beim besten Willen nicht möglich war, meiner Dusche um diese Zeit auch nur einen Tropfen Wasser abzugewinnen, stellte ich mich kurzerhand unter eine der Außenduschen. Das Wasser rann lauwarm und erfrischend aus dem leicht verrosteten Duschkopf und der Vollmond hüllte meinen Körper in sein glänzendes Licht. Die Grillen zirpten ohrenbetäubend, und ein Hotelgast schnarchte zum Steinerweichen.

Der Bus erschien pünktlich, und erstaunlicher Weise schaffte *dieser* Fahrer es, problemlos die Straße hinaufzufahren *und* zu wenden!

Noch etwas verschlafen hockten die Fahrgäste auf ihren Sitzen. Ich gesellte mich zu einem jungen Mädchen. Sie hieß Heidi, war gebürtige Griechin und kam aus München. Ihr Onkel, bei dem sie ihre Ferien verbrachte, hatte sie zu diesem Ausflug angemeldet, damit sie etwas über ihre Wurzeln erführe.

Ich freute mich diebisch. Dachte ich doch, dass ich nun für zwei Tage meine ganz persönliche Dolmetscherin hätte. Pustekuchen!

Sie konnte nur wenig mehr Griechisch als ich und das bisschen, was sie mir beizubringen versuchte, verstand ich wegen ihres bayrischen Dialektes nicht.

Gebannt lauschte ich dagegen den mythologischen Ausführungen unseres Reiseleiters. Erinnerungen an meine Kindheit wurden wach. Erinnerungen an die Zeit, als ich zum ersten Mal mit diesen Geschichten Bekanntschaft gemacht hatte.

Über *Larissa* fuhren wir durch die thessalische Ebene nach *Kalambaka*. Es war ein grandioser Anblick, als inmitten der Ebene plötzlich gigantische Felsen aufragten. Erst als wir näher kamen, konnten wir die Klöster darauf entdecken, die wie winzige Vogelnester daran zu kleben schienen.

Viele Touristen informieren sich nur unzureichend, oder gar nicht, über das Land, welches sie bereisen wollen. So hatten nun auch jetzt einige – eigentlich die Mehrzahl – ein Problem: In griechischen Klöstern gelten strenge Vorschriften bezüglich der Bekleidung. Also durften sich nun all jene, welche lediglich in Shorts und Miniröcken steckten, in unförmige, graubraune Säcke hüllen. Männlein wie Weiblein. Es sah urkomisch aus und vor allem deren Gesichter! Ich wunderte mich nicht, dass sie ziemlich verkrampft in die Kameras schauten, die um sie herum klickten.

Die Besichtigung der Klöster war ebenso beeindruckend wie die Fernsicht.

Einfach genial fand ich die Lösung des Besucher- und Warentransports zu damaliger Zeit.

Wenn jemand – oder etwas – von unten nach oben bewegt werden sollte, ließen die Mönche einen großen Korb hinab. Dieser wurde mit dem Besucher – oder den Waren – beladen und mittels einer Seilwinde wieder in die Höhe gehievt. – Die Muskeln der Mönche wären bestimmt ein Augenschmaus gewesen. –

Am frühen Nachmittag des gleichen Tages erreichten wir Delphi.

Der Legende nach, hatte Göttervater *Zeus* von zwei gegenüberliegenden Punkten der Erde jeweils einen Adler freigelassen. Dort, wo sich deren Flugbahnen kreuzten, ließ er Delphi erbauen. Den Mittelpunkt der Welt.

In dem dortigen Orakel, konnten die Menschen *Apollon,* welcher durch die Priesterin *Pythia* sprach, um Rat befragen. Bevor die Ratsuchenden dies jedoch tun konnten, mussten sie sich erst einmal zehn Tage lang reinigen. In dieser Zeit wurden Boten entsandt, um Erkundigungen über die Fragesteller einzuholen. Wurden sie als würdig befunden, begaben sich zwölf Priester zu der Pythia und stellten die Frage.

Durch Dämpfe, die aus dem Boden drangen, und das Kauen von Blättern, versetzte sich die Pythia in Trance. Leise murmelte sie dabei vor sich hin.

Das Gehörte wurde von den Priestern als Antwort gewertet, und als Rat an den Hilfesuchenden weitergegeben. Allerdings immer so, dass zweideutige Ergebnisse dabei heraus kamen! So nach dem Motto: Sicher ist sicher. Nicht dass mir noch jemand das Fell über die Ohren zieht, wegen einer Fehlinterpretation. – So habe ich es übrigens auch gehalten, als ich mich einmal in der Kunst des Kartenlegens versuchte. –

Ich konnte es kaum abwarten, die eindrucksvolle Stätte zu besichtigen. Doch zuerst stand ein gemeinsames Mittagessen auf dem Tagesplan. Wir betraten also das Restaurant und … wurden in die Küche gelotst. Dort ließ man uns in die Töpfe schauen, damit wir uns etwas von den landestypischen Köstlichkeiten aussuchten. Ich entschied mich für *Pastitio*, und wurde nicht enttäuscht. Es war der köstlichste Nudelauflauf, den ich je gegessen hatte.

Für dic historische Stätte hatten wir nach dem leckeren Mahl zum Glück noch ausreichend Zeit.

Zu Füßen des zweitausend Meter hohen *Parnassos*-Gebirges erstrecken sich auf über dreihundert Höhenmetern Tempel, Schatzhäuser, Stadien und ein Theater. Der Weg ist zwar steil, aber trotzdem gut begehbar. Nur sollte man darauf achten, bei über dreißig Grad im Schatten, etwas zu trinken mitzunehmen.

Besonders faszinierten mich die Steine, in denen die Namen freigelassener Sklaven eingemeißelt waren; die komplette Anlage war einfach umwerfend.

Gegen Abend erreichten wir Athen; pünktlich zur einsetzenden Rushhour! Der Verkehr war atemberaubend, doch unser Fahrer einsame Spitze. Er quetschte den Bus in jede noch so kleine Verkehrslücke und ohrenbetäubende Hupkonzerte begleiteten uns auf dem Weg zu unserem Hotel.

Bevor wir zu einem ›typisch griechischen (Touristen) Abend‹ aufbrachen, wurde ich mit den Widrigkeiten hellenischer Steckdosen konfrontiert. Dusseliger Weise hatte ich meinen Adapter in Stomion gelassen. Nun stand ich mit nassen Haaren vor dem Problem eines nicht funktionierenden Föns. Mein Trost war jedoch, dass auch keine der anderen weiblichen Mitreisenden an diesen Abend den Titel der bestfrisiertesten Touristin erhalten würde.

Unser Fahrer brachte uns zu einer kleinen Taverne. Dort wurden auf einer Bühne traditionelle Tänze dargeboten und ich bewunderte die landestypischen Kostüme ebenso, wie die anmutigen Bewegungen der Tänzer. Die Musik und der Wein waren unglaublich berauschend.

Stunden später, auf dem Nachhauseweg zu unserem Hotel, gab es noch ein besonderes Highlight: Unser Chauffeur machte einen Umweg und hielt am Fuße der *Akropolis*.

Angestrahlt von unzähligen Scheinwerfern leuchtete sie in goldenem Licht. Darüber strahlte ein dicker Vollmond mit Millionen von Sternen um die Wette. Leise Musik erklang aus dem Bus-Radio und ich konnte den Blick nicht abwenden.

Wie gebannt stand ich da und wusste, dass ich *diesen* Anblick niemals würde vergessen können. Wie verzaubert gab ich das Versprechen wiederzukommen. Irgendwann. Eines Tages.

Am nächsten Tag besichtigten wir die Akropolis im hellen Sonnenschein. Meine Hochachtung galt den Arbeitskräften, die es in der damaligen Zeit geschafft hatten, die tonnenschweren Steine ohne technische Hilfsmittel zu bewegen. Es war unglaublich, wie meisterhaft sich all diese von handbearbeiteten Maßanfertigungen zusammenfügten und mit den genialen Arbeiten der Steinbildhauer harmonierten.
Gerne wäre ich länger geblieben, um alles ganz genau zu betrachten, aber wir mussten weiter. Nach einem Abstecher zum Kanal von Korinth und dem Hafen von Piräus, ging es vorbei am *Marathon-See* wieder in Richtung Stomion.
Auf dieser Rundreise sah ich nun Griechenland so, wie ich es mir als Elfjährige immer vorgestellt hatte. Vieles war genau wie in meinen Kindheitsträumen und mir wurde bewusst, dass ich dem Zauber dieses Landes vollkommen erlegen war.

Zwei Tage später hatten wir Gelegenheit, an einem griechischen Dorffest teilzunehmen.
Der Fahrer des uralten, klapprigen VW-Busses, welcher uns dorthin brachte, war einmalig. Er hatte zwölf Jahre in Stuttgart gelebt, wodurch wir nun in den – ungewöhnlichen – Genuss eines

schwäbelnden Griechen kamen. Er war ein sehr fröhlicher Geselle. Sein Gefährt dagegen wäre in Deutschland schon nicht mehr durch den TÜV gekommen, als ich mit meinem Bänderriss die ersten griechischen Göttergeschichten las. Aber *Stavros* hatte ein unglaubliches Gottvertrauen in sein Vehikel. Er jagte damit die schmalen, staubigen Straßen in die Berge hinauf, dass uns Hören und Sehen verging.

Als wir an unserem Ziel ankamen, waren wir froh, die Fahrt heil überstanden zu haben.

Bei einem kleinen Bummel durch den zauberhaften Ort, mit seinen alten Häusern und den blühenden Gärten, kam ich aus dem Staunen nicht heraus. Solche Dörfer gab es in Deutschland nicht. Alte Leute saßen vor ihren Türen und grüßten freundlich. Ein unbeschreibliches Gefühl tiefer Verbundenheit zu diesem Land und dessen Bewohnern ergriff von mir Besitz. Ein Gefühl, das mir zuzuflüstern schien: Hier gehörst du hin. Hier bist du Zuhause.

Als ich dann auch noch hörte, wie eine *deutsche* Touristin mit einer alten Frau – in meinen Ohren fließend – *griechisch* sprach, wusste ich, dass ich das auch können wollte und alles daransetzen würde, diese Sprache schnellstens zu lernen.

Das Fest war wunderbar. Vor der einzigen Taverne des Dorfes, unter einer riesigen, alten Platane, waren lange Tischreihen aufgebaut und die Einheimischen hießen uns herzlich willkommen.

Es gab gegrillte Ziege, Pommes, Salat und Zaziki, Limonade, Bier, Wein und natürlich Ouzo. Musik erklang und wir wurden in den Kreis der Sirtaki-Tanzenden gezogen.

Stunden später, auf dem Heimweg, waren wir alle todmüde und ein wenig beschwipst; aber wir waren auch der einstimmigen Meinung, dass es ein einmaliger Abend gewesen war.

Langsam und unaufhaltsam neigte sich mein Urlaub seinem Ende zu.

Den letzten Abend verbrachten wir am Strand. Die weiche Luft umschmeichelte unsere Haut, wie ein großes Seidentuch. Der Sand war noch warm von der Hitze des Tages und über uns funkelte ein unglaubliches Sternenmeer. Die Flammen des Lagerfeuers verbreiteten einen goldenen Schein und so manche Wehmutsträne kullerte in den Sand.

Einige aus unserer Gruppe konnten einem nächtlichen Bad nicht widerstehen. Rasch entledigten sie sich ihrer Kleidung und stürzten sich in die sanfte Dünung des Meeres. Allerdings dauerte dieses Vergnügen nicht allzu lange, denn auch Quallen haben ab und zu mal Appetit.

Dann war der Tag der Abreise unwiderruflich gekommen.

Da meine Mutter an diesem Tag Geburtstag hatte, und ich ja ein liebes Töchterchen war, rief ich sie an. Sie freute sich sehr darüber. Anfangs. Angeregt plauderte sie vom Wetter, dem neusten Klatsch aus der Nachbarschaft – ihrem Lieblingsthema Nr. 1 –, über ihren Garten und wo sie wann welche Blumen gepflanzt hatte – ihrem Lieblingsthema Nr. 2 –. Nach gut zwanzig Minuten fragte sie mich, seit wann ich denn aus Griechenland zurück sei und ob ich denn heute noch bei ihr zum Kaffee hereinschauen würde.

Ihre Reaktion auf mein: »Ich bin noch in Griechenland«, war erschütternd.

»Ja, bist du denn total verrückt geworden?!«, klang es mir gar nicht mehr fröhlich entgegen.

Irritiert blickte ich auf den leise vor sich hin tutenden Telefonhörer in meiner Hand. *Ihren* hatte sie nach diesem niederschmetternden Satz auf die Gabel geknallt. Ich hatte das dumpfe Gefühl, dass sie sich nun *nicht* mehr so sehr über meinen Anruf freute. Aber weshalb?

Ein paar Tage später sollte ich den Grund dafür erfahren: Die Verbindung sei so gut gewesen, dass sie geglaubt hatte, ich riefe aus meiner zehn Kilometer entfernten Wohnung an. Außerdem befürchtete sie, dass mich das Telefonat ein kleines Vermögen gekostet habe.

Nun, auf jeden Fall war der Abschied von Stomion und seinen Bewohnern herzlich und tränenreich.

Unglücklich saß ich im Bus und heulte was das Zeug hergab. Ab und zu schob sich eine Hand in mein Blickfeld, die mir eine neue Packung Tempotücher reichte. Meist verbunden mit ein paar tröstenden Worten, die mein Innerstes jedoch nicht erreichten. Ich wollte nur eins: UMKEHREN!

Mitten in der Nacht stolperte ich müde und traurig in meine Wohnung. Da war ich also wieder. Ich schlich durch die zwei Räume und fühlte mich fremder, als an meinem ersten Tag in Griechenland.

Am nächsten Morgen, noch bevor die Geschäfte öffneten, stand ich in meiner Heimatstadt vor dem Buchladen. Kaum, dass die Tür aufgeschlossen wurde, stürzte ich hinein und fünf Minuten später wieder heraus. In der Hand ein Griechisches Wörterbuch.

Auf meinen Chef, meine Kollegin und meine beste Freundin kamen schlimme Zeiten zu.
Ständig war ich von Fluchtgedanken beseelt und quatschte meinen Patienten die Ohren strubbelig, wie einmalig schön doch Griechenland sei. Dabei war es mir völlig egal, ob diese das nun interessierte oder nicht. Anhören *mussten* sie es sich.

In meiner Wohnung drehte sich nur noch die mitgebrachte Langspielplatte auf dem Schallplattenspieler; und Weintrinkend und Sirtaki tanzend gab ich mich meinem *Heimweh* hin.
In meinem Herzen hatte sich eine Tür geöffnet, die sich nie wieder schließen sollte.
Überwältigt von nie gekannten Gefühlen und tausend unbeschreiblichen Eindrücken war ich mit

einem Koffer voller Träume nach Deutschland zurückgekehrt. Beseelt von der Hoffnung und dem Gedanken, dass es ein nächstes Mal gab, hoffte ich, dass es nicht lange dauern würde, bis ich wieder sagen konnte: »Hallo Hellas, ich komme!«

Endlich wieder da!

Drei endlos lange Jahre waren ins Land gezogen, bis ich erneut meinen Fuß auf griechischen Boden setzen konnte.

Schuld an der Verzögerung war mein damaliger Freund *Frank*. 1989, damals siebenundzwanzig jährig, war ich zu ihm in die Nähe von Hamburg gezogen. Da er ein absoluter Norwegenfan war, gab ich erst einmal nach und begleitete ihn in den hohen Norden.

Dieser Urlaub war, um es nett zu formulieren, ein Horror Trip für mich! Es war eines der wenigen, dafür aber wirklich ätzenden Erlebnisse, die ich in meinem Leben durchgemacht habe. – Die Norwegen-Fans unter Ihnen mögen mir verzeihen. – Nicht nur dass ich, trotz entsprechender Kleidung, Tag und Nacht ganz erbärmlich fror, so hatte ich nachts zusätzlich auch Gesellschaft in meinem Schlafsack. Die beiden Gesellen, die sich wärmesuchend an mich kuschelten hießen: Zahnpasta-Tube und Duschlotion. Auch denen war es viel zu kalt und sie wollten sich morgens nicht aus ihren Behältnissen quetschen lassen. – Und das im JULI! –

Ein Jahr später folgte die zweite Katastrophe. Frank wollte sich einen langgehegten Wunsch erfüllen. Dieser hieß: Amerika. In *dem* Urlaub fror ich zwar nicht, aber das war auch schon alles an positiven Erlebnissen. Weiter möchte ich mich dazu nicht auslassen.

Endlich konnte ich meinen Freund davon überzeugen, dass er *unbedingt* Griechenland kennen lernen müsse. Die Wahl fiel auf *Chalkidiki*.

Der Sage nach ist die Halbinsel entstanden, als der Meeresgott *Poseidon* im Kampf gegen die *Titanen* seinen Dreizack verlor. Dieser fiel genau auf jene Stelle des griechischen Festlandes, und es bildeten sich die drei Finger *Kassandra, Sithonia* und *Athos*.

Allein der Anflug auf den Flughafen von *Thessaloniki* war schon abenteuerlich.

Da der Pilot von der Meerseite her die Landebahn anflog, hatte man das unbeschreibliche Gefühl direkt im Wasser zu landen. Man hörte regelrecht, wie eine nicht geringe Anzahl der Passagiere die Luft anhielt. Andere wiederum stöhnten entsetzt auf. Zu denen gehörte auch mein Freund. Die restlichen, sich normal verhaltenden Reisenden, und ich, blickten freudestrahlend auf *mein* Hellas hinab.

Ein Bus unserer Reisegesellschaft brachte uns auf den Finger Kassandra. Unser Hotel befand sich zwischen den Orten *Hanioti* und *Pefkohori* und lag, nur durch die Uferstraße getrennt, direkt am Strand.

Außer uns stieg dort eine Familie aus Bayern ab, aber *wir* bekamen das schönste Zimmer. Warum?

Nun, der Besitzer, ein junger Mann namens *Harry*, hatte einige Jahre in Hamburg gelebt, und da wir ›aus der Ecke da oben‹ kamen, war dies für ihn selbstverständlich.

Kaum dass wir unsere Koffer ausgepackt hatten, zog es mich ans Meer.

Den warmen, weichen Sand unter den Füßen zu spüren, von der Nachmittagssonne gestreichelt zu werden, und das sanfte Rauschen der Wellen zu hören, ließ in mir das lang vermisste Gefühl erwachen, endlich wieder *Zuhause* zu sein!

An der Seite meines schweigsamen Begleiters spazierte ich Kilometer um Kilometer den Strand entlang. Auf meine Frage hin, ob er es nicht auch einfach herrlich fände, murmelte Frank nur: »Kann ich doch jetzt noch nicht sagen!«

Na, das konnte ja heiter werden! – Das wurde es auch. Allerdings nur für *mich*. –

Nach etwa eineinhalb Stunden drängte mein Freund darauf, wieder ins Hotel zurückzukehren. Auf unserem Zimmer angekommen, stellte er fest, dass er sich einen gewaltigen Sonnenbrand auf den *Fußrücken* zugezogen hatte.

Die folgenden zwei Tage verbrachte er schmollend, und seine Wunden leckend, im schattigen Zimmer.

Ich dagegen genoss die Sonne, den Strand und das Schwimmen im herrlich blauen Meer.

Am vierten Tag nach unserer Ankunft, unternahmen wir einen Busausflug nach *Philippi.*

Auf der Hinfahrt wurde uns nach etwa fünfzig Minuten Fahrt eine Zwangspause verordnet. Der Grund dafür war eine Reifenpanne. Wie lange ein Reifenwechsel bei einem Bus normalerweise dauert, kann ich nicht beurteilen. Ich hatte den Eindruck, dass unser Fahrer sein Bestes gab und mit nur eineinhalb Stunden Verspätung erreichten wir dann am späten Vormittag die Ausgrabungsstätte.

Idyllisch lag sie in einem breiten Tal, zwischen zwei Höhenzügen. Hier hatte der Apostel Paulus die erste christliche Gemeinde auf europäischem Boden gegründet. Außerdem, – und *das* interessierte mich bedeutend mehr – etwa einhundert Jahre zuvor hatte genau hier die Entscheidungsschlacht zwischen den Cäsar-Mördern Cassius und Brutus auf der einen Seite und Antonius und Octavian, dem späteren Kaiser Augustus, auf der anderen Seite, stattgefunden. Gemächlich bummelte ich über das Gelände. Doch wieder einmal war die Zeit viel zu kurz bemessen.

Während einer kleinen Mittagspause in *Kavala,* hatte ich ein ganz besonderes Erlebnis: Schon immer hatte ich eine Vorliebe für die kleinen Kioske (Periptera) – (Einzahl: Periptero) – Diese Kioske haben einfach alles, was man sich nur vorstellen kann. Von Zeitschriften und Telefonkarten, über Gummibänder und Batterien, Kugelschreiber und Pflaster, bis hin zu Süßigkeiten, lagern in diesen kleinen Räumen an die eintausend (!) verschiedene Dinge. Natürlich führen sie auch Zigaretten. Da meine Schachtel fast leer war, spazierte ich zu dem winzigen Gemischtwarenladen an der Uferpromenade. Auf meine Frage hin, ob er meine bevorzugte Marke habe, gab der Verkäufer mir jedoch keine Antwort. Stattdessen lächelte er und zog seine Augenbrauen hoch. Davon ausgehend, dass er mich nicht verstanden hatte, wiederholte ich die Frage. Erneut wartete ich vergeblich auf eine Antwort. Dieses Mal allerdings zog er nicht nur seine buschigen Brauen hoch, sondern warf auch noch den Kopf in den Nacken. Na gut, dachte ich mir, alle guten Dinge sind drei. Das Spiel wiederholte sich, mit dem gleichen Ergebnis. Schließlich gab ich auf und stapfte irritiert davon. Wenig später erzählte ich unserem Reiseleiter von der Begebenheit und erkundigte mich, was ich falsch gemacht hatte. Der wollte sich erst einmal ausschütten vor Lachen. Dann erklärte er mir, immer noch breit grinsend, dass die Mimik seines Landsmannes, schlicht und einfach »Nein!« geheißen habe. – Klasse! So etwas musste man schließlich wissen. Wie ich Jahre später von einer Bekannten erfuhr, war es ihr, als sie ihren Lebensmittelpunkt nach Griechenland verlegte, ebenso ergangen. Welch ein Trost! –

Nach der Besichtigung einer Goldschmiedewerkstatt, traten wir wieder den Heimweg an.

Unsere Kaffeepause, die wir auf der Rückfahrt einlegten, verlängerte sich etwas. Der Busfahrer hatte sich und uns ausgesperrt. – War wohl heute nicht sein Tag. – Der Schlüssel steckte ganz vergnügt im Zündschloss, während wir ihm von draußen her beim Herumhängen zusahen. – Seitdem bin ich sicher, dass auch Schlüssel ein Gefühlsleben haben und so etwas wie Schadenfreude empfinden. Ich könnte schwören, gesehen zu haben, wie er hämisch vor sich hin grinste. – Es dauerte zwar ein bisschen, bis unser Chauffeur unter tatkräftiger Mithilfe einiger Reisender, den Bus aufgebrochen hatte, aber dann gelangten wir ohne weitere Zwischenfälle in unser Hotel.

Für den übernächsten Tag hatten mein Freund und ich einen weiteren Ausflug gebucht.
Um fünf Uhr in der Früh standen wir abfahrbereit an der Straße. Bei griechischen Bußverbindungen auf dem Land weiß man nie so ganz genau, ob sie pünktlich kommen, oder gar nicht. Doch die Reiseveranstalter versuchten eigentlich schon ihr Bestes. Als wir nach fast zwei Stunden – da soll noch einer sagen wir seien nicht geduldig – immer noch nicht abgeholt worden waren, schlenderten wir wieder in unser Hotel.

Harry schaute uns ganz überrascht an. »Wolltet ihr heute nicht einen Ausflug machen?«, fragte er erstaunt.

Nachdem wir ihm erzählt hatten, dass wir stundenlang gewartet hatten, jedoch kein Bus gekommen sei, griff er zum Telefon. Natürlich verstanden wir nicht ein einziges Wort seines Wortschwalls, aber es hörte sich an, als ob er seinen Gesprächspartner genüsslich in Grund und Boden stampfte. Ich war froh, nicht derjenige am anderen Ende der Leitung zu sein. Nachdem Harry aufgelegt hatte, teilte er uns mit, dass man uns schlicht und ergreifend *vergessen* habe.

Abends erschien der Reiseleiter. Mit einer Flasche Wein und einem Gutschein für eine Schifffahrt, rund um die Mönchsrepublik Athos, entschuldigte er sich bei uns. Beides nahmen wir gerne an. Schließlich waren wir ja nicht nachtragend.

Nach tagelangen Bemühungen, Frank davon zu überzeugen, dass wir uns doch Motorroller mieten könnten, um auf eigene Faust die Gegend zu erkunden, stimmte er dem schließlich zu.

Immerhin gab es so viel Schönes und Interessantes zu sehen! – Leider sah ich nicht einmal die Hälfte von alldem, da mein Freund der Meinung war, dass *ein* Tag Mietroller ausreichte! –

Trotz der Enttäuschung genoss ich diesen Tag. Der warme Fahrtwind zerzauste mein kurzes Haar, da wir *keine* Helme zu tragen brauchten. Okay, dass mir bei sechzig Stundenkilometern ständig dicke Flugtiere gegen die Stirn klatschten, war weniger vergnüglich; und nachdem ich einige der Brummer ›gekostet‹ hatte, beschränkte ich mich darauf, mein seliges Grinsen mit *geschlossenem* Mund fortzuführen.

Unser Weg führte uns durch eine einmalig schöne Landschaft. Wiesen, übersät mit Mohnblumen, säumten die schmalen, kurvenreichen Straßen.

Durch urige Dörfer, in denen es schien, als sei die Zeit stehen geblieben, ging es immer weiter. Zwischendurch hielten wir immer wieder an, um die Natur zu bewundern und besonders schöne Aussichten zu genießen.

Zur Mittagszeit machten wir Rast in einem kleinen Dorf. Voller Stolz konnte ich endlich meine griechischen Sprachkenntnisse anwenden. Der Wirt war sehr nett und bat uns in die Küche, damit wir uns unser Essen aussuchen konnten. Diesen Vorgang kannte ich ja bereits. Nur Frank wollte erst nicht. »Warum soll ich bei fremden Leuten in die Küche gehen?«, fragte er trotzig. Doch letztendlich trieb ihn der Hunger hinter mir her. Die Mahlzeit war typisch Griechisch und schmeckte prima.

Auf unserem Heimweg begegnete uns ein Hirtenjunge mit seiner Ziegenherde. Gemächlich trabten die Tiere die Straße entlang und ihr vergnügtes Meckern vermischte sich mit dem Klang ihrer Glöckchen. Wir blieben stehen, um sie passieren zu lassen und amüsierten uns über die lustigen Sprünge der kleinen Zicklein.

Rechts und links des Weges die blühenden Wiesen, die von Kräuterduft getränkte Luft, der strahlende Junge mit seinem Esel, dem er einen kleinen Blumenstrauß am Zaumzeug befestigt hatte ... *das war Griechenland*!

Als wir verstaubt und erfüllt mit den traumhaften Eindrücken des Tages unser Hotel erreichten, begrüßte uns Harry mit den Worten: »Ich hab´ eine Überraschung für euch!« Er informierte uns darüber, dass am Abend eine Party bei ihm stattfinden sollte. Die Tische waren bereits gedeckt und Brot und Salate zierten schon die Tafel.

Wir bräuchten uns aber nicht zu beeilen, beruhigte Harry uns. »Das Fleisch braucht noch etwas Zeit!«

Eine halbe Stunde später erschienen wir frisch geduscht und umgekleidet wieder auf der Terrasse. »Kommt mit. Ich will euch etwas zeigen!«, forderte Harry uns auf und winkte uns, ihm zu folgen. Er ging voraus, in den hinteren Teil des Gartens und neugierig folgten wir ihm.

Auf der großen Rasenfläche hinter dem Haus hatte er eine Grube ausgehoben, diese mit Holzkohle gefüllt und an einem Spieß darüber drehte sich ein ... ZICKLEIN!

Was das Essen anging war der Abend für mich gelaufen. Noch vor wenigen Stunden hatte ich mich über die niedlichen Vierbeiner amüsiert. Und jetzt sollte ich eines davon essen? Nee, nicht mit mir! Ich begnügte mich mit Brot, Zaziki und Salat. Frank hingegen war da abgebrühter. Er langte kräftig zu.

Viel zu schnell vergingen – für *mich* – die vierzehn Urlaubstage. Wieder einmal hieß es Abschied nehmen. Ade Sonne, Strand, geliebtes Land!

Die Traurigkeit in meinem Blick rührte Harry, und er fragte: »Warum bleibst du nicht hier?«

Tja, *warum?* Zu gerne wäre ich meiner inneren Stimme gefolgt, doch leider war dies nicht so einfach. In zwei Monaten würde ich meine eigene Massagepraxis eröffnen. Das konnte ich nicht einfach rückgängig machen. Zuviel Zeit und Geld hatte ich schon in die Vorbereitungen investiert und irgendwie freute ich mich auch auf meine selbständige Arbeit.

Na ja, und um der Gerechtigkeit Genüge zu tun: Obwohl ich gemerkt hatte, dass Frank meine Liebe zu meinem Traumland *nie* teilen würde, glaubte ich damals noch an eine gemeinsame Zukunft mit ihm.

Aber *ich* würde wiederkommen! Irgendwann!! Ganz bestimmt!!!

Ein hoffnungsloser Fall

Im darauffolgenden Jahr unternahm ich einen zweiten – und letzten – Versuch, meinen immer noch ›Zukünftigen‹ für Griechenland zu begeistern.

Als Dankeschön, dass er nicht gleich kategorisch meinen griechischen Urlaubswunsch ablehnte, durfte er nicht nur das Ziel bestimmen, sondern auch die Unterkunft aussuchen.

Den ersten Dämpfer bekam meine Vorfreude allerdings gleich nach der Buchung.

Ich gehöre zu den Menschen, für die die *Vorfreude* mit das Wichtigste und Schönste ist. Vor allem wenn es hieß: Es geht nach Griechenland! Als ich nun zum zweiten Mal an diesem Tag besagtes Land erwähnte, fauchte mein Freund mich an: »Bis zu unserer Abreise will ich nichts mehr davon hören!«

Ups! Freute er sich denn gar nicht? Anscheinend war dem so.

Nichtsdestotrotz stürzte *ich* mich in die Vorbereitungen. Da ich ungefähr sechs Wochen vor der Abreise damit beginne den Koffer zu packen – er wird allerdings noch zirka siebzehn Mal wieder umgepackt –, gab es viel für mich zu tun. Schließlich wollte die passende Garderobe sorgfältig ausgewählt sein.

Einen Tag vor unserem Abflug begann denn auch Frank damit. Wahllos zerrte er irgendwelche

T-Shirts aus dem Schrank und stopfte sie in sein Gepäckstück. Auf meine vorsichtige Frage hin, ob er die Kleidungsstücke nicht erst anprobieren wolle, meinte er nur: »Die passen alle!« – Sicher. Vor einem Jahr bestimmt noch, aber da er in den vergangenen Monaten tüchtig zugelegt hatte ... – Nun, er war alt genug und musste wissen, was er tat. Doch mir schwante nichts Gutes!

An einem schönen Tag im Juni landeten wir auf der Insel *Rhodos*!

Ich freute mich wie verrückt, endlich wieder in ›heimatliche‹ Gefilde zu kommen. Die untergehende Sonne begrüßte uns mit einem zauberhaften Farbenspiel, als wir auf der größten Insel des Dodekanes landeten. Kaum, dass wir die Gangway betreten hatten, umhüllte uns ein seidig warmes Lüftchen.

Nach zwei Stunden Busfahrt erreichten wir unser Hotel. Das *Steps of Lindos,* am Rande des Ortes Lindos.

Im Dunkeln stolperten wir mit unseren Koffern einem Bediensteten hinterher, der uns im Eilschritt, treppauf, treppab, zu unserem Zimmer brachte. – Prima, wie *der* sich auskannte! *Ich* dagegen hatte bereits nach der dritten Abzweigung völlig die Orientierung verloren. –

Da es mittlerweile kurz vor Mitternacht war, verschoben wir das Auspacken auf den nächsten Tag und fielen todmüde in unsere Betten.

Unsere erste Urlaubsaktion am nächsten Morgen begann mit dem Verstauen unseres Kofferinhalts. Frank wählte die bequeme Weise, die da lautete: Raus aus dem Koffer, rein in den Schrank, egal *wie*.

Da er jedoch *irgendetwas* anziehen musste, schnappte er sich das erstbeste T-Shirt und schlüpfte hinein. Das heißt, er *versuchte* es.

›Wie Wurst in Pelle‹ war der passende Ausdruck für den Anblick, der sich mir bot. Zum Glück bemerkte auch Frank, dass er *so* unmöglich herumlaufen konnte. Mühevoll quälte er sich wieder aus dem Kleidungsstück heraus.

Der zweite Versuch seinen Körper in etwas Tragbares zu hüllen, schlug ebenfalls fehl. Mit einem triumphierenden Grinsen auf meinem Gesicht, hockte ich auf der Bettkante und sah ihm gebannt zu. Genau *das* hatte ich kommen sehen!

Bei T-Shirt Nummer drei ging gar nichts mehr. Unter Zuhilfenahme einer Schere durfte ich meinen Freund aus dem Klammergriff des Kleidungsstückes befreien.

Während der ganzen Aktion hatte sich Franks Laune von Minute zu Minute verschlechterte. Mir dagegen liefen mittlerweile die Lachtränen über die Wangen. – Pfui, wie gemein von mir! –

Letztendlich schlüpfte Frank wieder in sein langärmliges, angenehm wärmendes Jeanshemd, welches er auf der Reise getragen hatte und krempelte lediglich die Ärmel hoch.

Durch den ungewohnten Frühsport hungrig und durstig geworden, begaben wir uns auf die Suche nach dem Frühstücksraum. Nach einigem herumirren und diversen Nachfragen bei anderen Hotelgästen, fanden wir ihn schließlich eine gute halbe Stunde später. Der Hotelkomplex war, jedenfalls für nächtliche Neuankömmlinge, dermaßen unübersichtlich und verwinkelt, dass ich ernsthaft überlegte, an der Rezeption nach einem Lageplan zu fragen.

Nach einem ausgiebigen Frühstück und anschließendem Bummel durch die wunderschöne, von Weinlaub überrankte Altstadt von Lindos – mit Großeinkauf an T-Shirts! –, hatte sich Franks miesepetriger Gemütszustand wieder auf normal eingependelt.

Dafür verschlechterte sich meine, bis dahin als hervorragend zu bezeichnende, Laune. Grund dafür war, dass wir uns die Akropolis anschauen wollten. Da ich mich jedoch knapp zwei Monate zuvor einer Knieoperation hatte unterziehen müssen, traute ich mir den Aufstieg auf den Burg-Berg noch nicht zu. Also entschied ich mich für ein *Esel-Taxi*. Frank war rigoros dagegen. Demonstrativ ging er zu Fuß. Dabei bemitleidete er bei jedem Schritt den armen Esel, welcher *mich* tragen musste.

– Ich war kurz davor, ihn zu erwürgen. Und damit meine ich nicht das Grautier! –

Die traumhafte Aussicht entschädigte mich dann jedoch um ein Vielfaches und Franks Herumgenörgel prallte wirkungslos an mir ab.

Die nächste – für mich spaßige –Situation trug sich dann am Abend zu:
Um neunzehn Uhr sollte es Abendessen geben. Gemäß der deutschen Pünktlichkeit, fanden wir uns fünfzehn Minuten früher vor dem Speisesaal ein. Das heißt korrekt ausgedrückt: etwa *dreißig Meter* vor der noch verschlossenen Eingangstür. Näher heranzukommen war nicht möglich, da sich dort bereits eine nicht gerade geringe Anzahl *schick gekleideter* Hotelgäste drängelte. – Wollten *die* etwa *alle* da hinein? –
Durch eine ›gute Seele‹ wurden wir aufgeklärt, dass das Abendessen in zwei Etappen stattfände. Um 19 Uhr und um 20 Uhr 30. Nach dem Motto: Wer zuerst kommt, isst zuerst! Mit einem schrägen Seitenblick auf Franks ausgefranste Jeansshorts, wurden wir auch gleich über die ›Kleiderordnung‹ belehrt. Männer hatten *lange* Hosen zu tragen!

Meinem Freund blieb also nichts anderes übrig, als in unser Zimmer zurück zu spurten, seine einzige lange Hose anzuziehen – welche er noch fix bügeln durfte, da er sie am Morgen lieblos in den Schrank geknüllt hatte – und zurück zur ›Futterstelle‹ zu hetzen.

Da der Speisesaal innerhalb von fünf Minuten bis auf den letzten Platz von hungrigen Urlaubern besetzt worden war, gelang ihm der Eintritt nur mit einem saftigen Trinkgeld an den Maître. Er erreichte unseren Tisch, kurz bevor ich mit dem Dessert fertig war. – Mitleid? Nööö, hatte ich nicht. Schließlich war *er* es gewesen, der nicht mehr *in so eine kleine ›Klitsche‹ wie im letzten Jahr* wollte. *Hier* ging es nun eben etwas stilvoller zu. Und letztendlich hatte *er* das Hotel ausgesucht! –

Einer unserer wenigen, organisierten, Ausflüge führte uns zu der antiken Stätte nach *Kamiros.*

Die an der Westküste gelegene Ruinenstadt war, neben Ialissos und Lindos, eine der drei Städte des antiken Rhodos. Durch mehrere Erdbeben zerstört, wurde sie schließlich im 4. Jahrhundert endgültig aufgegeben.

Ich genoss die Stunden in den guterhaltenen, geschichtsträchtigen Ruinen. Vorbei an den Überresten ehemaliger Tempel und Häuser schlenderte ich durch die Straßen und staunte, dass sogar noch Tonröhren sichtbar waren, die einst der Wasserversorgung dienten. In meiner Fantasie erbaute ich die Stadt aufs Neue und vergaß – mal wieder – Zeit und Raum.

Ein *Muss* war selbstverständlich auch die Besichtigung von Rhodos-Stadt. Während der Fahrt dorthin, sammelte unser Busfahrer noch andere interessierte Urlauber aus verschiedenen Hotels ein. Auf der Straße, die zu einer dieser Anlagen führte, entdeckte ich eine armdicke und gut einhundertzwanzig Zentimeter lange Schlange auf dem Weg. Fasziniert betrachtete ich das Reptil, welches sich auf dem warmen Asphalt sonnte.

Die ›Neustadt‹ von Rhodos interessierte mich weniger. Der Gang durch die Tore der dicken Burgmauern, der Bummel durch die Altstadtgassen und der Anblick der Hafenanlagen, wo einst der berühmte *Koloss von Rhodos*, eines der sieben Weltwunder, seine Wache gehalten hatte, begeisterten mich dagegen schon eher.

Auf der Rückfahrt begann ich Ausschau nach der Schlange zu halten, die ich am Morgen in der Nähe des einen Hotels entdeckt hatte. Sie war tatsächlich noch da. Nur leider etwas verändert. Nun hätte ich sie eher als ›Gürtel‹ bezeichnet. Irgendwie tat sie mir leid.

Nach inständigem Quengeln und Bitten, ließ sich mein Begleiter dazu herab, für einen Tag einen Jeep zu mieteten.

Unsere Erkundungsfahrt führte uns nach Petaloudes, ins Tal der Schmetterlinge. Angelockt durch den Duft der Amberbäume, die es in ganz Griechenland nur in diesem Tal gibt, finden sich im Juli und August Tausende der buntgeflügelten Falter dort ein, um der sommerlichen Hitze zu entgehen. Jetzt, Anfang Juni, gab es allerdings nur eine sehr geringe Anzahl der Schmetterlinge zu sehen. Umso mehr freuten wir uns über die wenigen Exemplare und genossen den Spaziergang durch das idyllische Tal.

Im Anschluss daran fuhren wir durch eine bezaubernde Landschaft, bis zum südlichsten, und damit schmalsten Punkt des Eilands, zur Landenge von *Prasonisi*. Dort, nur durch eine Sandbank getrennt, hat man die Wahl, ob man sich von dem wunderbaren Strand in die Ägäis, oder ins Mittelmeer stürzt.

Am Ende unseres Ausflugs hatte Frank sich – wieder einmal – einen kräftigen Sonnenbrand zugezogen. Dieses Mal leuchteten seine *Oberschenkel* in einem tiefen Rotton.

Wenn ich mich recht erinnere, war dies das letzte Mal, dass er seine geliebten, ausgefransten Shorts trug.

Am nächsten Tag wollte er seine immer noch erhitzten Schenkel im angenehm temperierten Meer wieder auf Normaltemperatur bringen. Als wir den Strand erreichten, wurde unsere Aufmerksamkeit auf einen mittelgroßen Menschenauflauf, an einem der Bootsstege, gelenkt.

Neugierig schlenderten wir näher heran, um den Grund der Ansammlung zu erfahren. Hätten wir das bloß gelassen! Mit weit aufgerissenen Augen starrte Frank auf das Bild, das sich uns bot: Fischer hatten am Strand einen *Hai* gefunden. Dieser war von einer Motorbootschraube tödlich verletzt worden. Nun lag er aufgebahrt auf dem Steg und um Franks Gelassenheit war es endgültig geschehen.

»Haie? Hier gibt es H A I E? Und wir sind vor zwei Tagen *Banana-Boot* gefahren! Wenn ich *das* gewusst hätte!«, stotterte er fassungslos.
Sein Entsetzen war unbeschreiblich. Keine zehn Pferde hätten ihn noch einmal zum Baden ins Meer gebracht. Während der restlichen Urlaubstage ging er nur noch unter die Hoteldusche. Oder, aber auch *das* nur sehr vorsichtig, in den Hotelpool. Er konnte es kaum noch erwarten, wieder in den Flieger in Richtung Heimat zu steigen

Ich dagegen genoss die Zeit. Die Sonnenbäder, das Schwimmen im Meer und die kleinen Plaudereien mit dem alten Gärtner. Er freute sich, dass sich eine Touristin mit ihm auf Griechisch unterhielt. Nach wie vor fand ich das Hotel – und, mit Ausnahme des Gärtners, – die Angestellten hochgradig unpersönlich. Mit Sicherheit würde ich das nächste Mal wieder ›etwas Kleineres‹ auswählen. Trotzdem war es *für mich* wieder ein wunderschöner Urlaub gewesen. Nirgendwo auf der Welt gibt es *solche* Sonnenuntergänge, *solch* seidige Luft, *so* eine herzliche Gastfreundschaft und … und ... und!

Für Frank jedoch war es das letzte Mal, dass er griechischen Boden betrat.

Ich habe nie erfahren, ob es an den Sonnenbränden gelegen hat – die er sich in *Norwegen* nie zugezogen hatte –, oder an der *Haigeschichte*.

Unsere nächste, und zugleich letzte *gemeinsame* Urlaubsreise, war unsere Hochzeitsreise. Die führte uns zwei Jahre später – im Herbst! – nach Portugal.

Ich dagegen sollte noch viele Male mein Traumland bereisen und am allerschönsten wurden diese Aufenthalte mit meinem späteren, zweiten Ehemann, Antony!

Krabbeltiere

Wohltuende Wärme empfing uns, als wir die Gangway auf dem Flughafen von *Heraklion* hinab schritten. *Wir* das waren in diesem Fall meine Freundin, und damalige Mitarbeiterin, Hella, und ich.

Mein Freund hatte sich, in Erinnerung an seine letzten beiden Griechenlandaufenthalte, mit Händen und Füßen gewährt, mich auch nur noch ein einziges Mal dorthin zu begleiten. – Konnte ich Irgendwie nicht verstehen. War doch lustig gewesen. –

Hella und ich kannten uns seit zwei Jahren. Ein halbes Jahr zuvor hatten wir eine siebentägige Rundreise durch Ägypten unternommen. Da alles sehr harmonisch verlaufen war, entschieden wir uns, weitere Urlaube miteinander zu verbringen. So stürzten wir uns jetzt in unser nächstes Abenteuer.

Eine Woche Ferien auf der größten Insel Griechenlands, der Heimat des Göttervater *Zeus*, lag vor uns. Natürlich waren wir voller Vorfreude und Neugier, was Kreta uns zu bieten hatte.

Zuerst einmal ging es ins Hotel und wir bezogen ein sehr hübsches Zimmer im Erdgeschoss. Mein flüchtiger Blick ins Badezimmer ließ mich sogar eine Minibadewanne – oder war es eine verlängerte Dusche? – erspähen. Nachdem wir unsere Koffer ausgepackt hatten, brauchten wir nur noch die

Frage zu klären, wer von uns beiden als Erste die Dusche benutzen durfte.

Ich hatte das – zweifelhafte – Vergnügen. Während ich mich meiner Kleidung, inklusive meiner Brille – ich bin stark kurzsichtig –, entledigte und ins Badezimmer tapste, streckte Hella sich derweil auf dem Bett aus.

Wenige Augenblicke später geschahen zwei Dinge gleichzeitig: Zwei Schreie, die sich nur durch ihre unterschiedlichen Tonlagen voneinander unterschieden, hallten durch das Zimmer. Den einen hatte Hella ausgestoßen, den anderen ich.

Mit vor Entsetzen weit aufgerissenen Augen kam meine Freundin zu mir ins Bad gestürzt, sah mich, und fing, trotz ihres aufgewühlten Zustandes, an zu lachen.

Der Grund? Nun, wie bereits erwähnte, bin ich schrecklich kurzsichtig. Anstatt dass ich mir die fremde Badewanne, mit ihrer ungewöhnlichen Form, *vorher* etwas genauer angesehen hätte, war ich halb blind genau auf die Abschrägung in der *Sitz*wanne getreten und ausgerutscht. Jetzt lag ich, den Oberkörper in der Versenkung verkeilt, da und zappelte wie ein flügellahmer Käfer.

Hilfsbereit, wie Hella nun einmal war, half sie mir aus meiner misslichen Lage. Nun konnte ich mich auch erkundigen, weswegen *sie* geschrien hatte.

Augenblicklich war es mit ihrer guten Laune wieder vorbei. Kaum dass sie mir Zeit ließ, mich notdürftig zu bekleiden, zog sie mich ins Schlafzimmer. Dort verschwand sie mit einem Satz unter dem Bettlaken. Von da aus deutete sie, einen Finger hervor streckend, auf eine bestimmte Stelle an der Zimmerdecke.

Da ich nun wieder meine Brille trug, konnte ich den Grund ihres Entsetzens klar und deutlich erkennen: Acht *Kakerlaken* – zu je vier Pärchen – erfreuten sich dort ihres Lebens.

Während ich überlegte, ob wir den Nachwuchs der Krabbeltiere noch kennenlernen würden, schrie Hella mich an: »So unternimm doch endlich was gegen diese schrecklichen Viecher!«

Ja, *was* bitte schön, sollte *ich* denn unternehmen? Immerhin betrug die Deckenhöhe gut dreieinhalb Meter und *mich* störten die Tierchen ja nicht! – *Ich* ekel mich nur vor *Regenwürmern*. –

Hella jedoch war völlig aufgelöst und meine beruhigenden Worten wie: »Aber die tun dir doch nichts!« Und: »Die verschwinden bestimmt gleich wieder von alleine!«, prallten wirkungslos an ihr ab. Also zeigte ich meinen guten Willen. Kurzerhand missbrauchte ich unsere Schuhe als Wurfgeschosse. Natürlich misslang dieser – halbherzige – Versuch kläglich. Ich war schon während meiner Schulzeit keine gute Werferin gewesen.

Nach ihrer Ankündigung: »Dann schlafe ich eben heute Nacht in meinem Koffer!«, bequemte ich mich zur Rezeption, und bat um ein anderes Zimmer.

Somit war Hellas Seelenheil wiederhergestellt. – Obwohl ich zu gerne erfahren hätte, wie es sich denn so in einem *Koffer* nächtigt. –

Am folgenden Tag begann unsere Inselrundfahrt. Da ich ein Attest von meinem Hausarzt vorweisen konnte, welches aussagte, dass ich aus gesundheitlichen Gründen bei Busfahrten in einer der vordersten Reihen sitzen müsse, hatten wir natürlich zwei der begehrtesten Spitzenplätze!

– Die erwähnten *gesundheitlichen* Gründe entsprachen allerdings nur bedingt der Wahrheit. Als *Kind* war mir bei Busreisen immer furchtbar übel geworden. Je älter ich wurde, desto weniger hatte ich jedoch unter den Beschwerden zu leiden. Schließlich klangen sie völlig ab und ich hatte seit Jahren diesbezüglich keine Probleme mehr. Es änderte jedoch nichts an der Tatsache, dass jenes Attest bei Bus-Rundreisen von Vorteil war. –

Unser Weg führte uns zur *Diktäischen Höhle*, der Geburtshöhle des Zeus. Es war schaurig schön, durch die dunklen, glitschigen Gänge zu wandern.

Über die *Lassithi Hochebene*, mit ihren unzähligen Windmühlen, gelangten wir in das idyllische Bergdorf *Kritsa*. Bis heute hat dieser Ort die alten, kretischen Sitten und Traditionen beibehalten.

Am Spätnachmittag erreichten wir *Agios Nikolaos*. Nach einem Abendspaziergang an dem kleinen, noch ursprünglichen, venezianischen und windgeschützten Hafen, fielen wir todmüde in unser Betten.

Die nächste Etappe führte uns an den traumhaften *Palmenstrand von Vai*, wo wir uns einige Stunden die Sonne auf unsere künstlich vorgebräunten Körper scheinen ließen. Die zaghaften Versuche die Wassertemperaturen zu testen – es war Ende Mai – schlugen dagegen kläglich fehl. Es war einfach noch zu kalt.

Anschließend chauffierte uns unser Fahrer *Dimitrios* nach *Kato Zakros*. Diese Ruinen aus alter, minoischer Zeit, sind auf jeden Fall einen Besuch wert! Die Überreste der Stadt und des Palastes ließen mühelos die Pracht der einstigen Gebäude erahnen.

Bevor wir am nächsten Tag erneut starteten, um uns in die Besichtigung der Ruinen von *Knossos* zu stürzen, kam es zu einer lustigen Begebenheit: Eine *Dame* undefinierbaren Alters hatte mir während der vergangenen zwei Tagen des Öfteren zu verstehen gegeben, dass es ihr nicht passte, dass Hella und ich das Vorrecht genossen, die vorderen Sitze in Anspruch zu nehmen. *Sie* wolle dort sitzen. Es war eine ziemlich unangenehme Person, die bereits nach dem ersten Tag an von den übrigen Mitreisenden gemieden wurde.

Zur Belustigung aller, schlug besagte Dame mir an diesem Morgen einen Wettlauf vor. Wer zuerst am Bus sei, könne den vorderen Platz beanspruchen! Freundlich lächelnd willigte ich ein.

Obwohl ich, vorsichtig ausgedrückt, über eine ziemlich armselige Kondition verfüge, – lag vielleicht an meinem Zigaretten-Konsum – gewann ich das Rennen haushoch. Die Mitreisenden klatschten Beifall und wir wurden nicht mehr behelligt. Hella und ich erfreuten uns für den Rest der Woche einer ungetrübten Aussicht durch die große Panoramascheibe des Busses.

Der Palast von Knossos war umwerfend. Beeindruckt bestaunten wir die bemerkenswerten, farbenprächtigen Wandmalereien und Mosaike der ehemaligen Residenz des ersten Königs der Insel. Hier also hatte König *Minos*, Sohn des *Zeus* und der *Europi*, mit seiner Frau *Passifai* gelebt. Hier waren seine acht Kinder aufgewachsen und hier hatte sein tragisches Schicksal begonnen.

Der Legende nach hatte Minos die Götter erzürnt, da er einen, den Göttern geweihten Stier, *nicht* opferte, sondern ihm das Leben schenkte. Zeus rächte sich für diesen Frevel, indem er Minos´ Frau in tiefer Liebe zu dem Stier entbrennen ließ. Durch die Vereinigung der beiden, wurde der *Minotaurus* geboren. Ein Untier mit menschlichem Körper und einem Stierkopf, welches sich von Menschenfleisch ernährte.

König Minos bat den damaligen Baumeister *Dädalos* ein Labyrinth zu bauen. Als dieses fertig war, sperrte er den Minotaurus und den Bauherrn dort ein. Erst nachdem ein mutiger und gewitzter Athener namens *Theseus* durch eine List den Minotaurus tötete, entkam auch Dädalus seinem Gefängnis.

In einem Versteck bastelte dieser für sich und seinen Sohn *Ikaros* Flügel. Diese verklebte er mit Wachs. Damit flohen sie in Richtung Sizilien. Eine ganze Weile flog Ikaros dicht hinter seinem Vater, doch der Weg war weit und der junge Mann wurde übermütig. Die Warnungen des Vaters missachtend, flog er immer höher. Als er der Sonne zu nah kam, schmolz das Wachs und Ikaros stürzte ins Meer.

Dädalus hingegen landete wohlbehalten in Sizilien. Er sann auf Rache für die jahrelange Schmach, welche er erlitten hatte. Außerdem gab er Minos die Schuld am Tode seines Sohnes. So freundete Dädalus sich mit dem sizilianischen Herrscher an und überließ es ihm, König Minos, der seinem ehemaligen Bauherrn gefolgt war, bei dessen Ankunft im Meer zu ertränken!

Nach der Besichtigung der Stätten *Gortys* und *Phästos* befanden wir uns auf dem Weg zu den *Wohnhöhlen von Matala*, als unser Bus immer langsamer wurde. Plötzlich hielt er mitten auf der schmalen Straße an und *Dimitrios* sprang heraus. Zuerst glaubten wir, dass das Fahrzeug einen Defekt habe. Rasch wurden wir jedoch eines Besseren belehrt. Amüsiert beobachteten wir, wie unser Fahrer, in gebückter Haltung, durch ein Melonenfeld hüpfte. Mal klopfte er an der einen, mal an der anderen Frucht. Kurz darauf kam er mit zwei gewaltigen Melonen unter den Armen zurück. Die ganze Aktion hatte nur wenige Augenblicke gedauert. Breit grinsend überreichte er seine Beute unserer Reiseleiterin. *Maria* schlachtete die Prachtstücke auf der Stelle und verteilte die tropfenden Scheiben. Sie schmeckten himmlisch!

Selbst Hella, die den ganzen Tag tapfer gegen ihre Magen-Darm-Verstimmung angekämpft hatte, langte nun tüchtig zu.

Der folgende Tag stand zur freien Verfügung. Meine Begleiterin und ich beschlossen, einen Ausflug nach *Santorini* zu unternehmen.

Wir bummelten durch die schmalen Gassen mit den weißen Häusern und bestaunten den Anblick der Kirchen, mit ihren blauen Kuppeldächern ebenso, wie die Aussicht zu dem vorgelagerten Vulkan.

Den Rückweg zu unserem Schiff bewältigten wir auf den Rücken zweier Esel! Es war gar nicht so einfach, sich auf der steil bergab führenden, glatten Straße *damenhaft* zu halten und die Fotos, die dabei entstanden, sprechen Bände.

Für den folgenden Tag war eine Wanderung durch die *Samaria-Schlucht* angesagt. Da Hella jedoch noch unter den Nachwirkungen einer Bandscheiben-Operation litt, erklärte ich mich solidarisch und kramte – aus Bequemlichkeitsgründen – meine fast schon vergessene Knieoperation als Ausrede hervor. So verbrachten wir den Tag mit unserer Reiseleiterin und Dimitrios an einem einsamen Badestrand.

Am nächsten Abend waren wir zu einem Dorffest eingeladen.

Unter alten Bäumen waren lange Tische und Bänke aufgebaut und wir ergatterten einen sehr guten Platz unter den ausladenden Ästen einer herrlichen Platane. Da dieser Platz sich ganz nah an der Bühne befand, auf welcher traditionelle kretische Tänze dargeboten wurden, hatten wir eine hervorragende Sicht.

Bewundernd betrachteten wir die alten Trachten der Tänzerinnen und Tänzer, und verfolgten interessiert die komplizierten Schrittkombinationen. Wir ließen uns schon mal den Wein schmecken, und warteten sehnsüchtig auf das angekündigte Essen.

Endlich wurden die Köstlichkeiten aufgetragen. Hungrig stürzten wir uns darauf. Bis ... ein markerschütternder Schrei, umkippende Gläser und umherfliegende Salatblätter, den harmonischen Abend unterbrachen. Was war passiert? Alle Anwesenden blickten neugierig zu uns herüber. Verursacherin dieses Aufruhrs war ... Hella!

Ausgerechnet auf *ihrem* Teller hatten sich zwei dicke Käfer niedergelassen! Wahrscheinlich angelockt von den verführerischen Düften, hatten die beiden sich selbst eingeladen.

Während sich unsere Reiseleiterin fürsorglich um die entsetzte und sich vor Ekel schüttelnde Hella bemühte, versuchte ich das von ihr angerichtete Chaos auf dem Tisch zu beseitigen. Da ich meine Begleiterin kannte, blieb mir nichts anderes übrig, als uns einen Platz fernab jeglichen Baumes, Gesträuchs oder Ähnlichem zu suchen.

Der Abschiedsschmerz überflutete uns beide gleichermaßen am folgenden Tag.
Es war eine herrliche Woche gewesen und wehmütig traten wir unseren Heimflug an.

Ein Taxi?

»Wenn jemand eine Reise macht, dann kann er was erzählen ...« In dieser Aussage steckt ja so viel Wahrheit! Besonders, wenn es in ein fernes Land geht, und man mit den Tücken der fremden Sprache konfrontiert wird.

Vor nunmehr vier Jahren hatte ich meine Praxis eröffnet. Gleich zu Beginn fragte ich meine drei Mitarbeiterinnen, Hella, Ellen und Bärbel was ihnen lieber sei: einmal im Jahr einen eintägigen Betriebsausflug oder nach fünf Jahren eine ganze Woche gemeinsame Ferien. Das Ergebnis fiel einstimmig zu Gunsten des letzteren Vorschlags aus.

Da ich schon immer eine Vorliebe hatte, nicht ganz *normale* Dinge zu tun und meine ›Mädels‹ mich zu einhundert Prozent bei meiner Arbeit unterstützten, beschloss ich, den eigentlich erst im folgenden Jahr stattfindenden Ausflug, um ein Jahr vorzuverlegen.

Die Begeisterung der drei war grenzenlos.

Ich spazierte also in das Reisebüro unseres kleinen Ortes und buchte. Allerdings gönnte ich mir den Spaß, nicht zu verraten *wohin* die Reise gehen würde. Es bereitete mir ein geradezu diebisches Vergnügen, die Armen auf die Folter zu spannen. Sicher, ›sonniger Süden‹ war für meine guten Geister klar, schließlich kannten sie mich mittlerweile gut genug. Sie ahnten, dass unser Ziel wohl

Griechenland heißen würde, aber da ich mich in tiefstes Schweigen hüllte, blieb halt doch ein großer Rest Ungewissheit.

Endlich war es so weit. Ellens Mann hatte uns zum Flughafen gefahren und ich nannte meinen, mittlerweile hochgradig zappeligen, Begleiterinnen die Flugnummer. Aufgeregt stürzten sie zu der Anzeigentafel. Das Ziel lautete: *Korfu*!

Nach vergnügten Stunden im Flieger, wobei Bärbel es tatsächlich schaffte, dem Piloten die Erlaubnis abzuluchsen, ihn in seinem Cockpit fotografieren zu dürfen – damals war so etwas noch problemlos möglich – , betraten wir unternehmungslustig griechischen Boden!

Hätte mir zu *dem* Zeitpunkt jemand gesagt, dass ich dieses Eiland noch weitere *zwei Mal*, innerhalb *eines Jahres*, besuchen würde, ich hätte denjenigen für verrückt erklärt. Aber dazu später.

Zuerst einmal steuerten wir unser Hotel in *Dassia* an. Ich war gespannt, ob wir es so zauberhaft vorfinden würden, wie in dem Prospekt abgebildet. Bislang hatte ich bei der Hotelwahl ein ganz gutes Gespür bewiesen, und auch dieses Mal sollte ich nicht enttäuscht werden.

Das Hotelchen entpuppte sich mit seinem weißen Anstrich und den braunen Fensterläden als eine ›typisch griechische‹ Unterkunft, so wie ich sie von meinem ersten Hellas-Besuch her kannte und liebte.

Es lag inmitten eines blühenden Gartens mit Swimmingpool, hatte eine von Wein umrankte Terrasse und blitzsaubere Zimmer. Wir fühlten uns auf Anhieb pudelwohl.

Nachdem der schon etwas ältere Wirt, *Nikos*, uns auch noch auf ganz besonders charmante und herzliche Art begrüßt hatte, war unser Urlaubsglück fürs erste vollkommen.

Beim Abendessen, an unserem zukünftigen Stammtisch, prosteten wir uns mit griechischem Landwein zu und ließen uns die aufgetischten Köstlichkeiten schmecken. Wir waren bester Stimmung. Nur Ellen bemerkte leicht enttäuscht: »Wo sind denn nun all die tollen, gutaussehenden Griechen? Unseren Kellner zähle ich jedenfalls nicht unbedingt dazu!«

Ok, in dem Punkt gab ich ihr recht. Mit seinem muffeligen Getue und dem finsteren Blick, war *Akis* nun wirklich kein *Adonis* wie er im Buche stand. Aber erstens kommt es anders, und zweitens als man denkt!

Noch am selben Abend lud besagter Kellner Ellen in die Disco ein und sie stimmte begeistert zu. Wir anderen grinsten nur und zogen sie damit auf, dass der Teufel in der Not wohl doch Fliegen fräße.

Am nächsten Morgen, Hella und ich standen gerade an der Rezeption und studierten den ›Futterplan‹ des Tages, stürzte Bärbel auf uns zu.

Die Haare verwuschelt, bekleidet nur mit ihrem Schlafshirt und Badelatschen, zischte sie mir zu: »Ich muss dich sprechen! *Sofort*!«

Erstaunt über ihre Aufmachung, welche *sie* überhaupt nicht zu stören schien, trat ich mit ihr ein paar Schritte zur Seite. »Was ist denn los?«, wollte ich wissen.

»Ellen ist verschwunden!« Stieß sie völlig aufgelöst hervor.

»*Wie* verschwunden?«, staunte ich.

»Sie ist die ganze Nacht nicht nach Hause gekommen. Bestimmt ist ihr etwas passiert!«

Ich erfuhr, dass die arme Bärbel, die sich mit Ellen ein Zimmer teilte, die ganze Nacht wach gelegen und auf deren Rückkehr gewartet hatte. Nun war es sieben Uhr früh und die Nachtschwärmerin wer weiß wo. Nur mit Mühe konnte ich mir ein Grinsen verkneifen. Ich konnte mir gut vorstellen, *was* ihr ›passiert‹ sein konnte.

Zuerst einmal versuchte ich jedoch das vor mir stehende Nervenbündel zu beruhigen. Irgendwann unterbrach Bärbel mich und fauchte empört: »Dass *du* so ruhig bleiben kannst! *Ich* rufe jetzt die Polizei an!«

Davon konnte ich sie zum Glück abhalten. Ich versprach ihr, nach dem Frühstück – *irgendwann* im Laufe des Tages – etwas zu unternehmen. Im Stillen hoffte ich, dass die Verschollene bis dahin wieder aufgetaucht wäre.

Dem war denn auch so. Hella, der ich die ganze Sache erzählte, machte sich genauso viel Sorgen um die verschwundene Kollegin wie ich, nämlich gar keine. Wir hatten gerade unser Frühstück beendet, als Bärbel zu uns kam. Strahlend verkündete sie: »Ellen ist wieder da, und sie will dich sprechen.«

Gespannt begab ich mich in das Zimmer der beiden.

Wie ein Häufchen Elend hockte die ›Missetäterin‹ auf dem Bett und blickte mir kleinlaut entgegen. Ich setzte mich zu ihr und forderte sie auf: »Na, dann schieß mal los!«

Es war so, wie ich es mir bereits gedacht hatte. Der Discobesuch hatte die halbe Nacht gedauert. Eingehüllt von den Klängen griechischer Musik, einer lauen Sommernacht und einigen Gläsern Wein, hatten Akis und sie kein Ende gefunden. Die Nacht hatten sie plaudernd am Strand verbracht, wo sie letztendlich eingeschlafen waren. Nun war Ellen das schlechte Gewissen in Person.

»Willkommen im Club der Griechenlandfans«, grinste ich. »Hauptsache es war schön! Genieß die Zeit, aber denk daran, dass eine Woche schnell vorbei ist.«

Was hätte ich dazu auch anderes sagen sollen? Schließlich waren wir alle – mehr oder weniger glücklich – verheiratet, und sie, mit ihren achtundzwanzig Jahren, alt genug, um zu wissen, was sie tat.

Ich empfahl ihr, ein paar Stunden zu schlafen und wir verabredeten uns für die Mittagszeit am

Pool. Damit war für *mich* die Sache erledigt. – *Dachte* ich! –

Zufrieden und nur etwas verspätet konnten Hella und ich endlich zu unserem Morgenspaziergang aufbrechen.

Den Nachmittag verbrachten wir alle zusammen mit einem ausgiebigen Bummel durch den Ort, wobei wir uns zügellos unserer Shoppingwut hingaben. Anschließend schlenderten wir am herrlichen Strand entlang und schauten zu, wie die Sonne langsam im Meer versank.

Abends öffnete Nikos, extra für uns, die Bar. Bei köstlichen Cocktails – von dem *Grashopper* träume ich heute noch –, griechischer Musik und Tanz, beschlossen wir den Tag.

Aber nicht nur feiern, faulenzen und shoppen standen auf unserem Programm.

Wir buchten auch einen Ausflug zum berühmten *Sissy-Schloss* mit anschließender Stadtbesichtigung, und eine Inselrundfahrt.

Das *Achilleion*, der Sommerpalast der österreichischen Kaiserin Elisabeth, liegt in einer bezaubernden Gartenanlage und lässt Erinnerungen an den Film mit *Romy Schneider* wach werden.

Von der alten Festung aus genossen wir die fantastische Aussicht über die Altstadt mit ihren unzähligen Kirchen, den typischen korfiotischen Glockentürmen und den roten Kuppeldächern; und in einem Café am *Spianada*, dem größten

Platz der Stadt, machten wir es uns bei einem *Frappé* gemütlich.

Zu gerne hätte ich auch eine Kutschfahrt in einer der romantischen Droschken unternommen, aber leider reichte dafür die Zeit nicht mehr aus.

Nach einem fröhlichen Abend in Nikos Bar, starteten wir am nächsten Tag zu unserer Inselrundfahrt.

Korfu zeigte sich uns von seiner schönsten Seite. Mit seiner Blütenpracht, den riesigen Obstplantagen, den von Zypressen gespickten grünen Hügeln und den Olivenhainen, verstanden wir nun, weshalb man Kerkyra – so wird Korfu in der Landessprache genannt – auch als *die grüne Insel des Mittelmeeres* bezeichnete.

Die blumengeschmückten Gassen von *Sinerades* entzückten uns genauso wie die Besichtigung des Volkshistorischen Museums, mit angeschlossener Weberei in *Katokarina.*

Die Mittagspause verbrachten wir in einer zauberhaften Bucht bei *Palaiokastritsa.*

Hier sollte der Legende nach *Odysseus*, auf seiner Flucht vor der *Kalypso*, von einer Welle an Land gespült worden sein. Nachdem er sich erholt hatte, brachte ein Schiff ihn nach *Ithaka*. Nach jahrelanger Abwesenheit sah er endlich seine Heimat wieder. Als das Schiff jedoch nach Korfu zurückkehrte, traf es der Fluch des erzürnten *Poseidon* und es versteinerte.

Das Wetter war herrlich, die Sonne strahlte von einem leuchtend blauen Himmel und wir waren bester Laune. Nur Hella war noch etwas verstimmt. Der Grund dafür war ein Vorfall am Vorabend. Das Thema: Verständigungsschwierigkeiten!

Dass Hella kein Griechisch verstand war verständlich. – Nur die wenigsten Touristen eignen sich ein paar Brocken der Sprache des Landes an, welches sie bereisen. – Da es während ihrer Schulzeit auch noch keinen Englisch-Unterricht gab, und sie diese Sprache auch nicht beherrschte, war auch nicht schlimm. Auch dass sie weder Käse noch Joghurt oder Quark aß, konnten wir akzeptieren, … Aber: Dass sie *jedes Mal* einen Aufstand machte, sobald sie Zaziki vorgesetzt bekam, dies mit wilden Gesten und den Worten: »Ich nix Quarki-Quarki!«, kommentierte, war nicht nur nervig, sondern auch peinlich.

An besagtem Abend war sie nun ganz aufgeregt zu mir gekommen und forderte etwas unwirsch: »Komm mal mit! Der Kellner fragt mich andauernd ob ich ein Taxi wolle. *Ich will aber keins*! Mach ihm das mal klar.«

Darauf konnte ich mir nun auch keinen Reim machen und so begleitete ich sie zu Akis. Gespannt fragte ich ihn, weshalb er Hella denn unbedingt ein Taxi bestellen wolle.

Breit grinsend erklärte er mir, dass er lediglich »*endaxi*?« gefragt habe, was bedeutet, ob alles in Ordnung sei.

Ich brach in schallendes Gelächter aus. Als ich mich halbwegs beruhigt hatte, klärte ich Hella, immer noch kichernd und glucksend, auf. Sie jedoch warf mir böse Blicke zu und hüllte sich für den Rest des Abends in beleidigtes Schweigen.

Unser nächster Ausflug führte uns zur *Mäuseinsel.* Geformt wie das Nagetier und nur mit einer kleinen Kirche und einer winzigen Klosterzelle bebaut, lag sie, halb versteckt, unter dichtem Grün.

Zur Krönung des Tages, erlebten wir auf der Rückfahrt dann ›die magische Stunde des Ionischen Meeres‹: Einen einmalig schönen Sonnenuntergang!

Zwei Tage später seilte ich mich von meinen Mädels ab. Ein Abstecher auf das Festland stand auf meinem Programm.

Zuerst ging es mit der Fähre aufs Festland, nach *Igoumenitsa* und von da aus weiter mit dem Bus durch die grandiose Bergwelt des *Pindos-Gebirges.*

Den dort gelegenen, 1966 gegründeten Nationalpark mit seiner unberührten, wilden Natur, streiften wir leider nur am Rande. In den ausgedehnten, dichten Kiefern- und Buchenwäldern herrscht ein extremer Artenreichtum an Tieren. So sind außer Eichhörnchen, Hasen, Schlangen und Füchsen auch Dachse, Braunbären, Wölfe, Wildschweine und zahlreiche Schmetterlingsarten dort beheimatet. Ebenso leben in den Bergen noch die letzten Exemplare des größten europäischen Greifvogels, die Lämmergeier! – Ich dachte immer die gibt es gar nicht wirklich. –

Unser erstes Ziel war die epirische Hauptstadt *Ioannina,* welche im Osmanischen Reich ihre Blütezeit hatte, und bis heute nichts von ihrem damaligen Charme eingebüßt hat.

Nach einem Rundgang durch die alte Burganlage, überquerten wir in einer fünfzehn Minuten dauernden Bootsfahrt, den *Pamvotie-See.* Auf der der Stadt vorgelagerten Insel *Nisi* gingen wir an Land.

Wir besichtigten eine uralte Kirche mit herrlichen Wandmalereien, welche von einer über neunzig jährigen Frau betreut wurde. Bei einem anschließenden Spaziergang durch die gepflegten Gassen, und dem Anblick der prachtvoll blühenden Gärten, verliebte ich mich augenblicklich in diesen bezaubernden Ort.

Wir setzten die Reise fort und es ging weiter nach *Dodoni*, dem ältesten Orakel Griechenlands, und neben *Delphi* auch dem Bedeutendsten.

Ratsuchende schrieben damals ihr Fragen auf Bleitäfelchen und ließen sie von Priesterinnen dem Göttervater Zeus vortragen. In der Mitte der Orakelstätte stand eine heilige Eiche, umgeben von Bronzekesseln, welche sich leicht berührten. Zu diesen Klängen rauschten die Eichenblätter, und aus den entstehenden Tönen wurden die Prophezeiungen offenbart. Der Eiche wurde eine solch immense Kraft zugeschrieben, dass *Jason*, bevor er sich auf die Suche nach dem *goldenen Vlies* begab, sich einen Zweig des Baumes holte, und damit sein Schiff schmückte.

Mucksmäuschenstill lauschten wir in den geschichtsträchtigen Ruinen den spannenden Erklärungen unseres Reiseleiters *Jannis*.

Wir betrachteten die Überreste des *Stadions* und einer *Akropolis*. Aber am meisten beeindruckte mich das riesige *Theater*. Es ist das größte und besterhaltene *Amphitheater* in ganz Griechenland und bietet siebzehntausend Zuschauern Platz. Noch heute finden in den Sommermonaten dort Aufführungen statt.

Auf den oberen Rängen sitzend und auf die tief unter uns liegende Bühne blickend, konnten wir unseren Reiseleiter lediglich als winzige Figur erkennen.

Wie um alles in der Welt, sollte man hier oben die Sänger und Schauspieler verstehen können? Als Jannis dann ein Streichholz entzündete, staunten wir nicht schlecht, dass wir *das* hören konnten!

Um uns die Akustik *noch* verständlicher zu machen, bat er, ausgerechnet *mich,* zu ihm zu kommen und … ein Lied zu singen. Da mein Repertoire an Schlagern nicht sehr groß war, entschied ich mich für ›Hohe Tannen‹ von *Ronny*. Widererwarten erntete ich sogar Applaus, – welcher sich aber wohl eher darauf bezog, dass ich das Lied etwas verkürzt zum Besten gab! –

Pünktlich zum Abendessen war ich wieder im Hotel. Immer noch aufgewühlt von den Erlebnissen des Tages, überschüttete ich die Daheimgebliebenen mit einem ausführlichen Bericht.

Den letzten Tag ließen wir ruhig angehen. Gleich nach dem Frühstück schnappten wir uns unsere Badesachen und schlenderten zum Strand.

Nach übermütigem Geplansche streckten wir uns auf unseren Handtüchern aus. Erschöpft schlossen wir die Augen.

Plötzlich ertönten Hilferufe. Aufgeschreckt blickten wir in die Richtung, aus der sie kamen. Nicht weit von unserem Strandabschnitt entfernt, schaukelte ein brennendes Schifflein auf den Wellen! Dichter Rauch drang aus Kajüte und Motorraum. An der Reling standen drei Personen, die herüber winkten.

Rasch fanden sich hilfreiche Retter und es gelang ihnen, die Schiffbrüchigen unversehrt an Land zu bringen. Das qualmende Schiff wurde von einem anderen Boot zu einem abgelegenen Steg geschleppt, wo es wenig später blubbernd und zischend im Meer versank.

Ellen und ich hatten noch etwas ganz Besonderes vor. Wir wollten unser Hotel unbedingt einmal von oben sehen. So ließen wir uns am nahegelegenen Sportabschnitt in die Geheimnisse des *Paraglidings* einweisen. Hella und Bärbel begleiteten uns, da sie sich den Spaß nicht entgehen lassen wollten.

Es war ein tolles Erlebnis! Wobei, so in die Gurte gequetscht zu werden, die mit dem riesigen Schirm verbunden waren, war weniger schön. Es zwickte fies an den Oberschenkeln. Den Anlauf durfte ich größten Teils alleine bewerkstelligen, da Ellen es vorzog, bereits nach drei Schritten die Füße hochzuheben. Himmel, war das anstrengend! Kurz bevor ich mit einsetzender Schnappatmung schlappmachte, kam die Erlösung. Das Boot, mit dem wir vertäut waren, beschleunigte und wir wurden in luftige Höhen gezogen. Leider hatte ich nicht viel von der Aussicht, da ich meine Brille nicht aufbehalten durfte. So sah ich alles nur verschwommen – bis gar nicht. – Aber vom *Gefühl* her war es einfach klasse gewesen.

Angespornt von dieser sportlichen Aktivität, wollten wir nun auch noch das *Wasserskilaufen* ausprobieren.

Nach ausgiebigen Trockenübungen war es endlich soweit. Voller Tatendrang, und fest der Überzeugung, dass ich es problemlos bewältigen würde, schlüpfte ich in Ski und Weste.

Es sollte die peinlichste Viertelstunde meines Lebens werden! Gerade ein einziges Mal schaffte ich es, meinen Hintern um etwa fünf Zentimeter aus dem Wasser zu bekommen. Ich hätte mich lieber mit Schnorchel und Taucherbrille ausstatten lassen sollen. Auf jeden Fall war ich heilfroh, als die fünfzehn Minuten endlich vorüber waren. Fazit: Wasserski ist nichts für mich! – Zu meiner Ehrrettung redete ich mir ein, dass es nur daran gelegen hatte, dass ich auch zu dieser sportlichen Aktivität meine Brille nicht hatte aufbehalten dürfen. –

Ellen dagegen stellte sich bedeutend geschickter an. Nach anfänglichen Startschwierigkeiten sauste sie übers Wasser, als hätte sie nie etwas anderes gemacht.

Tja, und dann war er da, der Tag der Abreise.

– Ich werde *nie* begreifen, wie es angehen kann, dass eine *Urlaubswoche* um so vieles schneller vergeht als eine *Arbeitswoche*! –

Der Abschied von Nikos, der uns so liebevoll umsorgt hatte, fiel uns allen schwer. Regelrechte Schwerstarbeit mussten wir leisten, um Ellen in das wartende Taxi zu verfrachten. Dieses hatten wir extra ihretwegen bestellt. Natürlich hätten wir mit dem Bus der Reisegesellschaft fahren können, aber der *Griechische-Virus* hatte sie voll erwischt. Mit ihren rotgeweinten Augen, aus denen wahre Sturzbäche strömten, wollten wir es ihr ermöglichen, sich möglichst lange den Blicken der anderen Urlauber zu entziehen.

Auf dem Heimflug, neben der schluchzenden Ellen sitzend, übermannte auch mich der Abschiedsschmerz und so schnieften wir im Duett.

Trotz kleiner Kabbeleien – die ganz von alleine entstehen, wenn vier Mädels eine Woche lang aufeinander hocken – waren es wunderschöne

Tage gewesen, an die wir uns noch lange erinnerten.

Als ›Dankeschön‹ für die Reise schenkte Hella mir eine zauberhafte, auf ›alt‹ gearbeitete Gipstafel. Sie zeigt das Abbild *Äskulaps*, und den auf Altgriechisch verfassten Eid der Ärzte und Heilberufler. Ich freute mich riesig über das Geschenk. Und es hat auch heute noch einen Ehrenplatz in meiner Griechenland-Vitrine!

Wieder zu Hause bekam mein Mann einen Kurzbericht über eine ›sehr schöne Woche‹ und ich kuschelte mich, mittlerweile weit nach Mitternacht, in mein Federbett. Zum Glück war es die Nacht zu Sonntag und ich konnte am nächsten Tag ausschlafen. – Welch ein Irrtum! –

Ich schreckte aus dem Tiefschlaf, und den schönsten Träumen, als jemand einen Mordanschlag auf unsere Türklingel auszuüben schien.
Verschlafen schielte ich zu meinem Wecker hinüber. Himmel, erst halb zehn. Wer um alles in der Welt veranstaltete denn so einen Aufstand am frühen Morgen?

Na, mir war´s egal. Frank würde sich schon darum kümmern. Mir die Decke über den Kopf ziehen und wieder einzudösen waren eins.

Plötzlich flog die Schlafzimmertür auf und *etwas* warf sich quer über mein Bett! Erschrocken fuhr ich hoch. Noch bevor ich richtig zu mir kam, landete besagtes *Etwas* tränenüberströmt in meinen Armen. Es war niemand anderer als … Ellen!

Schlagartig war ich hellwach. »Was ist denn los? Ist etwas passiert?«, fragte ich alarmiert.

»Ich vermisse das Meer, die Sonne, Nikos, Akis und überhaupt alles so sehr!«, stieß sie schluchzend hervor.

Aha! Na, *den* Gefühlszustand kannte ich ja zur Genüge.

Ich löste mich aus der Umklammerung der Unglücklichen, schnappte mir meinen Bademantel und tappte in die Küche, wo ich erst einmal eine *große* Kanne Kaffee kochte.

Frank, der gar nicht wissen wollte, was los war, zog sich in sein Büro zurück. Nachdem ich für Ellen eine Schachtel Kosmetiktücher auf den Wohnzimmertisch gestellt, und uns mit dem belebenden schwarzen Gebräu versorgt hatte, war ich bereit für das Kommende. Immer wieder unterbrachen Ellens Weinkrämpfe unser Gespräch. Gefühlte tausend Mal bestätigte ich ihr, dass es mir nach meiner ersten Griechenlandreise ebenso ergangen war.

Nach dreieinhalb Stunden wurde mein Geduldsfaden langsam dünner. Sie hatte sich jedoch immer noch nicht beruhigt. Da versprach ich ihr – in einem Anfall geistiger Umnachtung – dass ich noch einmal mit ihr nach Korfu fliegen würde.

Ellen fiel mir um den Hals. Mit leuchtenden Augen brachte sie nur ein Wort heraus: »WANN?«

Nun, *das* war eine sehr gute Frage. Schließlich konnte ich meine Praxis nicht schon wieder für eine Woche schließen. Also musste sie sich etwas gedulden. Aber ich gab ihr mein Ok, dass sie ab und zu vom Firmenapparat aus mit Korfu telefonieren durfte.

Irgendwie schaffte Ellen es, die Zeit bis zum Wiedersehen zu überstehen. Vielleicht war es dabei ganz hilfreich, dass wir fast jeden Mittwochabend in ein griechisches Restaurant in der Nähe fuhren.

Ein weiteres Problem bereitete mir Michael, Ellens Ehemann. Dem war die Veränderung seiner Gattin natürlich nicht entgangen. Verständnislos klagte er mir sein Leid. Ich bemühte mich ihn zu beruhigen und versicherte ihm, dass dieser Zustand nur vorübergehend sei. – Verschwieg aber, wie lange es tatsächlich dauern konnte. – Dafür erklärte ich ihm, dass es vielen Leuten so erging, nachdem sie das erste Mal dieses wunderbare Land bereist hatten. Auch verschwieg ich ihm nicht, wie *ich* damals gelitten hatte.

In langen Gesprächen schaffte ich es, ihn davon zu überzeugen, dass Ellen sich lediglich den *Griechischen Virus* eingefangen habe. Letztendlich war er beruhigt und als ich ihn fragte, ob er etwas dagegen hätte, wenn ich noch einmal mit seiner Frau nach Korfu fliegen würde, war er sofort einverstanden.

Dreieinhalb Monate später sollte es so weit sein. Ellens Euphorie kannte keine Grenzen. Zu sehr freute sie sich darauf, den kleinen Ort Dassia, Nikos und all die anderen wiederzusehen.

Die Flugtickets lagen bereit und die Koffer waren gepackt. Zum letzten Mal rief sie in unserem Hotel an, um allen mitzuteilen, dass es nun nur noch drei Tage dauern würde, bis wir wieder da wären.

Während ich meinen letzten Patienten für diesen Tag behandelte, fiel mir auf, dass dieses Telefonat bedeutend kürzer verlief, als die in den vergangenen Wochen. Ich dachte mir aber nichts dabei. Als ich die Behandlung beendet hatte und aus der Massagekabine kam, stutzte ich. Irgendwie wirkte meine Mitarbeiterin etwas verstört. Auf meine Frage hin, was denn los sein, meinte sie nur: »Akis hat eine Freundin!«

– Na toll! Was hatte *sie* denn erwartet? Dass ein griechischer Kellner auf *sie*, eine verheiratete Frau aus Deutschland, wartete, nur um mit ihr in hellen Mondnächten am Strand entlang zu spazieren? – Tja, und genau *das* hatte Ellen gedacht. Trotzdem: Ihre Sehnsucht nach Hellas hatte ja nichts mit *ihm* zu tun und unsere Vorfreude wurde dadurch nicht getrübt. Außerdem würde Ellen es schon überleben, die Strandspaziergänge jetzt mit mir machen zu müssen.

Und dann war es so weit: Die Insel hatte uns wieder.

Kaum hatten wir das Hotel betreten, wurden wir auch schon stürmisch von Nikos begrüßt. Fröhlich plaudernd führte er uns in sein schönstes Zimmer. Dort standen zu unserem Empfang ein wunderschöner Rosenstrauß, ein Obst-Korb und eine Flasche Wasser. Er war wirklich eine liebe Seele.

Ellen und ich besorgten uns eine Flasche Wein und verbrachten den Abend plaudernd auf unserem Balkon sitzend. Die Luft war seidig weich, die Zikaden sangen ihr Lied und wir ließen uns von den Düften und Geräuschen einhüllen.

Am folgenden Tag bummelten wir durch Dassia, um alten Bekannten »Hallo« zu sagen. Anschließend schwammen und planschten wir im Pool und ließen uns von der Sonne bräunen.

Abends setzte Ellen sich zu Nikos und gemeinsam leerten die beiden eine Flasche Whisky.

Am nächsten Tag ging es ihr trotz eines gewaltigen Katers gut und wir hatten viel Spaß.

Besonders in den zwei Tagen, in denen wir uns einen leuchtend roten, offenen (!) Jeep mieteten.

Erst einmal überließ ich Ellen das Steuer. Übermütig jagten wir mit unserem Fahrzeug die staubige Piste zum *Pandokrator* hinauf. Immer schön vor jeder Kurve hupend – wie es in Griechenland halt so üblich ist und was bei der Serpentinenstrecke schon fast in Stress ausartete. –

Auf dem Gipfel des Berges besichtigten wir ein kleines Kloster. Im Anschluss daran, setzten wir uns auf eine Bank, unter einen knorrigen Olivenbaum und studierten die Straßenkarte.

Gemächlich setzten wir bald darauf unsere Fahrt fort.

Die sich rasch verändernde Landschaft zog uns in ihren Bann. Hinter jeder Biegung bot sich uns ein anderes Bild und wir erfreuten uns an traumhaften Aussichten. Am Strand von *Sidari* legten wir eine kurze Rast ein, um uns bei einem Bad im Meer zu erfrischen.

Unsere Mittagspause verbrachten wir bei klassischer Musik in einer Taverne in *Agios Stefanos*, und beendeten nach einem Abstecher nach *Paläokastritsa*, welches wir schon von unserem Juni-Besuch her kannten, unseren ersten Ausflugstag.

Zum Abendessen erwartete uns eine Überraschung: Während alle anderen Hotelgäste ihre *Tagessuppe* löffelten, servierte Nikos uns einen, von ihm höchstpersönlich und liebevoll zubereiteten, *Krabbencocktail*! – Obwohl ich kein großer Freund derartiger ›Leckereien‹ bin, löffelte ich tapfer das Schälchen aus. Um nichts in der Welt hätte ich Nikos´ Geschenk verschmäht und ihn dadurch enttäuscht. – Der Cocktail schmeckte, ehrlich gestanden, sogar ganz vorzüglich und natürlich genossen wir nicht nur ihn, sondern auch die neidischen Blicke der übrigen Gäste.

So unkompliziert der vorherige Tag verlaufen war, so abenteuerlich wurde der Folgende.

Vergnügt steuerten wir unseren Jeep über die schmalen Straßen. Vorbei an Olivenhainen, duftenden Oleanderbüschen und herrlich blühenden Bougainvilleas. Uralte, staubbedeckte Autos kamen uns entgegen, deren Fahrer uns fröhlich zuwinkten. Auch alte Bauersleute, Seite an Seite mit ihren Eseln, die unter ihren schweren Lasten oft kaum zu erkennen waren, kreuzten unseren Weg.

Plötzlich bremste Ellen scharf. Erschrocken schauten wir uns an. Mitten auf der Fahrbahn lag ein Tier. Wir stiegen aus und gingen näher heran. Zuerst trauten wir unseren Augen nicht, aber es war tatsächlich eine *Schildkröte*! Verängstigt, unter ihren schützenden Panzer geduckt, blickte sie zu uns hoch. Behutsam nahm ich sie auf, trug sie aus der Gefahrenzone und setzte sie im niedrigen Gras einer nahen Wiese ab.

Dann kam uns eine Idee. Suchend schauten wir uns um. Nicht weit entfernt entdeckten wir am Straßenrand einen Pappkarton. Der kam uns gerade recht. Mit meinem Taschenmesser schnitt ich ein Dreieck aus. Ellen opferte ihren Lippenstift und malte die Ränder rot an. In Ermangelung eines passenden Stiftes, malten wir mit einem Kugelschreiber, und dem Rest des Lippenstifts, eine Schildkröte – naja, eher ein Tier, das einer Schildkröte halbwegs ähnlich sah – auf die Pappe. Nachdem wir das Schild an einen Baum gelehnt hatten, beschwerten wir das Ganze mit Steinen. Zufrieden betrachteten wir unser »VORSICHT SCHILDKRÖTEN KREUZEN« Werk. In der Hoffnung, dass nun vielleicht ein paar der wunderbaren Tiere sicher waren, setzten wir unsere Fahrt fort.

Da ich nun das Steuer übernommen hatte, ging die nächste Vollbremsung wenig später zu meinen Lasten. Wir befanden uns auf einer kurvenreichen, abschüssigen Straße, als uns inmitten einer Bie-

gung ein männliches Wesen wild gestikulierend vor den Kühler sprang!
Entweder war *sein* Timing erstklassig oder *meins*. Jedenfalls brachte ich den Wagen mit quietschenden Reifen, zirka zehn Zentimeter vor ihm, zum Stehen.
In der Luft schwebte der Geruch von verbranntem Gummi und die Straße zierten dunkle Streifen. Fassungslos starrten wir den Typen an, der breit grinsend mit einer Weinflasche vor unseren Nasen herum wedelte.

»Ich euch haben erschreckt?«, strahlte er.

»Der ist doch wohl besoffen«, murmelte Ellen.

»Hier trinkt! Ist gut für Erschrecken!« Damit reichte er uns die Flasche ins Auto hinein.

»Bist du bescheuert? Verschwinde!«, fauchte ich ihn an. Der Schock saß mir noch in allen Gliedern und mein Adrenalinspiegel tummelte sich in gigantischen Höhen.

»Aber ist guter Landwein. Selber gemacht!« Bittend schaute er uns aus seinen dunklen Augen an.

Nun sahen wir auch den kleinen Karren am Straßenrand, in dem sich einige Kartons befanden. Ellen wurde schwach und griff nach der Flasche.

»Du, der Wein ist wirklich gut«, meinte sie, nachdem sie einen tüchtigen Schluck gekostet hatte. »Ich denke, wir sollten eine Flasche mitnehmen.«

»Prima!«, freute der Straßenhändler sich. »Also zwei Flaschen!«

»Nein, EINE!«, berichtigte ich ihn.

»Oh! Aber warum nicht zwei?«

»EINE oder gar keine!«, funkelte ich ihn böse an. Ich war immer noch sauer.

Obwohl er bestimmt enttäuscht über das mickrige Geschäft war, ließ er sich nichts anmerken. Vergnügt winkte er uns hinterher, als wir weiterfuhren.

Immer weiter, durch zauberhafte Dörfer und kleine Städtchen, führte uns unser Weg.

Am späten Nachmittag beschlossen wir, über Korfu-Stadt unseren Heimweg anzutreten. Der Himmel hatte sich bezogen und wir hofften, noch vor dem Schauer in unserem Hotel zu sein. Irrtum! Wir hatten noch nicht einmal die Hälfte der Strecke hinter uns gebracht, als ein gewaltiger Platzregen einsetzte. Innerhalb weniger Augenblicke waren wir pitschnass. Um uns wenigstens etwas zu schützen, spannten wir kurzerhand unsere Badematten über die Seitenholme der Vordersitze und klemmten sie in den Türen fest. So hatten wir wenigstens ein provisorisches Dach.

Das nächste Problem ergab sich, als wir eine etwas steilere Straße hinauf fahren wollten.

Da man bei unseren Reifen schon nicht mehr von Profil sprechen konnte, und der nette Autovermieter gemeint hatte, uns *nicht* über die Vorzüge und Benutzungsmöglichkeiten eines Allradantriebes aufklären zu müssen, kamen wir nun den glitschigen Berg nicht hinauf. Es blieb uns nichts anderes übrig, als zu warten, bis der Regen aufhörte, und die Straße wieder trocken war. Zum Glück dauerte dies nicht allzu lange. Nach einer knappen Stunde setzten wir unsere Fahrt fort. Immer noch in der Hoffnung, in spätestens einer Stunde zu Hause zu sein. – Denkste! –

Erst nach weiteren *drei* Stunden trafen wir endlich wieder in unserem Hotel ein. Der Grund für unsere Verspätung war, dass wir einige Male die Schilder *Airport* (Flughafen) und *Port* (Hafen) miteinander verwechselten – wir hätten uns Richtung Airport halten müssen, um die Abkürzung nach Dassia zu erwischen. – So kurvten wir immer wieder durch die gleichen Straßen, ohne die richtige Abzweigung zu finden. Es wurde dunkel und unser Nervenkostüm immer dünner. Letztendlich lösten wir uns im zehn Minuten Takt am Steuer ab. Entnervt beschlossen wir irgendwann, *irgendeine* Straße zu nehmen, bloß raus aus der Stadt! Und das Schicksal hatte Erbarmen mit uns. Es war die Richtige!

Die einzige Erklärung für unsere Dusseligkeit war, dass wir total erledigt und müde von den Ereignissen des Tages waren.

Drei Minuten vor Ablauf der Frist, gaben wir den gemieteten Jeep seinem Besitzer zurück und schlichen erschöpft in unser Hotel.

Erleichtert kam Nikos uns entgegen. Er war schon ganz unruhig gewesen, weil wir so spät dran waren. In Kurzform schilderten wir ihm unseren Tag. Dann machten Ellen und ich es uns auf dem Balkon gemütlich und tranken den herrlichen

Landwein. Er schmeckte einfach köstlich. – Hätten wir doch bloß ZWEI Flaschen gekauft! –

Am nächsten Morgen wurden wir von einem gewaltigen Donnerschlag geweckt.
Ein Blick auf unseren Wecker verriet uns, dass es gerade mal sechs Uhr war. Schlaftrunken krochen wir aus unseren Betten und beobachteten das Gewitter. – Komisch, selbst *das* war hier viel schöner als in Deutschland! – Regen prasselte nieder und Dunstschwaden hüllten den Garten gespenstisch ein.

Da wir nun eh schon wach waren, konnten wir auch genauso gut frühstücken gehen.

Nikos begrüßte uns und meinte, dass es heute wohl noch öfters schauern würde. Sich nach unseren Tagesplänen erkundigend, erzählten wir ihm, dass wir einen Spaziergang geplant hätten, dies sich aber wohl nun erübrigen würde, da Ellen keine Jacke dabei hatte.

Behände sprang der alte Herr von seinem Stuhl auf, um wenig später mit einer nagelneuen, kuscheligen Strickjacke zurückzukehren. Diese legte er Ellen fürsorglich um die Schultern. Es war einfach rührend, wie lieb er uns umsorgte.

Nach einem ausgiebigen Spaziergang, der mehr aus über Pfützen springen bestand, und der uns erkennen ließ wieso hier die Bürgersteige so hoch waren, beschlossen wir, uns im Pool zu vergnügen.

Da es nicht mehr gewitterte, aber wieder angefangen hatte zu regnen, hatten wir das Becken ganz für uns alleine. Fröhlich, wie kleine Kinder, planschten und alberten wir herum.

Am Abend testeten wir das Können von Nikos´ neuem Barkeeper, *Costas*. Er war nett und seine Drinks lecker. So war nicht nur dieser, sondern auch die nächsten Abende gerettet. Nikos und seine Freunde – alle schon ziemlich betagte Herren – leisteten uns dabei Gesellschaft und wir hatten viel Spaß.

Zwei Tage später verkündete Nikos mir strahlend, dass ich heute nicht so früh wie sonst ins Bett kommen würde. Ich solle am besten etwas vorschlafen. Auf meine Frage nach dem Grund, tat er ganz geheimnisvoll. Er meinte lediglich: »Ich hab heute etwas Besonderes mit euch vor!«

Ellen und ich platzen fast vor Neugierde. Er aber rückte nicht mit der Sprache heraus. Also blieb uns nichts anderes übrig, als abzuwarten.

Gegen dreiundzwanzig Uhr – für mich eine utopische Uhrzeit –, mir waren schon zum wiederholten Male die Augen zugefallen, lüftete er endlich sein Geheimnis. Wir stiegen in sein Auto und los ging es. Er entführte uns in eine Diskothek der besonderen Art. Ins *Corfu By Night.*

Nun gehöre ich nicht unbedingt zu *den* Leuten, die in Diskotheken gehen und sich dort die Nächte um die Ohren schlagen. Dementsprechend enttäuscht war ich dann auch im ersten Moment. Aber es sollte ein unvergesslicher Abend werden.

Das schummrige Licht, die nett dekorierten Tische, und vor allem die gedämpfte Musik, versöhnten mich rasch. Auch fiel mir gleich die Bühne hinter der Tanzfläche auf. Natürlich fragte ich mich, was sich darauf wohl abspielen mochte.

Etwas irritiert war ich, als die Kellnerin ein Tablett aus Alufolie auf unseren Tisch stellte, worauf frische Nelkenblüten lagen. Als ich Nikos fragte, was es damit auf sich hätte, meinte er nur: »Du wirst schon sehen!« Tja, und das tat ich denn wenig später auch.

Musiker, in volkstümliche Trachten gekleidet, betraten die kleine Bühne. Bald darauf erschienen auch Sänger und Sängerinnen. Ich verstand zwar kaum ein Wort von dem was sie sangen, aber es war *wunderschön*! Nun kamen auch die Nelken zu ihrem Einsatz. Wenn einem ein Künstler nämlich besonders gut gefiel, *bewarf* man denjenigen kurzerhand damit.

Ein Sänger hatte es Ellen und mir besonders angetan. Nachdem wir den größten Teil unseres Blumenvorrats über ihm ausgeschüttet hatten, gesellte er sich an unseren Tisch.

Er hieß *Spiros* – wie jeder zweite Grieche auf Korfu – und wie der Zufall es wollte, war er ein guter Bekannter von Nikos. Er fragte, was er für uns singen solle. Da wir absolut keine Ahnung hatten wie die einzelnen Lieder so hießen, überließen wir großmütig *ihm* die Wahl. Er hatte eine tolle Stimme und es wurde ein gelungener Abend.

Weit nach Mitternacht brachte uns Nikos wieder nach Hause. Aufgekratzt und ein wenig beschwipst, beschlossen Ellen und ich ein nächtliches Bad im Pool zu nehmen. Natürlich wussten wir, dass dies verboten war, und während Nikos seinen Rundgang über das Hotelgelände machte, schlichen wir in unser Zimmer und schlüpften in unsere Badeanzüge. Bemüht, so wenig Lärm wie möglich zu veranstalten, genossen wir das erfrischende Nass. Natürlich bekam der ›Chef‹ unsere nächtliche Aktivität mit, drückte aber beide Augen zu.

Am folgenden Tag fuhren wir noch einmal nach Korfu-Stadt. Wir schlenderten gemütlich durch die Gassen und tranken auf der Platia einen Frappé.

Der Tag der Abreise rückte näher und dieses Mal fiel es uns besonders schwer.

Ja, wir würden anrufen, und ja, wir würden schreiben, und ja, wir würden uns wiedersehen!

Alle, Nikos, seine Töchter, Costas und sogar der Koch, hatten sich versammelt, um uns, Taschentücher schwenkend, zu verabschieden. Nikos väterliche Art würde uns schrecklich fehlen und seine Umarmungen und Küsschen wollten gar kein Ende nehmen.

Stunden später, als wir auf dem Flughafen in Hamburg landeten, war ich noch immer ganz gerührt.

Angespannt und mit fragenden Blicken schaute Michael, Ellens Ehemann, uns entgegen. Als ich ihm grinsend zunickte, und ihm damit signalisierte, dass alles wieder in Ordnung sei, stürzte er freudestrahlend auf seine Herzallerliebste zu und schloss sie in die Arme.

Trauer

Der Alltag hatte uns wieder und wir gingen unserer Arbeit nach.
Um jedoch die schönen, griechischen Erinnerungen aufrecht zu erhalten, trafen Ellen, Bärbel, Hella und ich uns einmal in der Woche bei *unserem* Griechen. Bei Zaziki, Ouzo und Wein plauderten wir über Nikos und die wunderbare Zeit auf Korfu.

Auch hielten wir unser Versprechen und telefonierten einmal im Monat mit unseren Freunden dort. Es waren zwar immer verhältnismäßig kurze Anrufe, aber es war uns zur lieben Gewohnheit geworden.

Eines Tages jedoch, geschah etwas Unerwartetes. Während ich noch etwas Ordnung in meiner Praxis machte, wählte Ellen die bekannte Nummer. Da ich in Gedanken noch bei meinem letzten Patienten weilte, achtete ich nicht so sehr auf das, was sie sagte. Ich wurde erst stutzig, als sie zu weinen anfing. Schluchzend beendete sie das Gespräch, und brachte nur drei Worte hervor: »Nikos ist tot!«

Fassungslos starrte ich sie an. »Was ist passiert?«, fragte ich schockiert. Er war doch noch gar nicht so alt. Erst sechsundfünfzig!

Stockend berichtete Ellen mir, dass sie mit *Elena,* einer seiner Töchter gesprochen habe. Die hatte ihr erzählt, dass Nikos vor zwei Tagen einem

Herzinfarkt erlegen sei. Ganz plötzlich. Alle seien tief betroffen und wüssten gar nicht, wie es jetzt ohne ihn weiter gehen solle. Da flossen auch bei mir die Tränen.

Der Kommentar meines Ehemanns, beim Anblick meiner verweinten Augen und der Neuigkeit, war mehr als ernüchternd: »Und deswegen heulst du?«

Diese unsensible Reaktion tötete die letzten Gefühle, die ich noch für ihn hegte, und war einer der Gründe, weswegen ich mich wenige Monate später von ihm trennte.

Kurzentschlossen buchte ich am folgenden Tag zwei Flüge. *Wer* von den Mädels mich begleiten würde, war mir egal. *Ich* würde jedenfalls fliegen! Von Freitag bis Dienstag sollte der Aufenthalt dauern und da Hella und Bärbel aus familiären Gründen nicht konnten, flogen Ellen und ich.

Wir riefen bei Elena an, um ihr unser Kommen anzukündigen. Auch wenn wir es nicht rechtzeitig zu seiner Beerdigung schafften, wollten wir wenigstens sein Grab besuchen.

Die Begrüßung durch Elena und Nikos´ Witwe fiel, trotz des traurigen Umstandes unseres Wiedersehens, sehr herzlich aus. Unser Zimmer war, wie bei unserem letzten Besuch, mit Blumen und Obst-Korb ausgestattet. Aber auf allem lag der Schatten der jüngsten Ereignisse und der Zauber, den Nikos seinem Hotel verliehen hatte, war nicht mehr da.

Vor unserem geistigen Auge sahen wir ihn, wie er durch den Garten spazierte, sein Lächeln, wie er die Gäste begrüßte, und wie er genüsslich an seinem Glas Whisky nippte. Dies alles war unwiderbringlich vorbei. Bedrückt gingen wir an diesem Abend zu Bett.

Am folgenden Morgen erkundigten wir uns bei Elena, wo genau sich Nikos Grabstätte befand. Sie gab uns eine Wegbeschreibung und zeichnete zusätzlich einen Lageplan.

Bevor wir den Friedhof aufsuchten, schnappten wir uns ein Taxi und ließen uns zu einem Blumengeschäft fahren. Da es unsinnig gewesen wäre bei den sommerlichen Temperaturen frische Blumen auf das Grab zu stellen, entschieden wir uns für ein bezauberndes, künstliches Gesteck. Der Kauf war rasch getätigt und wir ließen uns von dem netten Taxifahrer, der gewartet hatte, an unser Ziel bringen.

Ich hatte noch nie zuvor einen griechischen Friedhof betreten und war verblüfft von der prachtvollen, ungewöhnlichen Gestaltung der Gräber. Dicht an dicht standen dort weiß glänzende Marmorblöcke, in unterschiedlichen Größen. Ihrem Aussehen nach glichen sie Altären und an den Kopfenden befanden sich kleine Glasschreine, in denen sich Bilder der Verstorbenen, kleine Öllampen und auch mal eine Haarlocke oder etwas anderes Persönliches befanden.

Andächtig schritten wir durch die Gänge und dann standen wir vor Nikos´ Grab. Nachdem wir unser Gesteck liebevoll platziert hatten, erinnerten wir uns still an die schönen Stunden mit ihm. Schweigsam schlugen wir nach einer Weile den Rückweg zu unserem Hotel ein. Wir waren froh, dass wir gekommen waren.

Die nächsten zwei Tage verbrachten wir mit schwimmen und sonnenbaden. Abends leisteten uns Elena, Costas und Akis Gesellschaft und wir sprachen über Nikos und wie es mit dem Hotel nun weitergehen würde.

Am Tag unserer Abreise erlebten wir, was griechische Gastfreundschaft *noch* bedeutet.

Da wir dieses Mal keinen Charter-, sondern einen Linienflug gebucht hatten, und somit auch die Unterbringung nicht über einen Veranstalter gemanagt wurde, wollte ich nach dem Frühstück die Rechnung bezahlen. Dies jedoch ließ Elena nicht zu!

»Wir haben uns alle so darüber gefreut, dass ihr extra aus Deutschland hergekommen seid, um das Grab unseres Vaters zu besuchen, und wir wussten ja auch, wie gern er euch hatte. Betrachtet euch also bitte als unsere Gäste!«

Mit so etwas hatten wir nun überhaupt nicht gerechnet. Wir sträubten uns, das großzügige Angebot anzunehmen, mussten uns aber schließlich geschlagen geben, da Elena richtig böse wurde.

Für uns sollte es das letzte Mal gewesen sein, dass wir korfiotischen Boden betreten hatten.

Und als gäbe der Himmel ein Zeichen, regnete es in Strömen, als unser Flugzeug eine Abschiedsschleife über der Insel flog.

April. Wie in Deutschland üblich, machte das Wetter diesem Monat alle Ehre. Die Tage waren grau und regnerisch, ein kühler Wind fegte übers Land und nur selten blinzelte die Sonne durch die Regenwolken.

Ich war lustlos, gereizt und jeder Handgriff fiel mir schwer. Hinzu kam, dass mein *Heimweh* nach Griechenland mich mittlerweile um den Schlaf brachte. So gab ich meiner inneren Stimme nach und deckte mich übers Wochenende mit Urlaubskatalogen ein.

Dieses Mal entschied ich mich für die Insel *Kos*.

Da auch Bärbel dringend etwas Abwechslung brauchte, schloss sie sich mir an.

Die Wochen bis zum Abflug im Juni, kamen uns endlos vor, aber irgendwann war es dann doch so weit.

Hell strahlte die Sonne von einem tiefblauen Himmel, und hieß uns auf der schönsten Insel des Dodekanes willkommen. Tief atmete ich die von Blütenduft getränkte Luft ein, und das Gefühl, wieder zu Hause zu sein, wurde übermächtig.

Bereits das Umfeld des Flughafens wirkte auf mich ungemein positiv.

Normalerweise befanden sich in diesem Bereich meist schäbige Gebäude, verkümmerte, staubige Palmen und bergeweise Müll. Nicht so auf Kos.

Liebevoll gepflegte Blumenrabatten, Grünflächen und saubere Straßen boten einen erfreulichen Anblick.

Die Zimmer unseres Hotels befanden sich, getrennt vom Haupthaus, in Nebengebäuden inmitten eines herrlichen Gartens. Ein großer Swimmingpool und eine ansprechende Bar luden zur äußeren und inneren Erfrischung ein.

Kaum dass wir uns Zeit ließen unsere Koffer auszupacken, strolchten wir auch schon über das Gelände. Wir testeten die Wassertemperatur des Pools und reihten uns dann in die Schlange der übrigen Gäste ein, die so wie wir, dem Abendessen entgegenfieberten.

Da die Speisen buffetmäßig angerichtet waren, konnten wir nach Herzenslust schlemmen und genossen dabei die traumhafte Aussicht von der Dachterrasse.

Unserem Hotel genau gegenüber befand sich eine Bushaltestelle. So stürzten wir uns gleich am nächsten Morgen in das Abenteuer, einen griechischen Bus zu benutzen.

Mit nur zwanzig minütiger Verspätung – was für dortige Verhältnisse pünktlich ist – erschien er auch. Am Steuer saß ein älterer Herr und lächelte uns freundlich entgegen. Wir grinsten breit zurück, aber nicht nur, weil wir so gut gelaunt waren, sondern weil er mit der riesigen, rosafarbenen Blüte, welche er hinter sein rechtes Ohr geklemmt hatte, einfach entzückend aussah.

Nachdem ich ihn auf Griechisch begrüßt und um zwei Fahrscheine gebeten hatte, überschüttete er uns mit einem nicht enden wollenden Wortschwall. Diesen unterstrich er mit solch lebhaften Gesten, dass wir zu der Erkenntnis gelangten, dass griechische Busse anders konzipiert sein mussten, als die in Deutschland. Der schwere Wagen folgte nämlich, auch ohne Zutun des Fahrers, der Straße. Ob Kurve oder gerade Strecke.

Am liebsten hätte er uns vorne bei sich behalten, aber letztendlich gelang es uns, ihm lächelnd zuwinkend, uns zur Mitte des Busses zu schlängeln.

Die Fahrt nach Kos-Stadt dauerte keine fünfzehn Minuten. An der *Platia Polytechniou*, mit ihrem hübschen Delfin-Brunnen, stiegen wir aus und schlenderten an dem belebten Hafen entlang. Die unzähligen Boote boten mit ihren farbenfrohen Anstrichen ein beschauliches Bild.

Am Ende des Hafenbeckens thronte das, im vierzehnten Jahrhundert erbaute, Kastell. Stolz ragten seine Mauern in den blauen Himmel. Es fiel mir zwar schwer, aber dessen Besichtigung musste ich auf einen späteren Zeitpunkt verschieben, denn unser Ziel war die *Platane des Hippokrates*. Der riesige, eindrucksvolle Baum erhob sich vor dem Haupteingang des Kastells. Der Umfang seines Stammes maß gut zehn Meter und laut Überlieferung war er mit seinen fast zweitausendvierhundert Jahren der älteste Baum Europas. Von Hippokrates eigenhändig gepflanzt, soll dieser in dessen Schatten seine Schüler unterrichtet haben.

Anschließend besichtigten wir die, in unmittelbarer Nähe liegende, antike Agora. Eher einem unordentlichen Park ähnelnd, wurden nach dem großen Erdbeben von 1933 die ersten Teile der antiken Stadt frei gelegt.

Ich überredete Bärbel, dass wir uns doch auch noch das *hellenistische Gymnasium* mit seiner Laufbahn, das *Nymphäon* mit seinen noch zum Teil erhaltenen, wunderbaren Mosaiken, das *Odeion* und die *runden Thermen* anschauen sollten. *Ich* war restlos glücklich und ganz in meinem Element. Die weniger kulturhistorisch interessierte Bärbel leider nicht. Sie quälte sich durch das Besichtigungsprogramm. Ihr unerschöpfliches Repertoire an »ich habe Durst«, »mir tun die Füße weh« und »es ist viel zu heiß für *so etwas*«, dämpfte letztendlich meine Euphorie. Schade, meine Urlaube mit Hella waren da bedeutend entspannter verlaufen. Die hatte nie gejammert, dass ihr irgendetwas zu anstrengend sei. Nun, es nützte nichts. Schließlich gab ich nach und wir steuerten ein kleines Café an.

Nach einer Erfrischung im Schatten einer Pergola, schlenderten wir gemütlich durch die *Shopping-Gassen*. Und siehe da: Plötzlich eilte Bärbel vergnügt von einem Geschäft zum nächsten. – *Dafür* war es ihr *nicht* zu heiß. –

Zurück in unserem Hotel, stürzten wir uns in den herrlichen Pool und ließen uns im Anschluss daran von der Sonne bräunen.

Zum Abendessen leisteten uns, wie bereits am Vortag, sieben Katzen Gesellschaft. Wir hatten unseren Spaß, mit welchem Erfindungsreichtum sie bettelten.

Den Abend ließen wir in der Hotelbar ausklingen und ich überschlug mich fast vor Begeisterung, als ich auf der Cocktail-Karte *Grashopper* las! Natürlich bestellte ich ihn mir … und wurde maßlos enttäuscht. Er schmeckte nicht annähernd so gut, wie in dem Hotel auf Korfu. Tja, so hat eben jeder Barkeeper seine eigenen Rezepte.

Da mein Handgelenk seit Monaten von gemeinen Schmerzattacken gepeinigt wurde – weswegen ich ein Jahr später auch meinen Beruf aufgeben musste – und Bärbel sich nicht traute hier Auto zu fahren, bestellten wir uns ein Taxi, welches uns zum *Asklipion* bringen sollte.

Die größte archäologische Sehenswürdigkeit der Insel war einfach ein *Muss*.

Inmitten eines duftenden Pinienhains lag das zweitausendfünfhundert Jahre alte, antike Heiligtum. Wo einst Gott *Apollon*, und später der Heilgott *Asklepios*, verehrt wurden, wo Priesterärzte streng ihr Wissen hüteten und Patienten nach den Lehren des Hippokrates behandelt wurden, zeugen heute nur noch Ruinen von der einstigen Pracht.

In drei, terrassenförmig angelegten Abschnitten schmiegt sich die Anlage an einen Hügel. Die Aussicht von oben ist atemberaubend schön, und ich ließ meine Blicke über grünes Land und Kos-Stadt, bis hin zur türkischen Küste schweifen.

Bärbel war der Aufstieg zu beschwerlich gewesen und so entging ihr der Blick auf das grandiose Panorama.

Der nette, und sehr gut Deutsch sprechende Taxifahrer hatte auf uns gewartet. Nun bot er an, uns noch zur *Embros Therme* – einer Schwefelquelle – zu fahren.

Gerne nahmen wir sein Angebot an. Wir hielten kurz bei unserem Hotel, damit wir unsere Badesachen holen konnten und bereits zwanzig Minuten später erreichten wir die im Meer liegende Schwefelquelle.

Kaum waren wir aus dem Taxi ausgestiegen, schlug uns der typische Geruch nach faulen Eiern entgegen.

Von der Straße aus führte ein steiler, unbefestigter Weg zum Wasser hinunter. Der Strand bestand größtenteils aus Kieselsteinen und wir suchten uns ein einigermaßen bequemes Plätzchen.

Die Thermalquelle sickerte aus einem Felsen und plätscherte fröhlich in einem Rinnsal über den Strand ins Meer. Dort wurde sie im Wasser von Felsbrocken begrenzt, sodass man den Eindruck bekam, in einem großen, runden Bassin zu sitzen. Je weiter wir zur Mitte des Beckens kamen, desto heißer wurde die Wassertemperatur.

Wir erfuhren, dass die Quelle gut fünfundfünfzig Grad warm sei.

Nach einer halben Stunde hatten wir uns an den Geruch gewöhnt, saßen auf glatten Steinen und entspannten uns in dem warmen Nass.

Als unsere Haut zu schrumpeln begann und ich damit rechnete jeden Moment Schwimmhäute zwischen meinen Fingern zu entdecken, verließen wir den ungewöhnlichen »Swimmingpool«. Müde geworden streckten wir uns auf unseren Handtüchern aus. Bärbel freute sich, dass sie neben einem, auf dem Strand ›geparkten‹ Fischerbootes etwas Schatten ergatterte.

Gut eineinhalb Stunde schliefen wir tief und fest. *So* tief und fest, dass wir nicht mitbekamen, dass der Bootsbesitzer zurückkehrte und seinen Kahn ins Wasser schob!

Ich erwachte von einem empörten Schrei. Bärbel schimpfte wie ein Rohrspatz. Sie konnte es nicht fassen, dass man ihr einfach ihren Schatten geklaut hatte. Ihrem Gesicht, und den restlichen geröteten Körperstellen nach zu urteilen, musste der *Dieb* allerdings bereits vor längerer Zeit zugeschlagen haben. Tja, und wenn man sich nicht eincremt in der intensiven Mittagssonne ...

Rechtzeitig zur verabredeten Zeit holte uns *Efthymios,* unser Taxifahrer, wieder ab. Wir verabredeten mit ihm, dass er uns am übernächsten Tag zu einer Inselrundfahrt abholen möge.

Für den folgenden Tag hatten wir schon eine Bootsfahrt, auf einem der nostalgisch anmutenden Schiffe, gebucht. Ziel war die Schwammtaucherinsel *Kalymnos*.

Wir lagen auf dicken, wasserabweisenden Matten im Bug des Schiffes, ließen uns von der Sonne verwöhnen und der spritzenden Gischt erfrischen.

Zum Mittag gab es an Bord eine Kleinigkeit zu essen, und reichlich Ouzo und Wein.

Es herrschte eine ausgelassene Stimmung und während einer kurzen Ankerpause sprangen wir übermütig in das glasklare Meer.

Der Aufenthalt auf Kalymnos dauerte knapp zwei Stunden. Wir spazierten durch die schmalen Gassen und besichtigten eine Werkstatt, in der Schwämme verarbeitet wurden.

Die Rückfahrt verbrachten wir dösend auf dem Sonnendeck. Von den schaukelnden Bewegungen des Schiffes sanft in einen Halbschlaf gewiegt, erreichten wir kurz vor Sonnenuntergang wieder den Hafen.

Es war ein herrlicher Tag gewesen. Naja, bis auf zwei Damen aus einem Nachbarhotel. Die uns den ganzen Tag kaum von der Seite gewichen waren, und nun versprachen, uns bald einmal in unserem Hotel zu besuchen. – Brauchten sie *meinetwegen* nicht. Ich fand sie anstrengend und nervig. –

Pünktlich am nächsten Morgen holte Efthymios uns zur Inselbesichtigung ab.

Allerdings waren wir nicht seine einzigen Fahrgäste. Auf der Rückbank tummelten sich drei niedliche Hundewelpen, undefinierbarer Rasse. Ein Kollege hatte Efthymios gebeten, die drei doch mitzunehmen und bei ihren neuen Besitzern abzuliefern.

Natürlich setzten auch wir uns in den Fond des Wagens und beschäftigten uns mit den Kleinen. Sie waren total putzig und sehr verspielt. Leider mussten wir uns von den ersten beiden schon nach wenigen Kilometern verabschieden. Nur Nummer drei hatte einen etwas weiteren Weg.

Kurz bevor wir in *Andimachia*, seinem neuen Zuhause, ankamen, passierte das Malheur: Der kleine Racker hatte es sich auf Bärbels Schoß gemütlich gemacht und leckte ihr ausgiebig die Hände. Plötzlich richtete er sich auf, stemmte seine Vorderpfoten gegen ihre Brust und während er sich abmühte, mit seiner kleinen Zunge ihr Gesicht zu erreichen, pieselte er ihr seelenruhig auf die Shorts! Bärbels Gesichtsausdruck war unbeschreiblich und Efthymios und ich lachten uns scheckig.

Entsetzt hielt Bärbel den kleinen Übeltäter von sich weg; aber da war schon alles gelaufen – im wahrsten Sinne des Wortes. – Sicher, *ich* hätte nicht in ihrer Haut, oder besser gesagt, in ihrer *Shorts*, stecken mögen und sie tat mir ja auch leid, aber trotzdem war es urkomisch.

So gesehen hatte sie ja noch Glück, dass wir ›Racker‹, so hatten wir den Kleinen genannt, nach wenigen Minuten in seinem neuen Zuhause abliefern konnten. Die Leute waren sehr nett und nachdem sie von dem Zwischenfall erfahren hatten, ließen sie Bärbel nicht nur ihr Bad zwecks Reinigung benutzen, sondern liehen ihr auch einen Rock. Den tauschten wir nach der geplanten Besichtigung der alten Windmühle wieder gegen die inzwischen getrocknete Hose aus.

Efthymios entpuppte sich als hervorragender Fremdenführer und wusste viel über die Insel und dessen Bewohner zu berichten.

Er zeigte uns wunderbare Buchten und Strände, und an einem davon aßen wir dann zu Mittag. Die Tische und Stühle der kleinen Taverne standen direkt auf dem Strand und die Wellen plätscherten, einen Meter von uns entfernt, an das Land.

Wir durchfuhren zauberhafte Dörfer und besichtigten ein volkshistorisches Haus, welches den Wohnstil vor einhundert Jahren wiedergab. Die alte, zahnlose Frau, die das Häuschen beaufsichtigte, erzählte uns, dass es ihr Elternhaus sei. Sie selbst habe als Baby in der ›Wiege‹ gelegen und deutete dabei auf eine Stoffschaukel, welche an der Decke über dem Ehebett angebracht war.

Am späten Nachmittag erreichten wir wieder unser Hotel. Für den Preis, den wir mit Efthymios für den Tagesausflug ausgehandelt hatten, hätte uns in Deutschland ein Taxi gerade mal dreißig Kilometer weit gefahren – wenn überhaupt. –

Am kommenden Tag legten wir einen Ruhetag ein und faulenzten am Pool. Schließlich mussten wir fit sein, da ein Folklore-Abend stattfinden sollte. Die Vorbereitungen dafür begannen bereits am frühen Nachmittag. Wir zogen uns in unser Zimmer zurück, um uns fein zu machen.

Bärbels Sonnenbrand, den sie sich bei der Embros-Therme eingefangen hatte, pellte sich fürchterlich. Mit einem viertel Pfund Makeup bekamen wir aber auch das hin.

Als wir bei Einbruch der Dunkelheit in den Garten kamen, waren dort Tische und Stühle aufgebaut, bunte Lichterketten leuchteten überall in den Büschen und ein riesiger Grill prangte neben der Außen-Bar. Wir hatten uns gerade einen Platz gesucht, als urplötzlich die Damen vom Boot erschienen.

Bärbel freute sich über den Überraschungsbesuch von Karin und Erika und lud die beiden spontan ein, mit uns zu feiern. *Meine* Begeisterung hielt sich in Grenzen.

Musik erklang und unsere beiden Barkeeper führten traditionelle Tänze vor, zu denen auch wir aufgefordert wurden. Von den köstliche Speisen gab es reichlich und es wurde viel getrunken und gelacht.

Je weiter der Abend voran schritt, desto ausgelassener wurden unsere ›Bekannten‹. Irgendetwas irritierte mich an den beiden, allerdings hätte ich nicht sagen können, *was* es war. Während ich mit einem Ehepaar aus unserem Hotel plauderte, beobachtete ich das seltsame Gebaren von Karin und Erika aus den Augenwinkeln. Es war irgendwie peinlich. Hatten sie zu viel getrunken? Ich wusste es nicht.

Zu vorgerückter Stunde kam Bärbel zu mir. Ihre Augen sprühten vor unterdrückter Wut und zähneknirschend presste sie hervor: »Ich geh aufs Zimmer! Kommst du mit?«

Nanu? Was hatte ihr denn die Petersilie verhagelt? Sie war doch sonst so eine Nachteule und blieb bei Feiern meistens bis zum Schluss. Die Party hatte gerade ihren Höhepunkt erreicht. Ihr Verhalten war also äußerst ungewöhnlich. Aber da ich ebenfalls müde war, schloss ich mich ihr an. Wir waren noch keine zehn Meter weit gegangen, da platze sie heraus: »Stell dir vor, die Erika hat mich doch tatsächlich angetatscht!«

»Was meinst du denn mit *angetatscht*?«, fragte ich verblüfft.

»Nun, zuerst bewunderte sie meine Frisur, und strich mir übers Haar. Da hab ich mir noch nichts weiter bei gedacht. Dann griff sie nach meiner Kette und tat so, als ob sie sie genau ansehen würde. Dabei schaute sie mich ganz seltsam an. Tja, und schließlich, als sie anfing ständig über meinen Arm zu streicheln, und ich ihr sagte, dass sie das lassen soll, meinte sie nur lachend: »Wird deine Liebste sonst eifersüchtig?«

Bärbel platze fast vor Wut und mir fiel auch nichts mehr ein.

»Die beiden sind lesbisch«, fuhr sie fort. »Und sie sind davon überzeugt, dass *wir* es auch sind! Warum sonst würden wir miteinander in Urlaub fahren. Ach ja, und dass zuhause unsere Ehemänner auf uns warten, glauben sie erst recht nicht!«

Nun, ich bin, und war, immer der Meinung, dass jeder so leben solle, wie er es möchte, und wie es seinem Naturell entspricht. Dass man uns beide allerdings für Lesben hielt, haute mich geradezu um.

»Na, morgen reisen wir eh ab«, erwiderte ich. »Sollen die doch von uns denken, was immer sie wollen.«

Kopfschüttelnd überlegte ich, was unsere Ehemänner wohl zu dieser Geschichte sagen würden.

Da unser Flugzeug erst am späten Nachmittag ging, beschloss ich, den Tag in Kos-Stadt zu verbringen. Bärbel hatte keine Lust mehr auf ›Steine‹, aber ich wollte mir das *Johanniter Kastell* anschauen und noch einmal durch die zauberhaften Gassen bummeln.

Über die alte Zugbrücke trat ich durch dicke Festungsmauern in den Innenbereich. Es war noch früh am Morgen und das Gelände fast menschenleer. So schlenderte ich gemütlich durch die geschichtsträchtigen Ruinen. Von außen war es bereits als ein gewaltiger Komplex zu erkennen, doch das ausgedehnte Innere beeindruckte mich noch mehr.

Viele antike Bauteile, und die in Marmor gehauenen Wappenschilde der Ritter, waren noch sehr gut erhalten. Über mehrere Aufgänge gelangte ich auf den Wehrgang. Von dort hatte ich eine fantastische Sicht auf die Stadt und das Meer. Der quadratische Innenhof war mit antiken Säulen übersät und ich konnte mich nicht sattsehen.

Eifrig verknipste ich meine letzten Fotos. Erst gegen Mittag verließ ich die Festung und bummelte noch ein wenig durch die Stadt.

Von allen bisher gesehenen griechischen Inseln hatte Kos mir am besten gefallen. Nun konnte ich Silke, eine meiner Patientinnen und eingefleischter Griechenland-Fan, noch besser verstehen. Sie war von diesem bezaubernden Eiland dermaßen hingerissen, dass sie nicht nur diverse Kurzurlaube dort verbrachte, sondern auch ein viertel Jahr dort gelebt hatte.

Brieffreundschaft

Bevor ich die Insel des berühmten und gleichnamigen Weines, *Samos*, kennenlernte, veränderte sich mein bisheriges Leben von Grund auf: Mein Arzt eröffnete mir, dass ich meinen Beruf als Masseurin nicht länger ausüben dürfe. Meine Handgelenkserkrankung war so weit fortgeschritten, dass trotz monatelanger Spritzen- und Tablettenkuren nichts mehr zu machen war. Wie ich einige Jahre später erfahren sollte, waren dies die Vorboten für die Enddiagnose *Rheuma* gewesen.

Nachdem ich wochenlang überlegt hatte, wie es denn nun beruflich weitergehen sollte – schließlich war ich zu diesem Zeitpunkt bereits fünfunddreißig –, gab ich meine Praxis auf und zog in meine alte Heimat zurück.

Außerdem ließ ich mich noch, zwei Tage bevor ich mein altes Leben hinter mir ließ, von Frank scheiden. Wir hatten erkannt, dass wir nie so wirklich zusammen gepasst hatten und so trennten sich unsere Wege.

Obwohl ich meine Praxis, und die damit verbundene Arbeit, vermisste, lebte ich mich schnell wieder in meiner Geburtsstadt ein. Ich bewarb mich bei einem Sicherheitsunternehmen, von dem ich als Kaufhausdetektivin eingesetzt wurde. Die Tätigkeit war abwechslungsreich und spannend, und eine Zeitlang machte sie auch Spaß. Aber …

leider hatte dieser Job auch seine Schattenseiten. Die Raufereien mit den ›Langfingern‹ taten meinem Handgelenk gar nicht gut. Als die Auseinandersetzungen immer extremer wurden, suchte ich mir zwei Jahre später eine weniger kämpferische Arbeit. Ich hatte Glück und fand durch eine andere Sicherheitsfirma eine Stelle im Empfang eines großen Unternehmens.

Die Zeit als Kaufhausdetektivin werde ich aber immer in ganz besonderer Erinnerung behalten. Schließlich lernte ich dabei meinen späteren Ehemann, *Antony*, kennen!

Als gebürtiger Engländer und ausgebildeter Personenschützer, war er in der gleichen Firma tätig. Mit seiner liebevollen, einfühlsamen Art auf der einen und seinen abenteuerlichen Ambitionen auf der anderen Seite, gewann er mein Herz und wurde der Mann meines Lebens. Mit seinen strahlend blauen Augen und dem schelmischen Lächeln, zog er mich auch viele Jahre später immer noch in seinen Bann.

Als ich den Arbeitgeber wechselte, tat Antony dies ebenfalls. So hatte er geregeltere Arbeitszeiten, wodurch wir mehr Zeit miteinander verbringen konnten.

Die Jahre mit ihm sollten nie langweilig werden. Da er für *jeden* Unsinn zu haben war und *Ungewöhnliches* regelrecht anzog, ahnte ich, dass mein Leben von nun an nicht mehr *normal* verlaufen würde. – Mit dieser Vermutung sollte ich Recht behalten. –

Antony war zwar in Thailand, Südamerika und auf Gran Canaria gewesen, aber ansonsten nicht so viel gereist wie ich. Obwohl es mich unsagbar in mein geliebtes Griechenland zog, führten uns unsere ersten gemeinsamen Urlaube zuerst einmal nach Tunesien und in die Türkei.

Um mir eine Freude zu machen, überraschte Antony mich auf unserer Türkeireise mit dem Vorschlag, einen Tagesausflug nach Samos zu unternehmen. Ich war überglücklich und mit Tränen in den Augen betrat ich endlich, nach sechs unendlich langen Jahren, wieder griechischen Boden.

Bereits von weitem grüßten die hohen Berge, welche die Insel beherrschten, zu uns herüber. Die Häuser davor leuchteten strahlend weiß im Sonnenschein und ich konnte es kaum erwarten, dass die Fähre endlich anlegte.

Mittlerweile an Antonys Sammelleidenschaft gewöhnt, erstaunte es mich nicht sonderlich, dass er, kaum angekommen, als Erstes Ausschau nach einem Polizeirevier hielt. Unter anderem (!) hamsterte er Polizei-Abzeichen aus aller Welt und ließ keine Gelegenheit aus, eben solche Abzeichen zu erstehen oder zu tauschen. Also steuerten wir denn geradewegs auf das Gebäude der Touristenpolizei zu.

Trotz mehrfach erlebter Aktionen dieser Art, beschlich mich jedes Mal ein eigentümliches Gefühl, wenn wir den Gesetzeshütern der verschiedenen Länder auf den Pelz rückten. Mein ›Jäger und Sammler‹ schritt jedoch stets strahlend geradewegs auf den, oder die, Wachhabenden zu und unterbreitete ihnen sein Anliegen. Allerdings tat er das nie, ohne mir vorher noch einen seiner um Entschuldigung bittenden, treuherzigen Blicke zuzuwerfen. Bei diesen Blicken konnte ich ihm nie etwas abschlagen. – Das wusste er ganz genau und sollte sich im Laufe der Jahre auch nicht ändern! –

Dieses Mal empfing uns eine bildhübsche Polizistin. Er fragte sie, ob einer ihrer Kollegen Polizeiabzeichen sammle oder tausche. Sie bejahte dies zwar, erklärte uns aber, dass besagter Kollege ausgerechnet heute seinen freien Tag hätte. Als sie Antonys enttäuschte Mine sah, verwies sie uns an einen anderen Diensthabenden. Dieser rückte bereitwillig Namen und Anschrift des Sammlers heraus, und versicherte uns, dass sein Kollege sich *riesig* über Post aus Deutschland freuen würde.

Nachdem dies also erledigt war, bummelten wir durch die Gassen von *Vathi*, schauten dort bei einem Antiquitätenhändler herein und erfreuten uns an der großartigen Aussicht von der Altstadt auf das ›neue‹ Samos und den Hafen.

Nach einem Besuch im archäologischen Museum, setzten wir uns in den zauberhaften, dazugehörenden Park und genossen bei einem Eiskaffee den Blick über die schöne Anlage.

Anschließend schlenderten wir durch die schmalen Shoppingstraßen und bewunderten das Markenzeichen von Samos, den aus Marmor gearbeiteten Löwen auf dem *Pythagoras-Platz*, nahe dem Hafen. Das zwei Meter fünfundsiebzig hohe, auf einem Sockel errichtete Denkmal, wurde im Jahre 1930 zur hundertjährigen Unabhängigkeitsfeier aufgestellt.

Leider vergingen die wenigen Stunden viel zu schnell und als unser Schiff den Hafen wieder verließ, blickte ich wehmütig zu der immer kleiner werdenden Insel zurück.

Obwohl Antony ja nur einen Bruchteil *meines* Griechenlands kennengelernt hatte, konnte er meine Begeisterung für dieses Land nun besser verstehen. Ich war grenzenlos erleichtert!

Wieder Zuhause, erwachte in mir der Ehrgeiz die griechische Sprache endlich *richtig* zu lernen. Das bisschen, was ich mir vor langer Zeit selbst beigebracht hatte, reichte mir nicht mehr. Kurzentschlossen meldete ich mich bei einem Kursus der Volkshochschule, in der nahegelegenen Kleinstadt, an.

Da ein Anfängerkursus mangels Beteiligung nicht zustande kam, die Lehrerin jedoch davon überzeugt war, dass ich den Anschluss schaffen würde, hieß es für mich büffeln, büffeln, büffeln! Meine Vorkenntnisse reichten bis Kapitel sechs in dem angewandten Lehrbuch, aber die Klasse war bereits bei Kapitel *neunzehn*.

Trotz des gewaltigen Lernpensums machte es mir einen Riesenspaß. Vor jeder *offiziellen* Stunde

erteilte mir *Magdalini*, unsere Griechisch Lehrerin, dreißig Minuten Sonderunterricht. Es dauerte ein Vierteljahr, bis ich alles aufgeholt hatte.
Nun war ich auch so weit, dass ich einen Brief an den Polizisten in Samos schreiben konnte. Meine *griechische Seele* hatte es nicht zugelassen, dass Antony dies auf Englisch tat. Selbstverständlich musste Magdalini ihn Korrektur lesen, aber es war ein tolles Gefühl.

Auch sonst war sie eine hervorragende Lehrerin! Sie arbeitete das Lehrbuch nicht lehrplanmäßig mit uns durch, sondern erzählte auch viel aus dem griechischen Alltag und baute Spiele in ihren Unterricht ein. Außerdem veranstalteten wir ›Picknicks‹ in der Schule, weil sie *immer* hungrig war. Dazu brachte jeder griechische Leckereien mit. Nicht zu vergessen den Ouzo. Den liebte Magdalini besonders. – Aus diesem Grund nannte ihr Ehemann sie auch liebevoll *Ouzakia*! – Leider konnte ich aus Zeitmangel nur drei Jahre an ihrem Unterricht teilnehmen. In den folgenden Jahren habe ich noch oft an Magdalini gedacht. So manches Mal hätte ich ihren Rat gut gebrauchen können. Umso mehr freute ich mich, als Antony einen Kurs bei ihr belegte. Dadurch sah auch ich sie wieder. Aber nicht nur sie!

Auch *Ourania*, deren Mann *Aristidis* und dessen Kinder. Diese nette griechische Familie hatte ich kennengelernt, als ich, etwa achtzehnjährig, in deren Restaurant *Dionysos* jobbte. Zwar merkte ich schnell, dass die Arbeit in einer Gaststätte mir nicht sonderlich lag, aber Ourania und ich unternahmen auch privat so einiges. Warum ich damals nicht so clever war, mich von ihr in die Geheimnisse der griechischen Sprache einweihen zu lassen … ich weiß es nicht. Jedenfalls hatten wir uns aus den Augen verloren, als ich in die Nähe von Hamburg zog. Nun freute ich mich riesig, dass sie und ihr Mann mich auch nach vielen Jahren auf Anhieb wiedererkannten.

Aber nun zurück zu dem Brief. Die Griechenlandkenner unter meinen Klassenkameraden hatten mich vorgewarnt, dass die Hellenen extrem schreibfaul seien. Umso mehr freuten Antony und ich uns, als bereits drei Wochen später Post aus Samos eintraf.

Für Antony hatte *Dimitrios* einige Abzeichen beigelegt und für mich einen langen (!) Brief.

So entstand ein reger Schriftverkehr zwischen Samos und Deutschland. Natürlich musste Magdalini mir bei der Übersetzung behilflich sein, doch sie tat es voller Freude. War sie doch selbst immer ganz gespannt, was sich so alles in einem Polizisten-Alltag ereignete.

In einem seiner Briefe hatte Dimitrios mir eine Zeitung zugeschickt. Die *Samos News* ist in drei Sprachen gehalten und beinhaltet Informationen für Touristen. Unter anderem auch Kochrezepte. Jeder, der sich in seinem Leben einmal an einer Übersetzung versucht hat, weiß, wie schwierig dieses Unterfangen sein kann; und … wie schnell

Missverständnisse auftreten können. Ich fand folgendes Rezept einfach zauberhaft und gebe den Artikel hier wortwörtlich wieder:

»Gefühlter Hahn«

Ein reiches Mittagessen für die wichtigen Tage der Familie in Samos. Früher war das Fleisch auf dem Tisch der Familie wenig und reichte nur für spezielle Tage. Der freie Hahn oder die alte Huhn, die nicht mehr Eier machte waren die Lösung. Die Phantasie des Menschen und die Not für ein noch reicheres Mittagessen für die Familie oder für die Gäste führte zu dem gefühlten Hahn. Nachdem wir die Eingeweide herausnehmen, werden sie gestoßen und mit dem Reis, dem geschnittenen Zwiebel und der Petersilie, Pfeffer und Salz gemischt und braun in einer Pfanne gebraten (wir können auch Tomatensoße nutzen, wenn wir die Mischung rot wollen). Dann erfüllen wir das Hähnchen, schneiden es und beginnt das Koch, das auf vielen Weise gemacht wird. Die klassische Wiese in Samos ist, das in den Topf gekochte Hähnchen.

Als erste Tisch haben wir die Suppe mit Ei oder nicht. Nachdem wir es herausnehmen, um die Suppe zu machen, wird es mit ein wenig Butter in der Pfanne braun gebraten, damit es eine rote Farbe hat und die Haut knusprig gemacht wird. Heutzutage backt man es mit Kartoffeln oder Nudeln (wie die erfüllte Schulter der Ziege in Os-

tern). Sie können allein die Kochsweise entscheiden. Es geht um ein ideales Tisch für ein Fest und günstiger wenn wir es mit anderen Tische an ähnlichen Situationen vergleichen."

– Ich habe dieses Rezept nie nachgekocht! –

Bereits in seinem ersten Schreiben lud Dimitrios uns nach Samos ein. Auch bot er an, uns eine preiswerte, *schöne* Übernachtungsmöglichkeit zu besorgen. Obwohl wir als nächstes Reiseziel die *Peloponnes* ins Auge gefasst hatten, disponierten wir um. Wir waren einfach zu neugierig auf unseren Brieffreund.

Gut, wir hatten einiges über ihn erfahren; so war er zum Beispiel verheiratete und hatte zwei Töchter im Alter von vier und sechs Jahren. Sein Lieblingshobby war Fallschirmspringen und in seiner Freizeit engagierte er sich als Seenotretter und bei der Bergwacht.

Bereits Wochen im Voraus machten wir uns über das Erkennen am Flughafen unsere Gedanken. Natürlich hoffte Antony, dass Dimitrios uns mit seinem Dienstwagen abholen würde.

Und dann war es so weit! An einem herrlich sonnigen Tag, Anfang Oktober, landeten wir auf der Insel des *Pythagoras*!

Geduldig warteten wir am Kofferband auf unser Gepäck. Meine einzige Sorge bestand zu diesem Zeitpunkt darin, dass unser Koffer *unbeschädigt* ankommen mögen. Zu oft hatte ich mich schon an

dem Anblick aufgeplatzter Koffer ergötzt. *Mir* jedoch wäre es in diesem Moment sterbenspeinlich gewesen, wenn meine Kosmetikartikel gerecht verteilt zwischen Jeans, T-Shirts und Baumwollunterwäsche für *jedermann* – damit dachte ich an Dimitrios – sichtbar, auf dem Transportband angeschwebt gekommen wären. Schließlich wussten wir ja nicht, *wo genau* er uns erwartete.
Zum Glück erwies sich meine Sorge als unbegründet. Unsere Koffer erschienen so, wie wir sie aufgegeben hatten. Während wir in Richtung des Ausgangs schlenderten, hielten wir Ausschau, ob irgendjemand ein Schild mit unseren Namen hochhielt. Doch nichts dergleichen geschah. Also postierten wir uns vor dem Gebäude und beobachteten die Leute, welche den Anschein erweckten, dass sie jemanden abholen wollten.
Es dauerte nur wenige Augenblicke, bis uns ein gutaussehender, sportlicher junger Mann mit dichtem, schwarzen, Haar auffiel. In Jeans und rotem Polohemd, ein etwa sechs Jahre altes Mädchen neben sich, unterhielt er sich mit einer hübschen jungen Frau. *Das* musste Dimitrios sein!
Ob es nun Gedankenübertragung war, oder daran lag, dass außer uns niemand wie bestellt und nicht abgeholt herumstand, auf jeden Fall beendete er sein Gespräch und kam lächelnd auf uns zu.
Nach einer herzlichen Begrüßung, die teils auf Griechisch, teils in Englisch ablief, stopften wir

unser Gepäck in den Kofferraum seines kleinen Toyotas und los ging die Fahrt.
Von meinem Platz auf der Rückbank betrachtete ich unseren Fahrer im Rückspiegel. Ich erinnerte ich mich an Ellens Bemerkung, bei unserem ersten Besuch auf Korfu. »Wo sind denn nun all die gutaussehenden Griechen?« Wenn sie nun hier wäre und Dimitrios sehen könnte, hätte sich diese Bemerkung erledigt. Er war eine Erscheinung wie er im Buche steht!

Erleichtert stellte ich fest, dass ich dem auf Englisch geführten Gespräch der beiden Männer mühelos folgen konnte. Lediglich Dimitrios′ Frage welche Übernachtungsmöglichkeit wir denn bevorzugten, haute mich um. Das durfte doch nicht wahr sein! *Zwei Mal* hatte ich es ihm in den vergangenen Wochen auf *Griechisch* geschrieben und *drei Mal* hatte Antony es ihm auf *Englisch* gemailt! Wir wünschten uns ein *ruhiges* Zimmer mit Dusche in einem *kleinen* Hotel oder auch bei Privatleuten, eventuell mit Frühstück. Das alles *in*, oder *in näherer Umgebung*, von *Kokkari*! Im Geiste sah ich uns in diesem Moment schon am Strand nächtigen. – Das fing ja gut an! –

Nachdem Antony ihm mit leicht beunruhigter Stimme unsere Vorstellungen *nochmals* dargelegt hatte, strahlte Dimitrios uns mit typisch griechischer Gelassenheit an und meinte nur: »Ah! *Endaxi*!«

Mit leicht gemischten Gefühlen schauten Antony und ich uns an. Ob das gut ginge?

Bevor wir in unserer Unterkunft ankamen, drehte Dimitrios mit uns eine Extrarunde durch den kleinen Ferienort. Er zeigte uns, wo wir besonders gut und preiswert essen, und wo den günstigsten Wagen mieten konnten. Nebenbei begrüßte er unzählige Leute. Allen stellte er uns als »meine Freunde aus Deutschland« vor. Dass er bekannt war wie ein bunter Hund, bekamen wir gleich auf Anhieb mit. Dass all diese Leute nun jedoch glaubten, dass auch *wir* Polizisten seien, erfuhren wir noch am selben Abend.

Wir hatten Kokkari durchquert und Dimitrios bog von der Hauptstraße in eine kleine, steilansteigende Nebenstraße ein. Genau dort, wo sich die beiden Straßen gabelten, befand sich ein Gebäude, welches sich als Pension entpuppte. Obwohl wir bereits ziemlich skeptisch waren, die Ruhe betreffend, folgten wir ihm neugierig in das Innere des Hauses. Während wir in einem kleinen, ansprechenden Aufenthaltsraum warteten, klopfte Dimitrios an eine der Zimmertüren. Heraus trat eine ältere, unfrisierte Griechin im *Nachthemd*! Es war kurz nach siebzehn Uhr und wir konnten uns nur mit Mühe ein Schmunzeln verkneifen. Sie führte uns eine Treppe hinauf und präsentierte uns eines ihrer Gästezimmer. Auf den ersten Blick war es gar nicht mal so übel, allerdings entpuppte es sich bereits einen Augenblick später als *für uns* völlig indiskutabel! Der Grund: Nachdem die Hausherrin die Fenster, plus Fensterläden geöffnet hatte, strömte nicht nur herrliche Sommerluft ins

Innere, sondern auch ohrenbetäubender Straßenlärm! – Genau *das* hatten wir befürchtet. –

Da Antony und ich es gewohnt sind, sommers wie winters bei halb geöffneten Fenstern zu schlafen, war uns klar, dass wir *hier* nicht eine Nacht Ruhe bekommen würden.

Wir verabschiedeten uns und stiegen wieder ins Auto. Dimitrios´ eben noch grüblerischer Gesichtsausdruck machte einem wissenden Strahlen Platz. Fröhlich verkündete er: »Jetzt weiß ich, wo ich euch unterbringe!«

Er entschuldigte sich schon mal im Voraus, dass wir es nun leider etwas weiter bis ins Ortszentrum hätten und wir waren auf *alles* gefasst.

Zum Glück hielt er nur wenig später vor unserem ›zweiten Versuch‹. Während er noch mit der Besitzerin sprach – welche *normal* gekleidet war –, schauten wir uns etwas um.

Das Haus stand auf einer Felsklippe direkt am Meer und bot nicht nur eine himmlische Aussicht, sondern wirkte mit seiner von Wein überrankten Einfahrt, der überdachten Frühstücksecke und dem herrlich blühenden kleinen Garten, sehr einladend.

Auch das Zimmer, welches wir uns kurz darauf anschauten, sagte uns zu. Es war wunderbar ruhig und geräumig. Wir hatten also unsere Bleibe gefunden.

Nachdem wir uns bei unserem ›Fremdenführer‹ bedankt und fürs erste von ihm verabschiedet hatten, packten wir unsere Koffer aus. Anschließend spazierten wir vergnügt in den nur zwei Kilometer entfernten Ort.

Wir befanden uns an der Nordküste der Insel, wodurch ein stetiger, aber warmer, Wind wehte. Unsere Nasen wurden verwöhnt von einem unglaublichen Blütenduft. Grillen zirpten und die Lichter des kleinen Ortes funkelten wie Edelsteine auf nachtschwarzem Samt.

Meiner Seele wuchsen Flügel und glücklich ließ ich mich von der seidigen Luft umfächeln.

Wir hatten uns entschlossen, unser Abendessen in einem der beiden Restaurants einzunehmen, die Dimitrios uns empfohlen hatte. Auf dem Weg dorthin freuten wir uns über die vielen freundlichen Grüße der Einheimischen, die uns ein fröhliches *Jassas!* (Hallo) oder auch *Kalos Orisate!* (Herzlich Willkommen) zuriefen.

In der Taverne, die wir uns ausgesucht hatten, fanden wir sogar einen Fensterplatz mit Blick aufs Meer. Das Essen ganz hervorragend und die Bedienung äußerst zuvorkommend. Langsam wurden wir stutzig.

Kurzerhand verwickelte Antony unseren Kellner in ein Gespräch. So erfuhren wir Folgendes: Auf Grund seines Berufes kannte *jeder* Dimitrios. Seine Besichtigungstour mit uns hatte sich herumgesprochen, wie ein Lauffeuer. Nun glaubten alle, dass auch *wir* Polizisten seien. Und mit *solchen* Leuten, sollte man sich eben gut stellen – selbst wenn sie *nur* aus Deutschland kämen! –

Vergnügt schmunzelnd nahmen wir es zur Kenntnis. Natürlich versuchten wir diesen Irrtum richtig zu stellen. Allerdings: Es glaubte uns niemand! Die Erklärung wie, und wodurch, wir Dimitrios kennengelernt hatten, nahm uns niemand ab. Nun, da *wir* nie behauptet hatten, diesem Berufsstand anzugehören, konnte uns auch niemand Amtsanmaßung vorwerfen. Also ließen wir die Dorfbewohner in dem Glauben und genossen stillschweigend die entgegengebrachten Freundlichkeiten.

Auch unsere reizende Vermieterin, *Eleftheria,* schien dem Irrglauben erlegen zu sein. Sie zeigte nicht das geringste Interesse daran, unsere Ausweise sehen zu wollen. Immer wieder winkte sie ab. Schließlich gaben wir es auf, ihr unsere Dokumente aufzudrängen.

Eleftheria war übrigens ein Schatz! Jeden Morgen servierte sie uns ein reichhaltigeres Frühstück, als den anderen Gästen, welche sie in ihren fünf Zimmern beherbergte. Auch stellte sie jeden Tag, nur für uns, einen Teller mit köstlichen Weintrauben bereit. Bevor wir zu unseren jeweiligen Tagestouren aufbrachen, plauderten wir mit ihr.

Einmal, wir standen an der Bushaltestelle, um nach Samos-Stadt zu fahren. Kamen Eleftheria und ihr Mann mit dem Auto vorbei. Kurzerhand luden sie uns in ihren Wagen und chauffierten uns in die Stadt. – Obwohl sie eigentlich in die entgegengesetzte Richtung wollten! –

Unseren ersten ›Samos-Tag‹ starteten wir mit einem Spaziergang nach *Avlakia.* Die Sonne strahlte vom blauen Himmel und es wehte ein leichter Wind. In Ermangelung von Schleichpfaden, marschierten wir die Hauptstraße entlang. Linker Hand erstreckte sich eine Bergkette, auf der noch immer Überreste des vor einigen Jahren tobenden Waldbrandes zu sehen waren. Auf der rechten Seite bot sich uns eine grandiose Sicht auf die wildromantische Küste. Wir bewunderten uralte knorrige Olivenbäume und beobachteten einen Schwarm Möwen, die sich auf einem Felsen um einen Fisch stritten.

Nach etwa vier Kilometern erreichten wir den beschaulichen Küstenort. Wir entdeckten eine kleine Taverne, die direkt am Strand lag und ließen uns dort nieder.

Kaum, dass wir Platz genommen und unsere Bestellung aufgegeben hatten, waren *sie* auch da: Die griechischen ›Bettel-Katzen‹! Die Mutterkatze hielt sich noch etwas zurück aber ihr vorwitziges Töchterlein, gerade mal so groß wie meine Faust, wusste vor lauter Übermut gar nicht, wen von uns sie zuerst begrüßen sollte. Wie ein Irrwisch sprang sie zwischen uns hin und her. Kaum hatte sie sich entschieden, an wessen Schnürsenkeln sie knabbern wollte, überlegte sie es sich auch schon wieder anders und kroch stattdessen lieber in das Hosenbein des anderen. Die Kleine genoss die Spielerein und unsere volle Aufmerksamkeit.

Selbstverständlich fielen *ganz zufällig* ein paar Bröckchen unseres Mittagessens herab und sie erkor sich Antony als ihren Liebling aus. Das war allerdings kein Wunder, schließlich ruhte ein *Schwertfisch* auf seinem Teller!
Frisch gestärkt und nach einer reizenden Plauderei mit der netten Wirtin, machten wir uns wieder auf den Rückweg.
Nach einem erfrischenden Bad im Meer, spazierten wir nach Kokkari, um dort ein bisschen durch die Geschäfte zu bummeln.
Zum Abendessen suchten wir das andere, von Dimitrios empfohlene, Restaurant auf. Zu meiner Freude stand *Pastitio* auf der Speisekarte. Da ich Antony schon so viel davon vorgeschwärmt hatte, bestellte er sich nun dieses leckere Nudelgericht. Wie zu erwarten, war auch er ganz begeistert davon. Er lobte den Wirt, dass es das beste Pastitio sei, das er je in seinem Leben gegessen habe! Der Wirt freute sich sehr über das Kompliment. Er würde es umgehend an seinen Bruder, den Koch, weitergeben.
Dass es für Antony das erste Mal gewesen war, musste der nette Wirt ja nicht erfahren. Wir wollten ihm nur eine Freude machen.

Tags darauf schauten wir uns den hübschen, kleinen Ort endlich einmal bei Tageslicht an. Wir schlenderten durch die schmalen Gassen, bestaunten die hübschen, mit Bougainvillea bewachsenen Häuser und stöberten in diversen Souvenirläden.

Über einen Holzsteg, versehen mit einem sehr primitiven, wackeligen Geländer, spazierten wir zu einer Landzunge, von wo aus wir einen traumhaften Blick auf den Ort hatten. Unzählige Boote dümpelten in dem kleinen Hafen, und wir erfrischten uns an der Uferpromenade mit frisch gepresstem Orangensaft. Auch wollte ich es nicht versäumen, Antony einen griechischen Friedhof zu zeigen. Vielleicht liest sich dies jetzt pietätlos, aber seit ich auf Korfu die beeindruckenden Gräber gesehen hatte, ließ mich die Erinnerung daran nicht mehr los.

Bevor wir den Rückweg zu unserer Pension einschlugen, suchten wir noch den von unserem Freund empfohlenen Autovermieter auf, um für zwei oder drei Tage einen Jeep zu mieten.

Es erstaunte uns nur mäßig, dass der Angestellte der Autovermietung bereits wusste, wer wir waren. Allerdings erschien er uns wenig geschäftstüchtig. Er druckste herum und wollte uns weismachen, dass wir den Jeep nicht für drei Tage am Stück bekommen könnten, sondern mit jeweils einem Tag dazwischen. Angeblich sei der Wagen vorbestellt. Nach einigem hin und her, wobei die Ausreden des jungen Mannes immer fadenscheiniger wurden, entschlossen wir uns, zu einem anderen Anbieter zu gehen. Nur wenige Minuten später stiegen wir in unseren blauen Geländewagen.

Am nächsten Morgen starteten wir zu unserer Inselbesichtigung. Dessen Route hatte ich bereits zu Hause in liebevoller Kleinarbeit ausgearbeitet. Unsere erste Etappe führte durch das *Nachtigallen-Tal*, nach *Manolates.* Dieser bezaubernde, dreihundertfünfzig Meter hoch gelegene, Ort mit seinen schmalen, blumengesäumten Gassen, wirkte auf uns, als sei die Zeit dort stehengeblieben. Alte Männer saßen vor ihren Häusern und erwiderten freundlich unseren Gruß. Gemütlich streiften wir durch das alte Dorf.

Bevor wir unsere Fahrt fortsetzen konnten, machte ich eine interessante Erfahrung bezüglich der Sicherheitsgurte: Wir hatten den Wagen an einer ziemlich abschüssigen Straße geparkt. Ich konnte machen, was ich wollte, mein Gurt weigerte sich standhaft seiner Funktion nachzukommen. Er reagierte weder auf behutsame, noch auf rabiate Behandlungen. Erstaunlicher Weise funktionierte das Gegenstück auf der Fahrerseite einwandfrei! Antony blieb also nichts anderes übrig, als mit mir ›oben ohne‹ loszufahren. Als ich wenig später auf ebener Strecke erneut versuchte mich anzuschnallen, klappte es, als ob nichts gewesen wäre.

Unser nächstes Ziel, am folgenden Tag, war der zweitausendfünfhundert Jahre alte *Eupalinos*-Tunnel. Der Tunnel ist Teil einer Wasserleitung, die die Stadt Samos mit der Quelle *Agiadis* ver-

band und sollte in Kriegszeiten die Wasserversorgung der Stadt gewährleisten.
Von *Polykrates*, der den Beinamen *Tyrann von Samos* trug, in Auftrag gegeben, arbeiteten die Bauarbeiter sich quer durch den Berg. Sie begannen, in zwei Gruppen geteilt, gleichzeitig von beiden Seiten des *Ambelos*-Berges. Nach etwa zehnjähriger Bauzeit trafen sich die Mannschaften fast genau in der Mitte. Die Abweichung betrug lediglich sechzig Zentimeter Höhenunterschied.
Durch den nur achtzig Zentimeter breiten Einlass stiegen wir über eine schmale Treppe in den 1036 Meter langen Tunnel hinab. Leider sind von ihm nur etwa einhundertfünfzig Meter begehbar.
In dem nur spartanisch erleuchteten, grottenähnlichen Gewölbe bewunderten wir staunend die Jahrtausende alte Handarbeit. Es war für uns nur schwer vorstellbar, wie die Arbeiter das alles, so ganz ohne technische Hilfsmittel, nur mit Hammer und Meißel bewerkstelligt hatten.
Insgesamt war die Wasserleitung etwa eintausend Jahre in Betrieb. – Wieder einmal ein hervorragendes Beispiel dafür, dass früher ›für die Ewigkeit‹ gebaut wurde. Wie lange halten Wasserleitungen heutzutage? –

Wenn ich den Namen Polykrates höre, denke ich immer an folgende Geschichte: Egal, was der ehemalige Herrscher Polykrates auch begann, ihm gelang einfach alles. Es schien, als habe er das Glück gepachtet.

Eines Tage besuchte er seinen Freund Amásis, den Pharao von Ägypten. Dem war das stetige Glück seines Freundes nicht geheuer. Er sorgte sich, dass sein Freund die Missgunst der Götter heraufbeschwören könne. Also bat er Polykrates, das wertvollste, das er besäße fortzuwerfen. So weit, dass keine Menschenseele es mehr fände.
Da zog der Herrscher von Samos sich seinen wertvollen Siegelring, der mit einem kostbaren Smaragd bestückt war, vom Finger und warf ihn weit ins Meer.
Wenige Tage später speisten die beiden Herrscher zu Abend. Als Polykrates dem Fisch auf seinem Teller den Bauch aufschlitzte, stieß sein Messer gegen einen Widerstand. Erstaunt zog er den Gegenstand heraus. Es war der Ring, den er wenige Tage zuvor ins Meer geworfen hatte!

Wir fuhren weiter zu den *Höhlen des Pythagoras*. Der Weg dorthin führte über eine unbefestigte Geröllstrecke. Vorbei an staubigen Ginsterbüschen und verkrüppelten Olivenbäumen, schlängelte sich die enge Straße immer weiter in die Bergwelt hinein. Steile Abgründe auf der einen Seite, gaben einen ebenso atemberaubenden Ausblick über das Land frei, wie uns auf der anderen Seite schroffe Felswände die Sicht raubten.
Endlich waren wir am Ziel. Wir stellten den Wagen am Fuße einer Steilwand ab und begannen den mühevollen Aufstieg. Tapfer meine Höhenangst bekämpfend, schaffte ich es, gut zwei Drittel

des Weges zu bewältigen. Dann war Schluss. Krampfhaft bemüht, den Blick in die Tiefe zu vermeiden, ließ ich mich auf einem Findling nieder und Antony kletterte alleine weiter.
Nachdem ich mich ein wenig erholt hatte, begann ich langsam den Abstieg und wartete bei unserem Fahrzeug auf ihn. Zum Glück hatte Antony seine Digitalkamera dabei. So kam auch ich in den Genuss, die bemerkenswerten Höhlen anzuschauen.
In *Pygros* erstanden wir wenig später, in einer Töpferwerkstatt, ›Original Becher des Pythagoras‹.
Diese Becher sind so konzipiert, dass wenn man sie über eine gewisse Markierung hinaus füllt, sie sich selbständig wieder leeren. – Es würde ein riesiger Spaß werden, unsere gierigen Freunde damit in Verlegenheit zu bringen! –
Der Nachmittag war bereits weit fortgeschritten. Allerdings verspürten wir keine Lust, die gut ausgebaute Straße über Samos-Stadt nach Kokkari zu nehmen. Die erschien uns auf der Karte als riesiger Umweg. Uns reizte die Abkürzung quer über die Berge viel mehr. Obwohl diese Strecke als *nicht asphaltiert* ausgeschildert war, störte uns das nicht im Geringsten. Wozu hatten wir einen Jeep?
Aber ich will mich kurz fassen. Wir benötigten weit mehr als das Doppelte der Zeit, die wir gebraucht hätten, wenn wir die Hauptstraße benutzt hätten!
Es dauerte nicht lange, bis wir den Allradantrieb unseres Fahrzeugs zu unserem allerbesten Freund

erklärten. Die Dunkelheit schritt immer rascher voran und der Weg war kaum noch zu erkennen. Irgendwie fraß die Umgebung das Scheinwerferlicht. Doch tapfer durchquerten wir das unwegsame Gelände. Auf halber Strecke kam uns ein Kleinwagen entgegen. Leider haben wir nicht erfahren, ob er und seine Insassen den Weg heil bewältigt haben. Obwohl Antony ein hervorragender Fahrer ist, verlangte diese Fahrt ihm einiges ab. Todmüde und völlig erledigt erreichten wir spät abends endlich unsere Pension.

Am nächsten Morgen statteten wir zuerst Dimitrios einen Besuch in seinem Büro ab. Wir plauderten eine Weile, dann machten wir uns auf den Weg nach *Mytelini* zum dortigen Paläontologischen Museum.

Gemächlich streiften wir durch die Abteilungen und besahen uns die Ausstellungsstücke. Alles war sehr nett angeordnet und unterschied sich nicht wesentlich von anderen Museen. Bis wir in den Bereich mit den ausgestopften Tieren kamen! Der gewaltige Hirsch wirkte noch recht natürlich. Obwohl *jedem* Besucher wahrscheinlich nicht das imposante Geweih zuerst ins Auge fiel, sondern die riesigen *Glupschaugen*!

Die herrlichsten Tiere jedoch standen in Vitrinen. Wenn der Fuchs zu Lebzeiten schon dermaßen geschielt hatte, wäre er bestimmt für jeden Augenarzt eine unglaubliche Herausforderung gewesen. Allerdings zeigte das Tier ein so freudiges

Lachen, dass wir überzeugt waren, dass ihm seine ›Behinderung‹ nicht das Geringste ausgemacht hatte.

Der kleine Marder neben ihm grinste uns so herausfordernd fröhlich mit seinen gebleckten, spitzen Zähnchen an, dass uns die Lachtränen über die Wangen liefen.
Die Krönung jedoch war der *Kaplani*! Der *Letzte seiner Spezies* war mit keinem der uns bekannten Tiere zu vergleichen. Der lange Körper ähnelte dem eines Dackels, die Beine hätten zu einem Kojoten gepasst und die spitzen Öhrchen kamen denen von Eichhörnchen gleich. Mit seinem runden Kopf, den Pausbäckchen und der abgerundeten Schnauze wirkte er einfach zu drollig und erweckte kein bisschen den Eindruck einer gefährlichen Bestie! Die Augen blickten ein wenig trau-

rig, aber das kam wohl eher daher, dass sein geflecktes Fell aussah, als hätten die Motten es zu ihrem Hauptwohnsitz erklärt.

Angeblich war der Kaplani um 1870 von Kleinasien herüber nach Samos geschwommen. Nachdem er geraume Zeit auf den Weiden sein Unwesen getrieben, und die Ziegenherden der Bauern um ein Vielfaches dezimiert hatte, war es einigen Jägern letztendlich gelungen, ihn zu erlegen. – Vielleicht stammte ja *daher* auch das zerrupfte Fell? –

Mittlerweile hatte ich mir mein Halstuch in den Mund gestopft, um meine Heiterkeitsausbrüche etwas zu dämpfen. Die Lachtränen flossen immer noch und mein Gesicht hatte die Farbe vollreifer Tomaten angenommen. Um dem Ganzen ein Ende zu setzen, flüchteten Antony und ich uns in die neutrale Gesteinsabteilung. Dort erlangten wir nach geraumer Zeit unseren Normalzustand wieder.

Gut, dass wir an diesem Vormittag die einzigen Besucher dort waren!

– Ich möchte nicht den Anschein erwecken, dass ich mich über den Präparator der Tiere lustig mache. Im Gegenteil! Ich bewundere ihn für seine humorvolle Leistung. –

Unser nächstes Ziel war das *Volkshistorische Museum* im *Dorysa Bay Hotel*, am Rande von *Pythagorion*.

Da Dimitrios mir bereits ein halbes Jahr zuvor einen Prospekt über dieses Museum geschickt und

ich diesen vom Griechischen ins Deutsche übersetzt hatte, wollten wir es uns natürlich auch anschauen.
Die Hotelanlage war äußerst beeindruckend. Angelegt wie ein landestypisches Dorf mit kleinen, blumengesäumten Gassen, in denen sich die Appartements befanden, einem Marktplatz und sogar einer kleinen Kirche, wirkte der umfassende Komplex sehr beschaulich.
In großen Vitrinen, im Keller eines der Gebäude, waren wunderbar die unterschiedlichsten Berufszweige mit den dazugehörigen Arbeitsgeräten dargestellt. Ob es sich dabei um die Herstellung von Käse, Fischfang oder Korbflechterarbeiten handelte, alles war in liebevollen Details nachgestellt.

Bevor wir uns in *Ireon* die Archäologische Stätte anschauten, aßen wir in einer kleinen Taverne zu Mittag. Als Hintergrundmusik erklangen griechische Lieder auf *Deutsch.* Auf meine Frage hin, erzählte uns die Wirtin, dass sie eine deutsche Freundin habe, welche ihr diese CDs von *Vicky Leandros* geschickt hätte.

Das aus dem dritten Jahrtausend stammende Ireon, hatten wir auf Grund seiner geringen Größe und der Tatsache dass um fünfzehn Uhr geschlossen wurde – wir waren dreißig Minuten vor der Schließungszeit dort –, rasch besichtigt.

Den Nachmittag verbrachten wir in Pythagorion. Bei einem Bummel entlang des Hafens – den Bau

der Hafenmole hatte ebenfalls Polykrates veranlasst – beobachteten wir einen Fischer, der dort seine Netze flickte.
Nicht weit von ihm entfernt erweckte ein Hund unsere Aufmerksamkeit. Der lag nämlich auf dem Rücken *unter* einem abgestellten Auto und erweckte den Anschein, dieses zu reparieren. Wir amüsierten uns köstlich über den Vierbeiner.

Am nächsten Tag hatten wir eine Verabredung mit Dimitrios. Er wollte uns um neunzehn Uhr zu einem griechischen Abend abholen. Nun, dass er nicht pünktlich sein würde, damit rechneten wir. Als er aber zwei Stunden später immer noch nicht aufgetaucht war, nicht anrief, und letztendlich überhaupt nicht kam, machte mich sauer.
Zur Entschädigung schnappten Antony und ich uns die Flasche Ouzo, die Dimitrios uns bei unserer Ankunft überreicht hatte und machten uns einen netten Abend auf unserem Balkon.
Um den Restalkohol aus unseren Körpern zu vertreiben, unternahmen wir am folgenden Tag eine ausgiebige Besichtigungstour durch Samos-Stadt. Bei dieser Gelegenheit suchten wir natürlich unseren Freund in seinem Büro auf. So erfuhren wir auch den Grund für sein Fernbleiben. Er hatte einen Sondereinsatz gehabt und uns dadurch schlicht und ergreifend vergessen!
Nun, nachtragend waren wir nicht. Erst recht nicht, als er mir als Entschuldigung ein wunder-

schönes Bild schenkte, das Samos um sechzehnhundertneunzig zeigte.

Gut gelaunt spazierten Antony und ich anschließend durch die steilen Gassen von Vathi. Vorbei an uralten Häusern mit herrlich blühenden Gärten und fotografierten, was uns vor die Linse kam. Mein Filmvorrat ging langsam zur Neige und das letzte Foto machte ich von meinem Schatz.
Er hatte sich vor einer wunderschönen alten Villa in Pose gestellt. Dass rechts hinter ihm ein unübersehbares Schild prangte, störte mich nicht. – Erst zu Hause übersetzte ich die Aufschrift, die da lautete: »Müll abladen verboten!« Ich ärgerte mich fürchterlich und nahm mir vor, das nächste Mal besser auf herumstehende Schilder jeglicher Art zu achten. –
Das Ausschlaggebende an diesem Spaziergang war aber, dass wir Augenzeugen einer zauberhaften Begebenheit wurden: Es war uns nicht entgangen, dass sich in einer der Straßen bedeutend mehr Katzen aufhielten, als in anderen Vierteln der Stadt. Plötzlich öffnete sich eines der Fenster und eine ältere Frau schaute heraus. Mit hoher Stimme stieß sie unverständliche Lockrufe aus und augenblicklich flitzten aus allen Ecken und Richtungen unzählige Samtpfötchen herbei! Sie schienen nur auf diese Rufe gewartet zu haben. Die Katzenfreundin stellte einen großen Behälter mit Futter auf einen Mauervorsprung und die Vierbeiner stürzten sich heißhungrig darauf. Von Minute zu Minute wurden es immer mehr. Ungläubig das

Schauspiel beobachtend, standen wir inmitten dieser Katzenflut.

Unser Urlaub neigte sich dem Ende zu und verzweifelt suchte ich noch immer nach dem Rezept von *Revissokeftes* (Kichererbsenbällchen). Da ich diese Köstlichkeit hier auf Samos zum ersten Mal probiert hatte und sie mein Hauptnahrungsmittel in dieser Woche gewesen war, *musste* ich unbedingt erfahren, wie sie denn zubereitet wurden. Leider blieb meine Suche nach dem Rezept erfolglos. Erst ein paar Wochen später erfreute mich eine Bekannte mit dem Geheimnis der Herstellung.

Noch während wir uns ausgiebig bei Eleftheria und ihrem Mann für die herzliche Gastfreundschaft bedankten und ihr unser Abschiedsgeschenk überreichten, erschien Dimitrios, um uns zum Flughafen zu bringen.
Ein letzter Blick zurück, ein letztes Winken. Es war eine wunderschöne Woche gewesen.
Unser Freund reihte sich in der Abfertigungshalle des Flughafens mit in die Schlange der Wartenden ein. So hatten wir noch gut eine Stunde Zeit zum Plaudern.
»Wenn ihr das nächste Mal kommt, werde ich hoffentlich mehr Zeit für euch haben. Dann zeige ich euch noch wunderschöne Ecken, die ihr jetzt bestimmt nicht gesehen habt!«, versprach er.

Es tat ihm wirklich leid, dass er uns so vernachlässigt hatte. Aber ob es ein nächstes Mal geben würde? Natürlich wollten wir mit ihm in Kontakt bleiben, aber Griechenland war groß und es gab noch ein paar andere Fleckchen, die wir gerne kennenlernen wollten. Schließlich waren wir ja keine *normalen* Touristen, die Entspannung, Zerstreuung, Sonne, Sand und gutes Essen suchten. Wir mussten schließlich *den* Platz finden, an dem wir uns eines Tages niederlassen wollten. Denn *dass* wir dies tun würden, war für uns nun endgültig beschlossene Sache; und ich war unsagbar glücklich, dass Antony ebenfalls dem ›griechischen Zauber‹ erlegen war!

Erkundung der Peloponnes

Anfang Mai, des darauf folgenden Jahres, las ich in der Zeitung von der Neueröffnung eines Geschäftes, das sich auf den Verkauf griechischer Lebensmittel spezialisiert hatte.

Die vierzig Kilometer Fahrt schreckten uns nicht ab und so machten Antony und ich uns eines schönen Samstagmorgens auf den Weg.

Wir fanden das Geschäft auf Anhieb und betraten den hellen, sehr hübsch dekorierten Laden. Aus versteckten Lautsprechern klang dezent griechische Musik und die mit Oliven, Olivenöl, Weinen, Spirituosen und diversen griechischen Lebensmitteln bestückten Regale, zogen uns gleich in ihren Bann. Zu dieser frühen Stunde waren wir die einzigen Kunden. Der Besitzer, ein freundlicher junger Mann, bot uns sogleich seine Hilfe an, als er sah, dass ich interessiert die griechischen Weinflaschenetiketten las. Schnell kamen wir ins Gespräch und er stellte sich als *Jorgos* vor.

Alle Artikel in seinem Geschäft stammten aus seiner Heimatstadt *Kalamata*. Nun wurden wir hellhörig. Kalamata auf der Peloponnes. Die Heimat des *Pelops*. Jenes Mannes, der laut Mythologie die Herrschaft der Insel übernahm, nachdem er den hinterhältigen Regenten in einem Wagenrennen besiegt und dessen wunderschöne Tochter, *Hippodameia*, ehelichte. Dorthin wollten wir doch schon längst einmal!

Geduldig beantwortete Jorgos unsere unzähligen Fragen. Wenig später gesellte sich auch sein Vater *Alexandros* – kurz *Alekos* genannt – zu uns.
In den folgenden Stunden wuchs die gegenseitige Sympathie und so wagte ich es, dem netten, grauhaarigen Herrn mit dem buschigen, lustigen Schnurrbart die Frage zu stellen, die mir auf der Seele brannte: »Wäre es vielleicht möglich, dass wir einmal bei der Olivenernte mithelfen können?«

»Ihr wollt wirklich h e l f e n?« Grenzenloses Staunen spiegelte sich in seinen Gesichtszügen wider. Noch während wir voller Begeisterung nickten und ihm erklärten, *wie* gerne wir einmal das *normale* Leben in Griechenland kennenlernen würden, wandelte sich sein Erstaunen in überschwängliche Freude.

Wir erfuhren nun, dass die Olivenernte etwa von September bis Februar stattfand und in groben Zügen, wie sie ablief.

»Ihr wohnt natürlich bei uns, habt Kost und Logis frei und wenn ihr gut arbeitet, gibt es auch etwas Geld«, verkündete er strahlend.

Nun waren *wir* diejenigen, welche völlig überrascht waren. Mit so einem spontanen Angebot hatten wir nicht gerechnet. Diese tolle Nachricht mussten wir erst einmal verarbeiten.
Nachdem wir uns mit reichlich Olivenöl, diversen Weinen und anderen Köstlichkeiten eingedeckt hatten, verabschiedeten wir uns mit dem Versprechen bald wieder zu kommen.

In den kommenden Wochen und Monaten wurden wir Stammkunden bei Jorgos. Als er dann auch noch die beiden Biersorten ›Mythos‹ und ›Alpha‹ in sein Sortiment aufnahm, war vor allem Antony mehr als selig.

Da Alekos die Sommermonate in seiner Heimat verbrachte, auch um abzuschätzen, wie die Olivenernte ausfallen würde, sahen wir ihn längere Zeit nicht. Bei jedem unserer Besuche nervten wir Jorgos gewaltig, ob er schon wüsste, wann die Ernte denn nun genau stattfinden würde.

Mitte August bekamen wir dann die Hiobsbotschaft per Telefon serviert: Da die Knospen im zeitigen Frühjahr Frost abbekommen hatten, würde die Ernte extrem dürftig ausfallen. Ein Kommen lohne sich deshalb für uns nicht. Wir sollten es doch um ein Jahr verschieben.

Antony und ich waren unsagbar enttäuscht. Ein Jahr warten? Ja wussten die denn nicht, *wie* lang ein Jahr sein kann? Vor allem, wenn man so abenteuerlustig und neugierig auf Unbekanntes ist, wie wir.

Der September neigte sich bereits seinem Ende entgegen, als wir beschlossen, den von uns so sträflich vernachlässigten Jorgos mal wieder zu besuchen. *Er* konnte ja schließlich nichts dafür.

Leicht erstaunt waren wir dann, als wir Jorgos´ Geschäft betraten und zwei Damen vorfanden.

Eine hübsche blonde Frau mit einem Kleinkind, die uns fröhlich begrüßte und, wie sich später herausstellte, Jorgos´ Schwester *Dimitria* – genannt *Thula* – war. Die andere Dame, mittleren Alters mit flottem Kurzhaarschnitt, befand sich gerade in einem Kundengespräch.

Zielstrebig suchten wir unsere bevorzugten Waren aus und nachdem die Kundin gegangen war, wandten wir uns an die dunkelhaarige Dame. »Hat Jorgos heute seinen freien Tag?«, sprach ich sie an.

»Nein, er ist im Nachbarort. Dort ist Herbstmarkt und er stellt seine Waren aus. Ich bin seine Mutter, *Janoula*. Seid ihr Freunde von Jorgos?«, fragte sie.

»Nun«, antwortete ich, »wir kennen ihn seit seiner Geschäftseröffnung und schauen ab und zu herein. Vielleicht hat Ihr Sohn ja schon von uns erzählt? Wir sind diejenigen, die so gerne bei der Olivenernte mithelfen wollten, was ja nun leider nicht klappt«, erklärte ich.

Fröhlich lachte sie mich an, um einen Moment später quer durch den Laden zu brüllen: »ALEKO!!!«

Augenblicklich öffnete sich der Vorhang, welcher das Geschäft von einer kleinen Küche trennte, und Alexandros erschien auf der Bildfläche.

»Ah! Jassas, jassas!«, wurden wir stürmisch begrüßt. »Wie geht es euch?«

Wir tauschten die üblichen Höflichkeitsfloskeln und erwähnten so ganz nebenbei, wie enttäuscht wir doch waren, dass wir nun nicht zur Olivenernte kommen könnten.

»Wieso nicht?«, lautete Janoulas erstaunte Frage. Irritiert sahen Antony und ich sie an.

»Weil Jorgos uns gesagt hat, dass die Ernte dieses Jahr ausfallen würde, da es zu wenig Früchte gäbe«, erklärte Antony.

»Unsinn!« Resolut wandte Janoula sich an ihren Mann. »Was meinst du, Aleko?«

»Wann, und für wie lange, wollt ihr denn kommen?«, fragte dieser.

»Nun, wir hatten gedacht, dass die ersten zwei Dezemberwochen günstig für unser Vorhaben seien. Unser Plan war, dass wir in der ersten Woche ein Auto mieten und uns die Peloponnes anschauen, und im Anschluss daran, euch eine Woche bei der Ernte helfen. Oder auch umgekehrt, erst helfen und dann umschauen, so wie es euch halt besser passt.«

»Aber das lässt sich doch machen, nicht wahr Aleko?« Janoula sah ihren Mann abwartend an.

Wir konnten unser Glück kaum fassen, als Alekos zustimmend nickte. Sofort stürzten wir uns gemeinsam in die Planung. Wann von wo welche Flüge gingen, wann wir uns wo treffen würden und so weiter.

Antony und ich waren total aus dem Häuschen. Vor Freude hätte ich die beiden stundenlang knuddeln können.

Nachdem wir – Stunden später – alles durchgesprochen hatten, verabredeten Jorgos´ Mutter und ich, dass wir uns in den nächsten Tagen noch einmal treffen wollten, um ›den Rest‹ zu klären.

Antonys und mein Wochenende war gerettet. Wir überschlugen uns regelrecht vor Euphorie und es gab nur noch *das* eine Thema.

Wie verabredet fuhr ich ein paar Tage später zu Jorgos´ Mutter. Aus den von mir eingeplanten dreißig Minuten wurden zweieinhalb Stunden!
Bei Kaffee und Kuchen musste ich erst einmal Rede und Antwort stehen. Ob Antony holzhacken und ich kochen und bügeln könne (?!); wie alt wir seien und was wir beruflich machten; ob wir Familie hätten und noch so mancherlei mehr.
Als wir uns verabschiedeten, kannte ich mich in deren Privatleben fast genauso gut aus, wie in meinem eigenen. So erfuhr ich nicht nur, den Namen des Zentralen Busbahnhofs in Athen, von wo aus die Busse nach Kalamata – und das gesamte griechische Festland – abfahren, sondern auch, dass Alekos und Janoula seit dreiunddreißig Jahren in Deutschland lebten, Janoula Kuchen nur mit Olivenöl statt mit Butter oder Margarine buk, Alekos oft Heimweh hatte und sie uns, wenn wir für immer nach Griechenland gehen wollten, die drei Zimmer in ihrem Haus für zweihundert Euro vermieten würden.
Am folgenden Tag buchte Antony via Internet unsere Flüge.

Vierzehn Tage vor unserem Abflug bekamen wir die Hausschlüssel für das Domizil in *Anthia*, einem kleinen Ort etwa zehn Kilometer von Kala-

mata entfernt. Allein diese Geste des Vertrauens erfüllte uns mit Stolz und Freude. Welcher Deutsche hätte einem Griechen, den er nur ein paar Mal getroffen hatte, sein Haus überlassen? *Ich* kannte niemanden! Verbunden mit unzähligen Erklärungen welcher Schlüssel zu welchem Schloss passt, und wo und in welcher Reihenfolge, wir die Strom- und Wasserversorgung in Gang setzen müssten, verabschiedeten wir uns herzlich voneinander.
Leider würde Alekos erst knapp zehn Tage nach uns eintreffen. So blieb zwar nicht allzu viel Zeit für die Olivenernte, aber besser ein paar wenige Tage, als gar nicht.
Janoula würde nicht kommen können, da zu dem Zeitpunkt ihre Kollegin Urlaub habe. Das fand ich zwar sehr schade, aber es ließ sich nun mal nicht ändern.

Pünktlich um zehn Uhr vormittags landeten wir in *Athen* und der Bus, welcher uns zum Fernbusbahnhof nach *Kifissiou* bringen sollte, war rasch gefunden. Nach einstündiger Fahrt, gelangten wir dort an. – Dass ich mir die ganze Fahrt über Gedanken machte, ob wir auch *wirklich* im richtigen Bus saßen, versuchte ich vor Antony zu verbergen. Hatte Janoula nicht etwas von zwanzig Minuten Fahrtzeit gesagt? –
Bedeutend mutiger geworden, was das Vertrauen in meine griechischen Sprachkenntnisse anging, kaufte ich unsere Hin- und Rückfahrttickets nach

Kalamata. Vorsichtshalber fragte ich auch gleich, ob der Bus in Anthia, unserem Zielort, hielte. Nachdem mir dies bestätigt wurde, brauchten wir nur noch eine dreiviertel Stunde bis zur Weiterfahrt überbrücken.

Das erste kleine Ärgernis dieses Tages trat in Form des uns unbekannten ›Sitzplatz- und Gepäckverstauungs-Systems‹ ein. Wie bereits erwähnt, habe ich eine Vorliebe dafür, in Bussen möglichst ganz vorne zu sitzen. Wir ließen also unser Gepäck verstauen, wobei ich mich nochmals vergewisserte, ob der Bus auch *wirklich* in unserem Zielort halten würde. Dann stürzte ich mich eiligst in den Bus. Schwang mich auf die vorderste Sitzbank und machte es mir dort bequem. Allerdings währte das Vergnügen keine zwei Minuten. Uns mit bösen Blicken bombardierend, forderte der Fahrer uns auf, wieder auszusteigen. Die Gründe dafür waren, dass wir a) unsere Rucksäcke nicht mit in den Bus nehmen sollten – worüber Antony ziemlich sauer war, weil er darin seine Kameras verstaut hatte – und b) ich nicht darauf geachtet hatte, dass auf den Tickets *Sitzplatznummern* eingetragen waren.

Nach einigem hin und her und nachdem *unsere* Fahrkarten *nochmals* kontrolliert worden waren, konnten wir endlich unsere Plätze – im hinteren Drittel – einnehmen.

Mittlerweile waren wir seit gut dreißig Stunden auf den Beinen und die Müdigkeit begann uns zu übermannen. Tapfer bemühte ich mich wach zu bleiben, damit mir auch ja nichts entging, aber letztendlich fielen mir doch die Augen zu. Kurz bevor wir den Golf von Korinth erreichten, wachte ich auf und weckte Antony. Bevor dieser jedoch richtig wach war, waren wir bereits über den Kanal hinweg.

Da die Fahrtzeit mit vier Stunden angegeben war, Anthia jedoch *vor* Kalamata lag, begann ich eine halbe Stunde vor Ablauf der Zeit die Ortsschilder besonders aufmerksam zu lesen. Und dann geschah das Unvermeidliche: ›Unser‹ Ort tauchte auf, aber der Fahrer dachte gar nicht daran, die Bremse zu betätigen. Na ja, schließlich war er ja auch, lautstark und gestenreich, in ein Gespräch mit seinem Kollegen vertieft. Man(n) kann schließlich nicht auf *alles* achten. Ich sprang also auf und stolperte nach vorne. Bis ich das Geplauder der beiden unterbrochen, und ihnen klar gemacht hatte, dass wir aussteigen wollten, waren wir bereits durch Anthia hindurch.

»Wo genau wollt ihr aussteigen?«, fragte der Fahrer.

»In **Anthia**, an der ...« – Mist, wie war doch gleich das griechische Wort für *Tankstelle*? –

»... an der kleinen Kirche!« – *Kirche* war immer gut und passte auch. –

»Wir sind schon aus Anthia heraus. Wir sind in *Epia*! Wo wollt ihr denn nun aussteigen?«

»HIER!«, fauchte ich gereizt. »*Genau* hier!«

Ich stürzte regelrecht aus dem Bus, kaum dass er hielt und Antony hinter mir her.

Wir zerrten unsere Reisetaschen aus dem Gepäckraum und standen nun, total übermüdet, in einem Ort, wo wir gar nicht hin wollten. Na prima!

Wir schnappten uns also unser Gepäck und zockelten missmutig zurück in die Richtung, aus der wir gekommen waren. Die Autos jagten hupend an uns vorüber – In Griechenland hält sich nur höchst selten jemand an die Geschwindigkeitsbegrenzungen – und Antony ging mir auf die Nerven. Er drängte mich, jemanden nach dem Weg zu fragen. – Was war so kompliziert daran, der Straße zu folgen? Naja, wenn ich übermüdet oder hungrig bin, reagiere ich immer extrem ungehalten. Momentan war ich beides. – Nach gut drei Kilometern passierten wir die Ortsgrenze von Anthia. Puh! Nun hieß es nur noch ›die kleine, namenlose Seitenstraße neben dem Kirchlein‹ und das Haus mit dem *blauen* und dem *grünen* Tor aufzuspüren.
Die Straße und das Haus zu finden, erwies sich Widererwarten als Kinderspiel. Kaum hatten wir nämlich den schmalen Zufahrtsweg betreten, winkte uns schon von weiten das nachbarliche Empfangskomitee freundlich zu und deutete hilfsbereit auf das Haus nebenan.
Das hatten wir also geschafft! Wir standen vor einem ansprechenden, zweistöckigen Haus, mit Dachterrasse und Garten. Aber … war es tatsächlich das *Richtige*? Alekos hatte doch etwas von einem *blauen* und einem *grünen* Tor gesagt?! Die-

se hier waren jedoch *schwarz*! – Später erfuhren wir, dass er sie im vergangenen Jahr neu gestrichen, dies aber vergessen hatte. – Kurzentschlossen probierten wir die Schlüssel aus und waren erleichtert. Sie passten!
Durch das leise quietschende Tor traten wir auf die geflieste, von Weinlaub überrankte, gut dreißig Quadratmeter große Terrasse und steuerten auf die Eingangstür zu. Da sich auch diese Tür problemlos öffnen ließ, waren wir nun endgültig davon überzeugt, das richtige Haus gefunden zu haben.

Neugierig ließen wir unsere Blicke umherschweifen. Rechter Hand befand sich ein kleines Bad und links eine geräumige Wohnküche mit offenem Kamin. Ein brauner Holztisch, zwei Stühle und ein Schaukelstuhl verliehen dem Ganzen Gemütlichkeit.

Da Antony sich um die Wasser- und Stromversorgung kümmern wollte, machte er sich sogleich ans Werk. Kaum hatte er jedoch in dem Sicherungskasten einige Schalter betätigt, ertönte unverständliches Stimmengewirr aus einem Nebenraum. Verdutzt schauten wir uns an. Wohnte hier etwa doch jemand anderer? Die Tür war verschlossen und ein Schlüssel nirgends zu finden. Wir riefen und klopften, aber es ließ sich niemand blicken. Endlich begriffen wir, dass im Nebenzimmer lediglich der Fernseher lief. Doch wie sollten wir ihn abschalten, wenn wir nicht in das Zimmer kamen?

Jetzt war Antonys Geschick gefragt. Kurzerhand zweckentfremdete er einen alten Kleiderbügel aus Draht, den er draußen in einem kleinen, gemauerten Unterstand fand. Gekonnt bastelte er einen ›Ersatzschlüssel‹ und wenige Augenblicke später war die Tür offen.

Bei dem Raum handelte es sich um das Wohnzimmer unserer Gastgeber und wir schalteten erst einmal den Fernseher ab. Durch eine Nebentür gelangte man in deren Schlafzimmer. Somit hatten wir das Untergeschoss vollständig kennengelernt. Endlich kamen wir dazu, uns und unser Gepäck, die Außentreppe hinauf zu hieven, um uns in den oberen Räumen häuslich niederzulassen.

Der Aufgang führte auf eine große, überdachte Terrasse, von der sich uns ein traumhafter Ausblick bot. Begeistert schweiften unsere Blicke über Olivenplantagen, Orangenhaine, versteckte, aus dem Grün hervor lugende Hausdächer und schlanke Zypressen, bis hin zu den langsam aufflackernden Lichtern Kalamatas. Die Grillen zirpten und in der Ferne schrie ein Esel. Eine tiefe Ruhe überkam mich und das Gefühl endlich wieder *zu Hause* zu sein.

Da die Dämmerung in Griechenland sehr rasch von statten geht und es ganzjährig eine Stunde später als in Deutschland ist, wandten wir uns einstweilig von der idyllischen Aussicht ab und den restlichen Räumlichkeiten zu.

Auf dem Balkon befand sich ein separater Anbau, in dem sich das Badezimmer befand. Schräg gegenüber führte eine Tür in einen langen Flur, der das geräumige Wohnzimmer von zwei Schlafräumen abgrenzte. Antony und ich entschieden uns für das hintere Zimmer. Als erstes riss ich die Fenster auf, um durchzulüften. Zum Glück fand ich auch schnell diverse Putzmittel. Nicht nur die abgestandene Luft, auch eine dicke Staubschicht zeigte, dass die Räume längere Zeit nicht bewohnt gewesen waren. Indessen begab Antony sich auf die Suche nach dem Wasseranschluss. Da dieser sich nicht direkt *im*, geschweige denn *am* Haus befand, wie uns gesagt worden war, sondern *außerhalb* des Grundstücks (!), war sein detektivischer Spürsinn ganz schön gefragt. Als er endlich fündig wurde, konnte ich meine bereits gestartete Putzaktion mit *heißem* Wasser fortsetzen.

Nachdem alles blinkte und blitzte, und wir mittlerweile ausgehungert wie ein ganzes Rudel Wölfe waren, machten wir uns auf die Suche nach einer kleinen Taverne. Waren wir nicht vorhin an einer vorbei gekommen? Richtig! Bereits fünf Minuten später wurden wir fündig. Das typisch griechische Lokal mit seinem einfachen Gastraum, den mit Papierdecken bestückten Tischen und den bunt zusammen gewürfelten Stühlen, entsprach genau unseren Vorstellungen von einer typisch griechischen Taverne.

An den Wänden hing neben einigen Bildern ein zwei Jahre alter Kalender; im offenen Kamin prasselte ein anheimelndes Feuer und aus einem überdimensionalen Fernseher drangen uns die neusten Nachrichten entgegen.

Der Wirt begrüßte uns freundlich, und nachdem ich ihn gefragt hatte, was er denn zu Essen hätte, rasselte er seine gesamte Speiskarte herunter. Leicht überfordert von dem Wortschwall, bat ich ihn darum, einen Blick in seine Küche werfen zu dürfen. Zuvorkommend zerrte er sämtliche Deckel von den Töpfen und gewährte uns sogar Einblick in seinen Kühlschrank. Rasch war unser Mahl zusammengestellt und bereits wenig später ließen wir es uns schmecken.

Gesättigt und zu Tode erschöpft fielen wir an diesem Abend in die Betten und schliefen sofort ein.

Am nächsten Tag war das Wetter zwar etwas trübe, aber das störte uns nicht. Bereits um acht Uhr früh standen wir an der Bushaltestelle. Wir wollten in die Stadt fahren, um dort ein Auto zu mieten. Etwas orientierungslos fanden wir uns in Kalamata auf dem Busbahnhof wieder. Trotz des Stadtplans, den Jorgos uns freundlicher Weise überlassen hatte, gelang es uns nicht, uns zurechtzufinden. Kurzentschlossen suchten wir ein kleines Café auf, um zu beratschlagen, wie wir nun weiter vorgehen wollten.

Nachdem wir unseren Kaffee bestellt hatten, fragte ich den Wirt, einen schon älteren Herrn, ob er uns behilflich sein könne. Nach einem flüchtigen, verständnislosen Blick auf unseren Plan ignorierte er diesen völlig. Dafür erzählte er uns ausführlich die Geschichte des griechischen Freiheitskampfes gegen die Türken. Seine Abneigung gegen die Muselmanen war unüberhörbar und ich verschwieg ihm vorsichtshalber, dass wir zwei Jahre zuvor einen sehr schönen Urlaub in der Türkei verbracht hatten.

Da er langsam sprach und einfache Wörter benutzte, konnte ich ihm gut folgen und für Antony übersetzen. – Himmel, war ich stolz! –

Eine dreiviertel Stunde später überließ er sein Café sich selbst und lotste uns zu einem Taxistand. Was um alles in der Welt sollten wir *dort*? Hatte ich mal wieder irgendetwas Ausschlaggebendes nicht mitgekriegt oder missverstanden?

Nachdem ich ihm zwei Mal zu verstehen gab, dass wir *nicht* mit einem Taxi fahren, sondern ein Auto mieten wollten, erklärte er: »Die Taxifahrer sind alle Schlitzohren. Ihr, als Touristen, werdet doch nur abgezockt. Ich handle jetzt einen Fahrpreis für euch nach Anthia aus. Wenn der Fahrer euch für den Preis nicht dorthin fahren will, sucht ihr euch einen anderen!«

Aber damit nicht genug. Nachdem der Preis ausgehandelt war – »Sechs bis sieben Euro, nicht mehr!« –, führte er uns noch in die Richtung, wo wir ›nach zweihundert Metern‹ eine Autovermietung finden würden.

Wir bedankten uns herzlich für seine Hilfsbereitschaft und verabschiedeten uns mit den besten Wünschen für ihn und seine Familie.

Wenig später wurden wir mit einem neuen Problem konfrontiert: Die meisten Griechen haben leider kein sehr gut ausgeprägtes Verhältnis zu Entfernungen. So kam es, dass wir gut und gerne bereits das dreifache der angegebenen Strecke zurückgelegt hatten, ohne dass wir auf ein Schild mit der Aufschrift ›RENT A CAR‹ gestoßen wären.

Spontan beschloss Antony eine Bank aufzusuchen, in der Hoffnung, dass vielleicht einer der Angestellten dort Englisch spräche … *und* einen Stadtplan lesen könne. – So viel also zu seinem Vertrauen in meine Sprachkenntnisse! –

Gleich bei unserem ersten Versuch war uns das Glück hold. Nicht nur dass der Angestellte des Geldinstitutes sehr freundlich und hilfsbereit war, auf seine Frage hin, woher Antony denn käme, hatte dieser kaum *Manchester* ausgesprochen, da sprang auch schon ein Kollege vom Nachbarschreibtisch auf und stürzte auf ihn zu.

Hatte jener doch erst vor wenigen Tagen an der Hochzeit einer seiner Cousinen in Manchester teilgenommen. Welch eine Freude nun jemanden zu treffen, der diese Stadt kannte und sogar dort geboren war. Jedem einzelnen Mitarbeiter, und jedem eintretenden Kunden, sprang er nun vor die Füße und rief euphorisch auf Antony deutend: »Er kommt aus England! Aus Manchester!! Da wo ich auch vor kurzem war!!!« – Die Mentalität der Griechen ist einfach herzerfrischend! –

Nach fast zwanzig Minuten gelang es uns, die Bank wieder zu verlassen. Und nur wenige Augenblicke später standen wir vor der Autovermietung. Da der dortige Mitarbeiter uns jedoch keinen vernünftigen Preis machen konnte – oder wollte –, entschlossen wir uns, mit einem Taxi an den Stadtrand von Kalamata zu fahren. Hatten wir doch auf der Herfahrt ein ansprechendes, an der Hauptstraße gelegenes, Unternehmen entdeckt. Als wir kurze Zeit später dort eintrafen, stellten wir zu unserem Leidwesen fest, dass geschlossen war.

Da sich jedoch direkt nebenan eine Autowerkstatt befand, baten wir den dortigen Besitzer um Auskunft. Es stellte sich heraus, dass dieser einige Jahre in Toronto gelebt hatte, um sich vor der Armee-Ausbildung in Griechenland zu drücken, und daher sehr gut Englisch sprach.

Er führte ein kurzes Telefonat und bald darauf erschien eine hübsche junge Frau, die das Geschäft aufschloss. Endlich sollten wir unser Auto bekommen!

Schnell fand die nette Griechin, *Smaroula*, heraus dass wir Deutsch sprachen. Da sie einige Jahre in Frankfurt gelebt hatte, erleichterte dies den Papierkram und wir erhielten einen fast neuen Hyundai.

Dass die Peloponnes bergig ist, hatte ich bereits aus diversen Reiseführern erfahren. Dass es jedoch *so* extrem werden würde, hätte ich nicht gedacht. Kaum hatte unser Auto tapfer eine Anhöhe erklommen, ging es auch schon wieder steil bergab und die nächste Steigung musste in Angriff genommen werden. Eine Kurve folgte der nächsten und wir hatten das Gefühl Achterbahn zu fahren.

In Deutschland waren die Bäume bereits kahl und trostlos anzusehen. Eben typisch für Dezember. Hier jedoch leuchteten die Blätter in tausend herbstlichen Schattierungen. Alle Gelb-, Braun- und Rottöne waren vertreten und verschönten die Landschaft mit einer unglaublichen Leuchtkraft.

Immer wieder tauchten Bergziegen auf, die behände auf den Felshängen herumkletterten. Raue Gebirgszüge wechselten sich mit tiefen Schluchten ab und die Kargheit des *Taigettos*-Gebirges übte einen magischen Zauber auf uns aus.

Unser Ziel lautete *Mistras.*

Als wir dort ankamen, mussten wir leider feststellen, dass in den Wintermonaten bereits um fünfzehn Uhr geschlossen wurde. Wir hätten also nur knapp eineinhalb Stunden Zeit für die Besichtigung gehabt. Das war uns bei weitem zu wenig. Von unserem Standort aus äugten wir neugierig zu der mystische Ruinenstadt hinüber.

Der Himmel hatte sich wieder bezogen und es begann leicht zu regnen. Nebelschwaden zogen über das antike Gelände hinweg und ließen es unheimlich und gespenstisch wirken. Wir verschoben also die Exkursion auf einen anderen Tag und fuhren weiter nach *Sparta.*

Eingebettet in einem grünen Tal, mit tausenden von Oliven- und Orangenbäumen, empfing uns die Hauptstadt *Lakoniens.*

Das im rechten Winkel angelegte Straßennetz der Stadt, und die gute Beschilderung, erleichterten uns die Suche nach der historischen Stätte. – An der ersten größeren Kreuzung links abbiegen, in Richtung des Fußballstadions. –
Da die Überreste des alten Sparta frei zugänglich sind, blieb uns genügend Zeit durch die Ruinen zu streifen. Leider zeugen nur noch wenige Relikte der einst so berühmten, kriegerischen Stadt, in der Knaben bereits im Alter von sieben Jahren den Müttern fortgenommen und zum Kriegshandwerk herangezogen wurden, von ihrem einstigen Glanz. Durch viele Erdbeben in Mitleidenschaft gezogen, und im Mittelalter gänzlich aufgegeben, sind die Überreste der Stadtmauer, einer Basilika und des Theaters jedoch durchaus sehenswert.
Unter Eukalyptus- und knorrigen Olivenbäumen liegen verstreut antike Steine und Säulen, auf denen Steinmetze längst vergangener Jahrhunderte ihr künstlerisches Geschick in einer faszinierenden Ornamentenvielfalt verewigt haben.

Immer wieder tauchte in meinen Gedanken eine Passage aus meinem Lieblingsgedicht von Ludwig Uhland´s *Des Sängers Fluch* auf, in der es heißt:
»*Noch eine hohe Säule zeugt von verschwund´ner Pracht,*
auch diese, schon geborsten, kann stürzen Übernacht.«

Nach einem anschließenden Stadtbummel traten wir unseren kurvenreichen Heimweg an. In Kalamata legten wir einen Zwischenstopp ein, um bei *LIDL* einzukaufen. Wir wurden angenehm überrascht von dem umfangreichen deutsch-griechischen Sortiment, in welchem Antony sogar seine über alles geliebte *Cabanossi* fand.

Am nächsten Tag zog es uns in Richtung Süden, in die wildromantische Landschaft der *Mani*.
Nachdem wir etwa eine Stunde unterwegs gewesen waren, hielten wir in dem kleinen, beschaulichen Örtchen *Kambos*. Hier wollten wir in einem Café unser Frühstück einnehmen.

Der Gastraum war nur mäßig besucht. Wir setzten uns an einen kleinen Tisch in der Nähe des Eingangs und gaben unsere Bestellung auf. Kaum hatte die Kellnerin uns den Kaffee servierte, wurde es unruhig.
Zwei junge Männer klopften und rüttelten an der Eingangstür. Verbunden mit lautem Gezeter malträtierten sie diese auf Teufel komm raus. Der Grund war, dass die Tür sich plötzlich nicht mehr öffnen ließ. Immer mehr Kunden fanden sich ein und es entwickelte sich ein wahrer Volksauflauf. Entnervt griff die Kellnerin schließlich zu ihrem Mobiltelefon und rief, so wie ich es verstand, *Costas*, den Schlosser an.

Kurz entschlossen stand Antony auf. Er zog ein kleines Sammelsurium an Werkzeugen aus der Hosentasche, ohne das er *nie* das Haus verließ, und rückte der verklemmten Tür auf den Leib. So, wie wir noch kurz zuvor die draußen Stehenden neugierig beäugt hatten, beobachteten diese nun gespannt Antonys Treiben. Zu ihrer großen Enttäuschung währte die Vorstellung allerdings nur wenige Minuten. Die Leute klatschten vergnügt Beifall, als er breit grinsend die Tür schwungvoll öffnete. Lächelnd und ganz gelassen kehrte Antony an unseren Tisch zurück und trank seinen Kaffee aus, der auf Kosten des Hauses ging.

Über die Küstenstraße führte uns unser Weg weiter in Richtung *Aeropolis*.

Auf der einen Seite das unwegsame, zerklüftete Taigettos-Gebirge, auf der anderen die abwechslungsreiche Sicht zum leicht kabbeligen Meer. Vorbei an kleinen Fischerdörfern mit beschaulichen Häfen, verlockenden Sandstränden und felsigen Küstenabschnitten, fuhren wir durch die raue Schönheit der Mani.

Unser Ziel war die zwei Millionen Jahre alte Tropfsteinhöhle *Glyfada* in *Pyrgos Dirou.*

Da die Höhle nur per Boot zu besichtigen ist, bestiegen wir einen flachen Kahn. Wir legten die Schwimmwesten an und tauchten ein, in eine märchenhafte Zauberwelt. Eine tiefe Ruhe lag über dem versteinerten Paradies, die lediglich durch das glucksende Geräusch der eintauchenden Stak-Stange unseres Fährmanns, und dem sanften Plätschern des Wassers, unterbrochen wurde.

Durch dezente Beleuchtung angestrahlt, boten sich uns auf einer Länge von 2.800 Metern die faszinierendsten Felsgebilde. Staunend schweiften unsere Blicke über die bizarr geformten Stalaktiten und Stalagmiten.

Ich hatte vermutet, dass es in den Höhlen ziemlich kühl sein würde, aber dem war nicht so. Die Temperatur betrug gut achtzehn Grad Celsius.

Von dem insgesamt dreiunddreißigtausend Quadratmeter großen Areal sind bislang erst fünftausend erforscht, und für die Öffentlichkeit zugänglich gemacht worden. Aber dieser kleine Bereich ist schon einzigartig. Wie mag da wohl der noch verborgene Teil aussehen?

Die Höhlen waren zwar bereits 1923 entdeckt worden, wurden jedoch erst 1950 von *Ioannis Petrocheilos* und seiner Ehefrau *Anna* erforscht. Ich konnte Ioannis´ Enttäuschung gut nachempfinden, als er voller Spannung seine abfotografierten Filme entwickelte, und auf keinem einzigen etwas zu erkennen war. Er fuhr also nochmals zu der Höhle und wiederholte die Aufnahmen. Doch auch dieses Mal musste er erkennen, dass keine Belichtung stattgefunden hatte. Er sandte die Filme an einen Freund und Studienkollegen nach Deutschland. Nach eingehender Prüfung des Materials erklärte dieser, dass die Grotten nie zuvor mit Licht in Berührung gekommen seien, und somit das Blitzlicht seiner Kamera regelrecht geschluckt hatten. Nachdem Ioannis die Höhlen mit zahlreichen Lampen ausleuchtete, gelangen auch die Fotos.

Nach einer knappen Stunde fand die Reise in die Unterwelt ihr Ende.
Wir fuhren zurück nach Aeropolis und von dort aus weiter nach *Gythion.* Nach einem ausgiebigen Bummel durch das beschauliche Hafenstädtchen, ging es weiter über die verschlungenen Straßen des *Parnon*-Gebirges. Vorbei an idyllischen Landstrichen und durch kleine, teils verlassene Ortschaften, die traurig ihr Dasein fristeten.
Immer wieder sahen wir alte Männer, deren Gesichter von tiefen Falten durchzogen waren, und von einem harten, entbehrungsreichen Leben zeugten. Sie saßen gemütlich plaudernd vor den Tavernen, nippten an ihrem Kaffee oder dem starken Tresterschnaps *Tsiporo.* Verhärmt wirkende, schwarz gekleidete Frauen mit gebeugten Rücken, hängten Wäsche auf, oder saßen mit Handarbeiten auf dem Schoß vor ihren Haustüren.
Junge Leute sahen wir in diesen Dörfern nicht. Sie waren in die Städte ausgewandert, um dort ihr Glück zu suchen und dem arbeitsreichen, kargen Landleben zu entfliehen.

Über *Skala* und *Leonidion* näherten wir uns *Nauplion.*
Die kurvenreichen Strecken hatten viel Zeit in Anspruch genommen. So suchten wir uns ein Hotel, von wo aus wir am nächsten Tag unsere Fahrt nach *Epidauros* fortsetzten wollten.

Da wir noch vor Sonnenaufgang wieder aufbrachen, erreichten wir die, in immergrünen Pinien-

hainen eingebettete, antike Stätte dermaßen rechtzeitig, dass das Tor zwar schon geöffnet, aber das Kassenhäuschen noch nicht besetzt war. Freundlich wurden wir von einem Aufseher hereingewinkt und durften kostenlos durch das Gelände streifen.
Wir begannen unseren Rundgang an dem sehr gut erhaltenen, zwölftausend Zuschauer fassenden Theater. In ihm finden auch heute noch in den Sommermonaten Aufführungen statt.
Abwechselnd erklommen wir die, von alten Steineichen gesäumten, oberen Sitzreihen und testeten die hervorragende Akustik. Antony gab einen Part aus Shakespeare zum Besten. Damit erfreute er nicht nur mich, sondern auch die Archäologen, die in der Nähe tätig waren.
«Gemächlich schlenderten wir durch die Ruinen der einstigen Heilstätte. Vorbei an dem Thermalbad, der Bibliothek, dem Gästehaus und den Überresten der Heilschlafhalle. Dort hatten sich die Heilungssuchenden zum Schlaf gebettet und waren von heftigen Träumen heimgesucht worden. Vielen erschien der Gott der Heilkunst, *Asklepios* (Äskulap), im Schlaf. Priester deuteten die Träume und erstellten daraus die medizinische Diagnose.

Begleitet von dem endlosen Lied der Zikaden, ließen wir uns mit unserer Besichtigung viel Zeit. Eine ganze Weile schauten wir den Archäologen bei ihren aufwändigen Restaurierungsarbeiten an dem Rundtempel zu. Unter dem einst die heiligen Schlangen des Heilgottes gehalten worden waren.

Bevor wir die fast dreitausendfünfhundert Jahre alten Überreste der Burg von *Mykene*, dem einstigen Zentrum der Macht, erreichten, gönnten wir uns das Vergnügen in dem kleinen, touristischen Ort *Mikines* durch zwei Souvenir-Läden zu stöbern. Natürlich wurden wir fündig und erstanden ein paar Mitbringsel für unsere Lieben daheim. Außerdem erfuhren wir in dem zweiten Geschäft wozu in Griechenland *Telefonbücher* ihre Verwendung fanden.
Als wir nämlich unsere Einkäufe bezahlen wollten, fand der gut neunzigjährige Hüter des Geschäftes, nicht genügend Wechselgeld in seiner Kasse. Flugs griff er nach seinem Mobiltelefon (!) und rief seinen Sohn an. Dieser tauchte wenige Augenblicke später auf und schnappte sich das voluminöse Telefonbuch. Verständnislos beobachteten wir ihn dabei, wie er hektisch in den Seiten des dicken Wälzers blätterte. Plötzlich erkannten wir den Sinn seines Tuns. Zwischen den Seiten verteilt tauchten diverse Banknoten, unterschiedlicher Währungen, auf! – So hat halt jedes Land sein ganz besonderes Sparschwein. –
Nun, wir erhielten unser Wechselgeld und erreichten wenig später, immer noch schmunzelnd, das Ausgrabungsgelände von Mykene.
Auch hier waren Archäologen und deren Helfer emsig bei der Arbeit. Wir durchschritten das be-

rühmte Löwen-Tor und wandten uns dem Gräberkreis zu. Danach begann der Aufstieg zur Kuppe des Burghügels mit den Überresten des Palastes. Dann war Antony nicht mehr zu halten. Hatte er sich doch schon seit Tagen auf die Erkundung des Ganges zum unterirdischen Brunnen gefreut. Wir fanden den Eingang auch rasch, mussten aber feststellen, dass er mit einem dicken Seil abgesperrt war! Verstohlen blickten wir uns um. Da weit und breit kein Aufseher zu sehen war, der Antony das Herumstöbern hätte verbieten können, überwand er flugs das Hindernis und huschte die steilen Stufen hinab. Ich stand derweil ›Schmiere‹. Nach etwa zwanzig Minuten tauchte er strahlend wieder auf. Anhand seiner Digitalkamera präsentierte er mir die von ihm geschossenen Bilder.

Neunundneunzig Stufen führten über einen grob behauenen Felsengang in die Tiefe. Der kaum einen Meter breite, nach oben hin spitzzulaufende Durchlass mündete in einer kleinen Höhle. Versorgt wurde der Brunnen über eine Tonröhrenleitung von einer dreihundertsechzig Meter weit entfernten Quelle, daher hatte Antony glasklares, eiskaltes Wasser vorgefunden.

Eine Weile schlenderten wir noch über das Gelände. Mit der Besichtigung der Kuppelgräber, die der Form von Bienenkörben nachempfunden waren, und dem *Schatzhaus des Atreus,* beendeten wir unseren Mykene-Aufenthalt.

Irgendwie war ich froh, die einstige Residenz so mächtiger Könige wie *Atreus, Agamemnon* und

Orest wieder verlassen zu können. Die trutzigen Mauern hatten etwas Abweisendes und ich meinte die ganze Zeit über, eine unerklärliche Kälte gespürt zu haben. – Seltsam, wo mich doch Ruinen jeglicher Art ansonsten immer faszinierten! –

Da wir den Tag etwas vertrödelt hatten, beschlossen wir, unsere Weiterfahrt nach *Olympia* auf den nächsten Tag zu verschieben und in *Nemea* zu übernachten.

Wie wir bereits aus dem Reiseführer wussten, gab es in dem Städtchen nur *ein* Hotel. Etwas seltsam kam uns die Tatsache schon vor, dass es als *namenlos* in unserem Büchlein vermerkt war, aber als wir dort eintrafen, stellten wir fest, dass es tatsächlich nur HOTEL hieß.

Es befand sich inmitten des Ortes und wir parkten das Auto in einer Querstraße.

Durch die angelehnte Eingangstür betraten wir das Gebäude. Eine kleine Rezeption und eine gemütliche Sitzecke – natürlich mit Fernseher! – empfingen uns … und sonst niemand. Erst versuchten wir durch mehr oder weniger dezentes Räuspern und Husten auf uns aufmerksam zu machen. Als sich daraufhin nichts rührte, begannen wir zu rufen. Wieder nichts. Da entdeckten wir auf dem Tresen einen Zettel. In fein säuberlicher griechischer Handschrift, stand da, dass man doch bitte folgende Telefonnummer anrufen möge. Antony zückte also sein Handy und ich erklärte der Dame, die sich am anderen Ende meldete, dass wir in ihrem Hotel stünden und gerne ein Zimmer hätten. Hocherfreut bat sie uns, dort zu warten. Sie käme gleich!

Tatsächlich erschien bereits wenige Minuten später eine kleine Frau, mittleren Alters. Sie hieß uns aufs herzlichste willkommen und zeigte uns sogleich *sämtliche* Zimmer. Wir entschieden uns für eines mit Dusche und während wir unser Gepäck holten, erledigte sie die Formalitäten und bezog die Betten.

Sie war wirklich sehr nett und … überaus redselig. Allerdings klappte unsere Kommunikation hervorragend und machte mir richtig Spaß. Wenn es nach *ihr* gegangen wäre, hätten wir die Unterhaltung bis zum Abend fortsetzen können. Da für unsere müden Knochen nun gesorgt war, mussten nur noch die knurrenden Mägen zufrieden gestellt werden. Also, auf zur Suche nach einer Futterquelle.

Zufällig kamen wir dabei bereits nach wenigen Schritten an der Polizeistation vorbei. Ein Blick in Antonys erwartungsvoll, strahlende Augen verriet mir, dass unsere leeren Mägen noch etwas darben mussten.

Durch das offenstehende Fenster erblickten wir einen jungen Mann in Uniform und sprachen ihn ganz unkonventionell auf diesem Wege an. Seine Antwort auf unsere Frage hin, ob er englisch spräche, verblüffte uns. »Nicht besonders gut, aber ich spreche *deutsch*!«

Er bat uns herein und noch während Antony ihm sein Anliegen unterbreitete, ob er oder einer seiner

Kollegen Polizei-Abzeichen sammle oder tauschte, brach direkt hinter mir ein ungemeiner Tumult los.

Zwei Männer stolperten herein, warfen sich zu Boden und kämpften miteinander. Mein erster Gedanke war, dass einer der beiden ›der Böse‹ sei, der zu flüchten versuchte. Während ich noch überlegte, wie ich dem ›Guten‹ denn helfen könnte, zumal ich nicht erkennen konnte, *wer was* war, beendeten sie ihr Gerangel. Grinsend erhoben sie sich vom Fußboden und entschuldigten sich mit den Worten: »Sorry, wir wollten euch nicht erschrecken. Wir haben nur ein bisschen geübt, um im Training zu bleiben.«

Nun fiel mir auch auf, dass *unser* Uniformierter bei der ganzen Sache ganz gelassen geblieben war und sich weiterhin mit Antony unterhalten hatte! – Na toll! Ich kam mir mal wieder vor wie der letzte Depp. –

Nun wurden die Gesprächspartner getauscht. Antony unterhielt sich mit den Kämpfern, die sich als Kommissare entpuppten, auf Englisch und ich schnappte mir den jungen Beamten.

Nach einer Stunde angeregter Gespräche hatten wir nicht nur zahlreiche ›Insiderinformationen‹ erhalten, sondern auch eine Polizeimütze erstanden. Außerdem eine Adresse in Athen, wo Antony all seine, ihm noch fehlenden, Abzeichen und andere Utensilien bekommen würde. Zum Schluss gaben sie uns noch einen Tipp, wo man gut und preiswert essen könne! *Das* interessierte mich momentan am meisten.

Umgehend machten wir uns auf den Weg zu der von ihnen empfohlenen Taverne *Paputzakia* (Schühchen). »Nur etwa achthundert Meter von hier entfernt. Immer der Straße nach!«

Die Suche gestaltete sich als ein ausgiebiger Spaziergang quer durch den Ort, bei dem wir an allen möglichen Häusern, Kirchen und Geschäften vorbei kamen, nur stießen wir nicht auf besagtes Restaurant! – Wie verhielt es sich doch gleich mit den griechischen Entfernungsangaben? –

Letztendlich kehrten wir in einer urigen Taverne ein, die mir bereits bei unserer Parkplatzsuche aufgefallen war. Sie befand sich nur wenige Meter von unserem Hotel entfernt.

Das kleine Lokal war gut besucht, aber wir ergatterten einen gemütlichen Platz in der Nähe des Kamins. Die nette Wirtin beriet uns zuvorkommend bei der Auswahl unseres Mahls und freute sich über die Touristen, welche sich zu dieser Jahreszeit zu ihr verirrt hatten, und die sich zudem auch noch bemühten, die Landessprache zu sprechen.

Die Speisen waren köstlich. Das absolute Highlight jedoch war der Wein, den sie uns kredenzte!

Nemea ist der bedeutendste Weinort Griechenlands und natürlich kannte ich auch einige Sorten der köstlichen Rebsäfte aus diesem Gebiet, aber dieser Trank war einfach *göttlich*! Am liebsten hätten wir ein paar *Amphoren* davon mitgenommen.

Obwohl das Hotel direkt an der Hauptstraße lag, hatten wir wunderbar geschlafen. Es war noch früh am Morgen, als wir Nemea hinter uns ließen. Wir wollten nach *Archea Nemea* zum dortigen *Zeus-Heiligtum*.

Da wir dort jedoch gut eineinhalb Stunden vor der regulären Öffnungszeit ankamen, war ein Hereinkommen unmöglich. Zu gerne hätte ich mir das antike Stadion der panhellenischen Wettkämpfe angesehen. Na, dann beim nächsten Mal.

So nahmen wir unsere letzte Etappe in Angriff: *Olympia.*

Wir hatten uns für eine der nur wenig befahrenen Traumstraßen der Peloponnes entschieden. Diese führt von Nemea über *Galatas, Levidon* und *Langadia*. Da wir in den vergangenen Tagen genügend Erfahrungen im Berg- und Talfahren gesammelt hatten, konnte uns diese Strecke auch nichts anhaben. – Dachten wir! –

Die Fahrt stellte alles bis dahin Erlebte in den Schatten. Auf Höhen von über eintausend Metern schlängelten sich die schmalen Straßen durch das gigantische Bergmassiv hinauf, und, nach schwindelerregenden Ausblicken auf tief zerklüftete Schluchten, wieder hinab. Angesichts dieses gebirgigen, schwer zugänglichen und ursprünglich gebliebenen Teils Griechenlands, fühlte ich mich unbedeutend und klein. Außerdem schien es, als seien wir die Einzigen, die diese Route benutzten.

Die Kurven waren stellenweise dermaßen eng, dass sich nur selten Ausweichmöglichkeiten geboten hätten, wäre uns ein Fahrzeug entgegen gekommen.
Gut, dass wir so ›alte Hasen‹ am Lenkrad waren. Für Führerscheinneulinge wäre diese Strecke nicht unbedingt empfehlenswert.
Irgendwann verlor ich allerdings den Blick für die Schönheit des arkadischen Hirtenlandes. Da wir nur langsam vorankamen, und die Straßen sich wanden wie ein magenkranker Lindwurm, wurde mir speiübel! Nachdem mein Gesicht sämtliche nur möglichen Farbschattierungen durchlaufen hatte, wechselten Antony und ich die Plätze und ich übernahm das Steuer. Bald schon ging es mir besser. Jetzt allerdings hatte mein Schatz mit den Auswirkungen der Straßenführung zu kämpfen! – Beifahrer zu sein hat halt nicht immer nur Vorteile! –
Ich saß noch nicht lange hinter dem Steuer, als ich genötigt wurde scharf zu bremsen. Urplötzlich, wie aus dem Nichts, tauchte hinter einer Kurve eine Schafherde auf. Nur wenige Sekunden später waren wir vollkommen umzingelt. Dass keines der Tiere auf unserem Kühler gelandet war, grenzte schon an ein Wunder.

Endlich tauchte auch der Schäfer auf. Gemütlich an seiner Pfeife ziehend, ohne jegliche Hast, bugsierte er seine Wollknäuele an den Fahrbahnrand und winkte uns vorbei.

Bald darauf erreichten wir *Langadia*. Allein der Anblick dieses zauberhaften Ortes, mit seinen aus Naturstein erbauten Häusern, die sich in einer Höhe von achthundert Metern an einen steilen Berghang schmiegten, war die Quälerei über die schmale Passstraße wert gewesen. Von einer der Aussichtsplattformen aus, bot sich uns ein einzigartiges Panorama.

Nachdem wir noch ein paar Gläser des köstlichen, und für diese Gegend so typischen, Akazien-Limonen-Honigs erstanden hatten, setzten wir unsere Fahrt fort.

Von nun an wurde die Straßenführung angenehmer. Je näher wir Olympia kamen, desto weiter traten die Berge zurück und gingen langsam in sanftes Hügelland über, sodass sich auch Antonys Magen wieder beruhigte.

Bereits von der Zufahrtsstraße aus konnten wir einen Blick auf das antike Gelände werfen.

Antony wollte gerne zuerst das Stadion besichtigen. Er hatte sich vorgenommen, die einhundertzweiundneunzig Meter lange Laufstrecke zu meistern und ich durfte das Ereignis filmen. Wenn ich daran dachte, dass Frauen – außer einer Priesterin – das Zuschauen bei den Wettkämpfen einst bei Todesstrafe verboten war, war ich froh, in der Jetztzeit zu leben.

Das Stadion hatte vierzigtausend Zuschauern Platz geboten. Wobei nur die Schiedsrichter und die Priesterin das Privileg besaßen, auf Steinbänken

sitzen zu dürfen. Das gemeine Volk durfte es sich auf den Erdwällen ringsherum bequem machen.
Da wir das Gelände für uns alleine hatten, honorierten lediglich ein paar Arbeiter Antonys olympische Leistung mit wohlverdientem Beifall. Zur Belohnung setzte ich ihm einen, aus einem wild wachsenden Rankengewächs provisorisch zusammengedrehten, Lorbeerkranz auf sein Haupt. – Okay, ich weiß ja, dass den damaligen Siegern lediglich ein Ölbaumzweig überreicht wurde, aber erstens ließ sich keiner auftreiben und zweitens fand ich, dass mein Gebilde viel anschaulicher war. –
Eigentlich hätte Antony nun auch noch eine marmorne Statue stiften müssen, so wie es damals eben Brauch war, aber wir wollten es ja nicht übertreiben.
Wir spazierten zum einstigen Kult-Mittelpunkt des Heiligtums, dem *Zeus Tempel*. In diesem befand sich einst die über dreizehn Meter hohe, aus Gold, Silber und Edelsteinen gefertigte Zeus-Statue, eines der sieben Weltwunder. Wir folgten den Wegen und erkundeten das gesamte Areal. Vorbei am *Hera Tempel* mit seinen unterschiedlich gearbeiteten Säulen, bewunderten wir immer wieder die hervorragende und einfallsreiche Handwerkskunst der früheren Steinbildhauer.
Schmunzelnd erinnerte ich mich an folgende Geschichte die über Kaiser *Nero* erzählt wurde, als dieser sich in Olympia befand: Nero war als leidenschaftlicher Olympionike bekannt; obwohl er

bei einem Wagenrennen noch nicht einmal das Ziel erreichte, kürte man ihn zum Sieger. Aber er tat sich auch als begeisterter Sänger hervor. Auf einem von ihm veranstalteten Gesangswettbewerb, erließ er das Gebot, dass keiner der Anwesenden die Vorstellung verlassen dürfe, solange er, der Kaiser, sang. Dabei muss es sich um eine gar schauerliche Darbietung Neros gehandelt haben. Etliche Zuhörer fielen gekonnt in Ohnmacht und stellten sich tot, nur um vorzeitig, auf Bahren die Halle verlassen zu können!

Wo genau diese Aufführung sich im antiken Olympia ereignet hatte, konnte ich leider nicht herausfinden.

Nach einer abschließenden Besichtigung des Museums stiegen wir wieder in unser Auto und wandten uns in Richtung Süden. Entspannt genossen wir die Fahrt entlang der Westküste.

Immer wieder erhaschten wir einen Blick auf das in der Ferne glitzernde Meer. Bei *Kakovatos* verließen wir die Küstenstraße, um einen Abstecher zum Strand zu machen. Auf einem einsamen, kleinen Parkplatz stellten wir unseren Wagen ab und nach wenigen Schritten stapften wir bereits durch den warmen, weichen Sand.

Sanft geschwungen erstreckte sich ein paradiesisches Stückchen Erde, entlang des leuchtend blauen Meeres, und leise rauschend schwappten die schaumgekrönten Wellen an den Strand.

Im Sommer bekam man hier mit Sicherheit kaum ein Bein an die Erde, aber wir hatten das Glück,

die Schönheit eines kilometerlangen, unberührten Sandstrandes auf uns wirken zu lassen.
Ich hätte stundenlang diese Idylle genießen können, doch leider meldete sich Antonys Magen, um uns daran zu erinnern, dass auch er ein gewisses Überlebensrecht hatte. So setzten wir unsere Heimfahrt fort.

Für den folgenden Tag stand nun die aufgeschobene Erkundung der byzantinischen Metropole Mistras auf unserem Programm. Wie immer machten wir uns noch vor Sonnenaufgang auf den Weg und mittlerweile war uns die kurvenreiche Strecke durch die Berge vertraut.

In Mistras angekommen, entschieden wir uns für den unteren der beiden Eingänge. Von dort aus stiegen wir langsam die dreihundert Höhenmeter durch die mystische Ruinenstadt hinauf.
Über ausgetretene Stufen, durch eng verzweigte Gassen, vorbei an gut erhaltenen Kirchen, verlassenen Palästen und verfallenen Wohngebäuden, führte uns unser Weg immer weiter bergan. Eine Zeit lang begleitete uns das melodische Klingeln eines Glöckchens, welches ein stattlicher Esel am Hals trug.
Etwas atemlos erreichten wir den Gipfel und eine atemberaubende Aussicht über das gesamte Areal belohnte uns für den anstrengen Aufstieg. Obwohl strahlender Sonnenschein die Stätte überflutete, hatte ich noch gut in Erinnerung, wie unnahbar

und gespenstisch die Metropole bei Nebel oder trüben Wetter wirkte.
Beeindruckt von den gewaltigen Ausmaßen der Anlage, genoss ich auf einem Mauervorsprung sitzend, die unglaubliche Stille die über diesen Zeugen längst vergangener Zeiten lag. Tief unten, in der grünen Ebene Spartas, bellte ein Hund, ansonsten störte nichts diesen unglaublichen Frieden.
Nach einer halben Stunde begannen wir unseren Abstieg. Auf halber Höhe machten wir Halt und besichtigten das Kloster *Pantanassa.* Es wird immer noch von Nonnen bewohnte und von einem blumenreichen Innenhof verschönt. In dem kleinen, anschaulichen Museum, befinden sich uralte, wertvolle Bücher, guterhaltene Waffen und fein bestickte Gewänder.

Von Mistras aus fuhren wir noch einmal nach Sparta.
An der Hauptstraße war uns ein Schild aufgefallen, welches auf ein Oliven-Museum hinwies. Dieses wollten wir uns nun anschauen. Der Weg dorthin war gut ausgeschildert und wenig später betraten wir das Gebäude.

In dem hellen, lichtdurchfluteten Erdgeschoss befinden sich in Vitrinen versteinerte Olivenzweige mit Blättern und Früchten. Die Wände zieren wunderschöne Bilder, und die Geschichte der seit Jahrtausenden bestehenden Technik über die Verarbeitung der Oliven.

Im Kellergeschoss sind dekorativ alte, im Laufe der Jahre fast schwarz gewordene Holzpressen, Ölmühlen und diverse Gerätschaften aufgestellt. Besonders imposant wirken auch die riesigen Mühlsteine und die zum Teil mannshohen Amphoren.
Hier konnten wir uns nun einen kleinen Überblick von dem verschaffen, was in wenigen Tagen auf uns zukommen würde.

Über *Messini* führte uns unser Weg am folgenden Tag nach *Chora*, wo wir den *Palast des Nestor* besichtigen wollten.
Die überdachten Ausgrabungen liegen auf einem kleinen, mit Olivenbäumen bewachsenen Hügel. Meiner Ansicht nach hätte der weise König keinen romantischeren Platz für seine Residenz auswählen können.
Die Überreste der Räumlichkeiten sind hervorragend erhalten, besser sogar als in Mykene.
Obwohl die vorhandenen Ruinen des einstigen Palastes einen eher beschaulichen als trutzigen Eindruck vermitteln, sollte man sich davon nicht täuschen lassen, da ein großer Bereich immer noch nicht freigelegt ist. Der schlichte Thronsaal, die Bänke an den Wänden eines der Vorräume, in dem die Wartenden einst ausharrten, bis sie zum Herrscher vorgelassen wurden, und die noch vorhandenen, in den Boden eingelassenen Vorratsgefäße, ließen vor unserem inneren Auge das Palastleben erwachen.

Besonders der Raum mit der Badewanne hatte es mir angetan. In dieser ansprechenden Umgebung hätte ich mich auch gerne baden, massieren und einölen lassen.

Nachdem wir dem *Archäologischen Museums* in Chora noch einen Besuch abgestattet hatten, wandten wir uns wieder weiter in Richtung Süden. Unser Ziel lautete *Pylos*. Besser bekannt unter dem mittelalterlichen Namen *Navarino.*

Da wir uns von Norden her der geschichtsträchtigen Stadt näherten, besichtigten wir zuvor noch ein stillgelegtes Schwefelheilbad. Unser kleiner Spaziergang führte uns entlang eines mit Schilf bewachsenen Strandsees, am Fuße eines Berges. Wir beobachteten Fischreiher, die geduldig ausharrend ihre nächste Mahlzeit in Augenschein nahmen; Schildkröten, die munter im seichten Wasser paddelten; und einen kleinen Krebs, der sich unermüdlich mit dem Transportieren von Schlamm abmühte, den er anscheinend für den Bau seiner Behausung benötigte.

Einen weiteren Zwischenstopp legten wir an einem der schönsten Badestrände Griechenlands ein: Der *Voidokilia-Bucht* (Rinderbauch-Bucht). Kilometerlang erstreckt sich der feine Sandstrand, gesäumt von Dünen, unterhalb der Festung von Pylos.

Diesen Burg-Berg erklommen wir nun. Vorbei an der Grotte, die *Höhle des Nestor* genannt wird, schlugen wir den steilen, unwegsamen Pfad zu den antiken Mauern der fränkischen Burg ein. Für die anstrengende Kraxelei wurden wir wieder einmal mit einem einzigartigen Ausblick belohnt. Linker Hand erstreckte sich der endlos scheinende Sandstrand und vor uns lag die schmale Meerenge, die von einer Landzunge und der winzigen Insel *Sfakteria* begrenzt wird. Diese trennt hier das *Ionische* Meer von der *Osmanaga-Lagune.* Das Wasser im Bereich des Durchlasses schimmerte in den herrlichsten blauen, grünen und türkisen Farbtönen, auf denen vereinzelt weiße Schaumflöckchen wie kleine Watteböllchen tanzten.

Nur schwer rissen wir uns von den Naturschönheiten los und schlugen den Weg nach Pylos ein.

Die berühmte Seeschlacht von Navarino, welche im Freiheitskampf der Griechen gegen die Türken eine entscheidende Rolle gespielt hatte, kannten wir aus Büchern und dem Film. Durch den versehentlich ausgelösten Kanonenschuss eines nervösen Türken, schlug die aus englischen, französischen und russische Schiffen bestehende Kriegsflotte unbarmherzig zurück. Innerhalb von vier Stunden dezimierte sie die türkischen Schiffe von zweiundachtzig auf siebenundzwanzig und fügte somit den Gegnern eine entscheidende Schwächung zu.

Auf dem imposanten Burggelände zeugen noch alte Kanonen, mit dazugehörenden Kugeln, von der erfolgreichen Schlacht. Von dem dicken, mit Zinnen bestückten Wehrgang der Festung hat man eine hervorragende Sicht über die Bucht; und mit ein wenig Fantasie kann man sich das damalige Schauspiel unschwer vorstellen.

Nach kurzen Aufenthalten in den Küstenstädtchen *Methoni* und *Koroni*, konnte ich meinen unbändigen Drang nach einem Bad im Meer nicht mehr zügeln. Die Suche nach einer geeigneten Badebucht stellte unsere Geduld jedoch auf eine harte Probe. Da hatten wir in den vergangenen Stunden und Tagen traumhafte Strände zu Gesicht bekommen und nun sahen wir zwar das Meer, konnten aber nicht heran kommen. Ich ärgerte mich maßlos, dass ich so lange mit meinem Vorhaben gezögert hatte, zumal der Nachmittag bereits ziemlich weit fortgeschritten war.

Kurz entschlossen bog ich zwischen den Dörfern *Kalamaki* und *Petalidion* von der Hauptstraße in einen unbefestigten Feldweg ab. Irgendwie *muss-ten* wir doch ans Wasser gelangen!

Der aus festgefahrenem Lehm bestehende Pfad schlängelte sich an villenähnlichen, hoch eingezäunten Grundstücken vorbei und plötzlich … fanden wir uns inmitten einer Herde ›Wolle auf vier Beinen‹ wieder. Schlingernd brachte ich das Fahrzeug zum Stehen. Überrascht starrten uns unzählige Schafsaugen an. – Wieso nur kam uns diese Szenerie so bekannt vor? –

Mein Gesichtsausdruck war wohl auch nicht gerade als geistreich zu bezeichnen, denn herzhaft aus einem zahnlosen Mund lachend, scheuchte der alte Schäfer seine Tiere an die Seite und winkte uns vorbei. – Langsam hegte ich den Verdacht, dass die hellenischen Hirten sich mit ihren Herden einen Spaß daraus machten, unbedarften Touristen hinter allen möglichen Kurven aufzulauern, um ihren Schabernack mit ihnen zu treiben. Na gut, Griechenland war nicht die Lüneburger Heide, wo man die Schafherden schon kilometerweit sah, aber so ganz geheuer kam es mir dennoch nicht vor. –

Als hätten die Götter ein Einsehen mit uns, erreichten wir wenige Augenblicke später endlich unser Ziel. Wir waren *tatsächlich* am Meer!

Da ich nicht abschätzen konnte, wie lange der Schäfer mit seiner Herde bis zum Strand brauchen würde, streifte ich eiligst meine Sachen ab und

stieg in meinen Badeanzug. Der Weg ins Wasser erwies sich als leicht problematisch, da ich mir ausgerechnet einen Kieselstrand ausgesucht hatte; und das, wo es hier doch solch traumhafte *Sand*strände gab! Kaum war ich über die glatten Steine ins Wasser gestakst, tauchte auch der Hirte mit seinen Tieren auf! – Puh, das war knapp. –
Das Bad war unglaublich erfrischend und ich genoss die angenehme Wassertemperatur. Ha! Und das am sechsten Dezember!
Im Schein der untergehenden Sonne entstieg ich nach geraumer Zeit den Fluten und nachdem ich wieder angekleidet war, konnten wir nicht umhin noch einige der einzigartigen Muscheln aufzusammeln. Meine Schwester würde sich riesig freuen.

Zurück in Anthia, begaben wir uns in die gemütliche Taverne von *Panaiotis*.
Das Kaminfeuer knisterte, der Fernseher dröhnte und weit und breit war niemand zu sehen. Wir riefen. Niemand erschien. Wir schauten in die Küche. Niemand da. Da drehte Antony grinsend die Lautstärke des Fernsehers herunter. Es dauerte nur einen winzigen Moment, da stürzte der Wirt auch schon in den Gastraum. – Aha! *So* rief man hier also nach der Bedienung. –
Freudestrahlend begrüßte er uns und wie beim letzten Mal verwöhnte er uns mit einem köstlichen Essen.

Für den folgenden Tag hatten wir zu zehn Uhr dreißig die Fahrzeugrückgabe vereinbart. Pünktlich trafen *wir* auch bei der Autovermietung ein. Und warteten … und warteten … und warteten. Smaroula erschien mit fast einstündiger Verspätung. Sie entschuldigte sich vielmals mit den Worten: »Ich habe nicht damit gerechnet, dass ihr pünktlich seid.« – Ich *liebe* die Griechen! –
Mit einem Taxi fuhren wir zurück in unser Domizil. Morgen würde nun Alekos kommen und wir wollten seine Räumlichkeiten noch etwas auf Vordermann bringen.

Antony begab sich in den hinteren Teil des Gartens zu dem dort aufgeschichteten Holzstapel, um seine Talente im Holzhacken zu beweisen. In Ermangelung einer Axt, die nirgends aufzutreiben war, schulterte er seine provisorisch gefertigte Säge und entschwand meinem Blickfeld.

Ich bewaffnete ich mich derweil mit diversen Reinigungsmitteln und Putztüchern.
Das Bad sah schlimm aus und so rückte ich diesem zuerst zu Leibe. Schon bald erstrahlte es in frischem Glanz und ich konnte die restlichen Zimmer in Angriff nehmen.

Die Küche gestaltete sich als ziemlich zeitaufwändig. Während ich die Schränke schrubbte, ließ sich mein erschöpfter Holzhackerbube am Küchentisch nieder und genoss ein Gläschen Ouzo. Ich hatte meine Reinigungsaktion fast beendet. Nur die Mirowelle sollte sich noch des Putzschwammes erfreuen. Ich drückte also die Taste

des Türöffners des Gerätes und ... prallte entsetzt zurück! Schwungvoll schmiss ich die Klappe wieder zu und starrte Antony entgeistert an.
Neugierig geworden erhob er sich und schaute, was denn der Grund für mein Entsetzen war.

»Sehr interessant!«, lautete sein Kommentar.

Nachdem ich mir auch einen Ouzo eingeschenkt hatte, beratschlagten wir, was denn nun mit unserem ›Fund‹ geschehen sollte. War doch der gesamte Innenraum der Mikrowelle ausfüllte mit einer grünlich schimmernden, pelzigen, undefinierbaren Masse. Wir rätselten, ob es sich dabei um das vor einem viertel Jahr von Alekos vergessene Mittagessen handelte oder ob er damit begonnen hatte, Penicillin-Kulturen zu züchten.
Letztendlich entschieden wir uns dafür, das *Wasauchimmer* zu ignorieren und unserem Hausherrn nichts von unserer Entdeckung zu sagen. Wir wollten ihn schließlich nicht in Verlegenheit bringen.

Zum Glück fiel es unserem Gastgeber in den folgenden Tagen nicht auf, dass ich die Mikrowelle völlig ignorierte und unsere Mahlzeiten lieber altmodisch auf dem Herd erwärmte.

Olivenernte

Früh am nächsten Morgen machten Antony und ich uns zu Fuß auf den Weg zum Nachbarort, um in dem dortigen Lebensmittelgeschäft ein paar Leckereien zu erstehen. Schließlich wollten wir Alekos ein schmackhaftes Empfangsmenü präsentieren. Wir tätigten unsere Einkäufe und ich war ganz begeistert von dem kleinen Lädchen. In der Fleischerei nebenan kaufte ich ein Kilo Rindergehacktes für neun (!) Euro. Ich schwor mir, sollten wir eines Tages hier in Griechenland leben, unseren – besser gesagt Antonys – Fleischbedarf drastisch zu reduzieren.

Kaum waren wir zurück, erschien *Ilias*, der Bruder unseres Hausherrn.

Er begrüßte uns überaus herzlich und nachdem er Antony mit einer Axt, welche er in seinem Wagen hatte, ausgeholfen und sich noch etwas Salat und ein paar Orangen aus dem Garten stibitzt hatte, erzählte er uns, dass Alekos nachts gegen zwei Uhr kommen würde.

»*Nachts*?«, fragte ich völlig entgeistert. Alekos hatte uns doch gesagt, dass sein Flug um sieben Uhr gehen würde. Nach meiner Rechnung müsste er etwa um fünfzehn Uhr dreißig hier sein!?

»Ja, der Flug geht um sieben Uhr. Aber nicht *morgens* sondern *abends*! Tschüss!« Und weg war er. Na prima! Auch das noch!

Die folgenden Stunden verbrachte ich damit, unser Nachtmahl und das Essen für den nächsten Tag vorzubereiten. Gegen neunzehn Uhr gingen wir zu Bett. Obwohl wir gut bis zwei Uhr hätten schlafen können, stellte ich den Wecker auf elf, damit wir die Ankunft unseres ›Besuchers‹ auch ja nicht verpassten.

Viel zu früh ging Antony zur Hauptstraße, um Alekos mit seinem Gepäck zu helfen. Das Feuer brannte im Kamin und hüllte die Küche in heimelige Wärme.

Als ich die beiden über die Terrasse kommen hörte, öffnete ich die Tür. Noch während Alekos mich voller Wiedersehensfreude umarmte, ließ er seiner Begeisterung freien Lauf. Wie sehr er sich doch freue, dass wir da seien, Antony ihn sogar vom Bus abgeholt habe, wir ihn *mitten in der Nacht* empfingen und zu essen gäbe es auch etwas!

Nur mit Mühe konnten wir ihn davon abhalten, *sofort* Janoula anzurufen, um ihr *das* zu erzählen.

Dafür gestanden wir ihm sogleich, dass uns ein kleines Missgeschick passiert war. Es handelte sich dabei um den Deckel der Toilette, der entzwei gegangen war, als Antony sich darauf abstützte. Ich stellte es allerdings so dar, dass es *mir* beim Putzen passiert sei.

Eine Weile plauderten wir noch, aber da Alekos furchtbar erkältet war und auch erhöhte Temperatur hatte, bestanden wir darauf, dass er sich hinlegte. Schließlich sollte es ja in wenigen Stunden endlich mit unserer so lang ersehnten Olivenernte losgehen.

Bevor er sich jedoch ins Bett begab, hatte er für Antony noch eine Aufgabe. Zusammen tappten die beiden durch den dunklen Garten zur Garage und schlossen die Autobatterie an. Dass es halb vier nachts war, machte unserem Gastgeber dabei überhaupt nichts aus.

Zwei Stunden später saßen wir schon wieder am Frühstückstisch.

Glücklich darüber, wieder in seiner geliebten Heimat zu sein, sprühte Alekos, trotz seines bösen Hustens, nur so vor Tatendrang.

Wir begannen unsere Aktivitäten damit, das Auto, einen fast zwanzig Jahre alten aber sehr gut erhaltenen Ford, startklar zu machen. Der Reifendruck wurde überprüft und obwohl er sofort ansprang, ließ Alekos den Motor gut eine Stunde (!) im Leerlauf vor sich hin tuckern.

Während er den Wagen per Wasserschlauch von seiner Staubschicht befreite, ging mir die ganze Zeit ein alter Schlager von *Heinz Erhard* durch den Kopf, in dem es heißt: »Fährt der alte Lord fort, fährt er in `nem Ford fort…«

Bei einem kleinen Rundgang durch den Garten stapften wir durch kniehohe Brennnesseln und undefinierbares Unkraut. Letzteres sollte sich allerdings noch als griechisches Gemüse entpuppten. Den Namen davon habe ich jedoch vergessen.

Während wir also den Garten besichtigten, führte Alekos uns in kleinen Schritten in die Geheimnisse eines uralten und seit Generationen überlieferten Wissens über die Oliven und deren Ernte ein. Anhand einiger prachtvoller, etwa fünfzig Jahre alter Olivenbäume, an deren Ästen schwer die Früchte hingen, und somit als Anschauungsobjekte dienten, erläuterte er uns anschaulich worauf es bei der Ernte ankam.

So erfuhren wir, dass die Bäume immer nur abwechselnd ein ums andere Jahr Früchte trugen, und weswegen bestimmte Äste jedes Jahr abgesägt werden mussten. Auch dass das Alter der Bäume nicht durch Jahresringe angezeigt wird und sie gut sechs- bis siebenhundert Jahre alt werden können. Da den Olivenbäumen lange Trockenheit oder leichter Frost nichts anhaben können, und es so gut wie ausgeschlossen ist, dass sie von Krankheiten befallen werden, sind sie nahezu unverwüstlich.

Während Antony sich nach dieser interessanten Lehrstunde auf dem Dachboden der Garage vergnügte, wobei er sich durch Spinnenweben tummelte und mir Netze, Säcke und Stöcke herunterreichte, überprüfte Alekos derweil die elektrische Säge und ein motorbetriebenes Gerät, welches speziell für das Abstreifen der Oliven konzipiert war.

Nachdem wir alles auf einem Anhänger verstaut hatten und ich schon ganz zappelig war, dass es nun endlich losgehen würde, verkündete Alekos uns strahlend: »Und jetzt machen wir uns fein und fahren nach Kalamata!«

Meine Enttäuschung wohl bemerkend, tröstete er mich mit den Worten: »Morgen geht es richtig los!«

Wir krabbelten also in das Auto und … wären am liebsten sofort wieder herausgesprungen. Entsetzt hielten wir die Luft an. Ein eigentümlich säuerlicher Geruch entströmte dem Wagen. Er erinnerte mich an meine früheste Kindheit, als ich Autofahren nicht vertrug und mich immer überge-

ben musste. Keuchend kurbelte ich eiligst das Fenster herunter. Ein Blick in Antonys Richtung zeigte mir, dass auch er sich eisern beherrschen musste, um das Fahrzeug nicht fluchtartig zu verlassen.
Zum Glück war es nicht allzu weit und tapfer hielten wir die paar Kilometer bis in die Stadt durch. Ich redete mir ein, dass der Geruch durch das lange Stehen des Autos entstanden war; alles andere wollte ich mir nicht ausmalen.

Kaum hielt Alekos jedoch auf dem Parkplatz in der City, stürzten wir auch schon heraus und schnappten gierig nach frischer Luft.

Da unser Gastgeber einige Behördengänge zu erledigen hatte, schleppte er uns kurzerhand mit. Dadurch erlebten wir einen sehr interessanten Disput bei der Telekom, bei dem, gelinde ausgedrückt, die Fetzen flogen. Der Grund dafür war, dass Alekos´ Telefon erst in zwei bis drei Wochen freigeschaltet werden würde, worüber dieser gar nicht erfreut war. Immer noch schimpfend stapfte Alekos daraufhin in einen Shop, wo er sich eine neue Karte für sein Handy zulegte. – Das hatte die griechische Telekom nun davon! –

Von dort aus ging es zu seiner Sparkasse und zur Bank für Landwirte, wo er den diesjährigen Olivenpreis erfragte. Zum Schluss trabten wir zu einer kleinen Firma, welche das Blatt der Motorsäge schärfen sollte. Auf dem Rückweg zeigte er uns noch sein Stadthaus, das er vermietet hatte und nach einem Abstecher zu LIDL, präsentierte er uns stolz seine fünf Olivenplantagen mit insgesamt achthundert Bäumen. Wir waren sehr beeindruckt. Die Plantagen wirkten gepflegt und sahen … nach viel Arbeit aus!

Wir brachten unsere Einkäufe nach Hause und Alekos fuhr mit uns zu einer Olivenfabrik.

Auf Paletten gestapelt und mit den Namen der jeweiligen Besitzer versehen, lagen dort unzählige Säcke voller Oliven. Da Antony den Ablauf der Verarbeitung filmen sollte, konnten wir uns alles in Ruhe anschauen.

Zuerst wurden die Säcke in einen im Boden eingelassenen Trichter geleert. Von dort gelangten die Oliven über ein Fließband zu einer Vorrichtung in der die Früchte durch Schütteln von den noch verbliebenen Blättern getrennt und gewaschen wurden. Die Blätter wurden von einem starken Gebläse durch ein Rohr nach draußen gepustet, wo sich bereits ein ansehnlicher Laub-Berg angehäuft hatte.

Die Oliven fielen nun in eine Trommel, in der sie mit samt den Kernen grob zerstampft und mit Wasser versetzt wurden. Der so entstandene Brei wurde über einen längeren Zeitraum gründlich geknetet und gelangte in einen anderen Behälter, in dem ihm das Wasser wieder entzogen, und die zerstoßenen Kerne entfernt wurden. Daraufhin folgte dann die letzte Pressung. Zäh floss die etwas trübe, gelblich-grüne Flüssigkeit aus einem dünnen Rohr, und wurde in einem Stahlbehälter aufgefangen.

Was mir während meiner Beobachtung ganz besonders auffiel, war die penible Sauberkeit, die nicht nur im gesamten Arbeitsbereich, sondern in der kompletten Fabrikationshalle herrschte.

Bevor die Chefin der Firma das frischgepresste Öl in die Kannen des Besitzers abfüllte, reichte sie jedem von uns eine Scheibe Weißbrot, die sie mit dem Öl beträufelte. Von selbst wäre ich nie auf den Gedanken gekommen *Olivenöl auf Brot* zu essen. Dementsprechend skeptisch betrachtete ich das mir Gereichte. Ich weiß nicht, wie es anderen bei diesem ›ersten Mal‹ ergangen ist; ich jedenfalls führte das Brot mit unbeschreiblicher Langsamkeit zu meinem Mund. Dabei hatte ich das Gefühl, dass meine Zähne immer länger wurden. – So mancher Biber wäre bestimmt vor Neid erblasst. – Doch wie groß war mein Erstaunen, als ich den ersten Bissen probierte. Das fruchtig-würzige Aroma überraschte mich. Widererwarten schmeckte es sehr gut. Zwar ungewohnt, aber durchaus schmackhaft. Dazu bekamen wir einen Becher geharzten Weines und stellten verblüfft fest, wie sättigend diese Zwischenmahlzeit war.

Die Verarbeitung der Oliven mitzuerleben, war ein einmaliges Erlebnis. Wir waren Alekos überaus dankbar, dass er dies für uns ermöglicht hatte.

Das Video wollten wir Jorgos zukommen lassen, falls sich einer seiner Kunden dafür interessierte.

Allerdings würde Antony es etwas bearbeiten müssen. Denn kaum, dass es sich herumgesprochen hatte, dass gefilmt wurde, bemühten sich sämtliche Mitarbeiter – allen voran unser Alekos! – möglichst oft, und vor allem möglichst gut aussehend, ins Bild zu kommen. Ihr Verhalten entlockte uns zwischendurch immer wieder ein Schmunzeln, aber wir hatten auch Verständnis. Wann kam auch schon mal jemand hierher um zu filmen?

Ein altes griechisches Sprichwort lautet: »Wenn du Olivenbäume hast, hast du zwar viel Arbeit aber auch Sicherheit. Olivenbäume bedeuten Leben!«

Bereits seit alters her ranken sich Mythen und Sagen um den Olivenbaum.

War es doch eine Taube, die mit einem Ölbaumzweig im Schnabel zur Arche zurückkehrte und Noah damit das Ende der Sintflut verkündete.

Oder, wie heißt es in der Mythologie, als bereits sämtliche Gebiete Griechenlands unter den Göttern verteilt waren und nur der Stadtstaat Athen noch zu vergeben war? Ein mit göttlichen Kräften bestrittener Zweikampf, zwischen der *Pallas Athene* und des *Poseidon* sollte entscheiden, wer von den beiden der Schutzherr, oder die Schutzherrin, der Stadt werden durfte. Mit gewaltiger Kraft rammte der Meeresgott seinen Dreizack in den Felsen des Akropolis-Berges, und heraus entsprang eine Quelle. Welche allerdings nur Salzwasser hervor brachte. Athene jedoch legte ein Samenkorn in die Erde und daraus erwuchs in Windeseile der erste Olivenbaum.

Alte Überlieferungen bestätigen, dass bereits 3000 v. Chr. das wertvolle Öl verwandt wurde. Damals jedoch nur zu religiösen Zwecken und als Kosmetika. Selbst der Gott Apollo soll als Opfergabe in seinem Tempel in Delphi Olivenöl dargereicht haben.
Während der minoischen Zeit florierte der Handel mit dem Öl und es fand seinen Weg bis nach Ägypten. Auch wurden in Kato Zakros, auf Kreta, 3000 Jahre alte, versteinerte Oliven gefunden.
Olivenbäume sind die weit verbreitetsten Kulturbäume der Welt.

Wenn im September die letzten Touristen Griechenland verlassen, beginnt für die Hellenen die Hauptarbeit. Die Olivenernte.
Während die Früchte einen langen Sommer hindurch in aller Ruhe reifen können, bereiten sich nun die Plantagenbesitzer mit ihren Helfern auf wochenlange Schwerstarbeit vor.

Zum Abend hin ging es Alekos immer schlechter. Seine Erkältung machte ihm mehr zu schaffen, als er wahrhaben wollte. Letztendlich beschloss er, zum Arzt zu fahren. Gerade als er zur Tür hinaus wollte, kam Besuch. Ein unglaublich dünner Mann, mit Wuschelfrisur und vergnügt blitzenden Augen, spazierte in die Küche. In der Hand hielt er eine Plastikflasche, gefüllt mit selbst hergestelltem Wein. Schwungvoll platzierte er sie auf dem Tisch und machte es sich im Schaukelstuhl gemütlich. Kaum hatten wir ein paar Worte gewechselt, erschienen auch schon die nächsten Gäste. In diesem Fall handelte es sich um einen ungemein attraktiven Polizisten und dessen Kollegin.

Die Rolle der Hausfrau übernehmend, holte ich Gläser aus dem Schrank und fragte wer was trinken wolle. Alekos war da praktischer. Er räumte seine Hausbar leer und stellte alles auf den Tisch. Ganz nach dem Motto: »Die werden sich schon nehmen was sie wollen!«

Er stellte uns die beiden Herren als *Ilias* und *Sotiris* vor, die Polizistin kannte er nicht. Er erklärte, dass er zum Doktor müsse … und entschwand.

Kurz darauf brachen auch die beiden Uniformierten wieder auf. Allerdings wollten sie etwas später noch einmal wiederkommen.

Obwohl Ilias II, den wir so nannten, um ihn von Alekos´ Bruder zu unterscheiden, weder Deutsch noch Englisch sprach, entspann sich eine sehr nette, angeregte Unterhaltung.

Wir erfuhren, dass er noch ein Jahr lang im Polizeidienst tätig sein würde, um sich dann, mit Mitte vierzig, pensionieren zu lassen (!). Dann wollte er sich voll und ganz seiner großen Leidenschaft widmen: Der Archäologie. Er hatte bereits ein Buch über die Ausgrabungen in Anthia geschrieben und plante ein Weiteres. Als wir diesbezüglich unsere Bewunderung kundtaten, sprang er auf und rief uns im Hinauseilen zu, dass er gleich wiederkäme. Etwas verdutzt schauten wir ihm nach. Keine viertel Stunde später erschien Ilias II wieder und überreichte Antony ein Exemplar seines archäologischen Werkes. Das war zwar in Griechisch verfasst, aber *wen* störte das? Nachdem er noch eine Widmung hinein geschrieben hatte, strahlten beide Männer um die Wette und füllten immer wieder aufs Neue ihre Gläser. Vor jedem Schluck den sie tranken, prosteten sie sich zu und umarmten sich. Es war herzerfrischend, die zwei zu beobachten. Obwohl keiner die Sprache des anderen konnte, verstanden sie sich prächtig.

Bei »griechischen Männerrunden« halten sich Frauen immer noch meistens im Hintergrund. Trotzdem fühlte ich mich kein bisschen ausgeschlossen. – Vielleicht lag es aber auch daran, dass ich als Übersetzerin benötigt wurde. –

Als ich Ilias II fragte, ob es möglich wäre, dass Antony und ich einmal bei archäologischen Ausgrabungen mithelfen könnten, freute er sich ungemein. Spontan lud er uns für das kommende Jahr ein. Im Mai/Juni fänden die nächsten Grabungen statt und er wäre glücklich, wenn wir dabei wären! – Ha! Und *wir* erst! –

Zwischendurch schauten Sotiris und seine Kollegin noch einmal herein, weil Alekos aber noch nicht zurück war, hielten sie sich nicht lange auf.

Als unser Kranker endlich erschien, ausreichend versorgt mit Medikamenten und guten Ratschlägen seines Arztes, überfielen wir ihn gleich mit einem ausführlich Bericht über unser Gespräch mit Ilias II. Vorsichtig fragten wir schon mal nach, ob wir im nächsten Jahr nochmals seine Gastfreundschaft in Anspruch nehmen dürften.

Janoula hatte auch angerufen und nachdem wir ein wenig geplaudert hatten, bat sie um Alekos′ Rückruf. Sie machte sich Sorgen um seinen Gesundheitszustand.

Während ich mir Gedanken machte, wie ich meinen aufgekratzten Schatz in den Schlaf bekommen sollte, freute ich mich insgeheim immer noch über den Handkuss, mit dem Ilias II sich von mir verabschiedet hatte. Eine solche Geste hätte ich von einem Griechen niemals erwartet.

Früh um sechs Uhr am nächsten Morgen saßen wir am Frühstückstisch und Alekos ließ sich verwöhnen; anders ausgedrückt: Er ließ sich von vorne bis hinten bedienen! Wenn man einem Griechen den kleinen Finger reicht, muss man damit rechnen, dass er den Rest des Körpers auch gleich beansprucht. Dass ich ihm vorbereitete Brote vorsetzte und löffelweise Zucker in seinem Kaffee versenkte reichte ihm nicht. Ich *durfte* das Gebräu auch noch umrühren! Na, ich nahm seine Paschaallüren gnädig hin. Schließlich war er krank.

Kaum waren wir fertig, da erschien auch schon sein Bruder Ilias. Selbstverständlich bot ich ihm ebenfalls eine Tasse Kaffee an. Er jedoch winkte ab, öffnete den Barschrank, griff nach einer Flasche Metaxa und füllte die goldene Flüssigkeit randvoll in zwei Wassergläser! Antony schielte hilfesuchend zu mir herüber, doch ich feixte nur und war froh, dass ›Frau‹ von solch morgendlichen Genüssen ausgeschlossen war. Tapfer ergab mein Held sich in sein Schicksal und leerte das Glas.

Dann wurde es hektisch. Alekos übernahm das Kommando. Freundlich bat er mich darum, etwa fünfzehn Dinge gleichzeitig zu tun. Bereits nach wenigen Minuten galt meine ganze Bewunderung Janoula, die dies offenbar aus dem ›FF‹ beherrschte.

Während ich also Lebensmittel, Kaffeekanne und Besteck in Picknickkörbe verstaute, wuselte Alekos um mich herum. Einen Plastikdeckel in der Hand schwenkend, suchte er das dazugehörende Gefäß. Nachdem er alle Schränke erfolglos durchforstet hatte, begann er mit der Suche wieder von vorne.

»Habt ihr die passende Schüssel dazu gesehen?«, fragte er uns.

Antony und ich warfen uns einen ahnungsvollen Blick zu und dachten nur ein Wort: *Mikrowelle*! Vorsichtshalber hüllten wir uns jedoch in Schweigen und zuckten lediglich mit den Schultern. Mit Unschuldsmine fragte Antony ihn, ob wir ihm helfen könnten, doch Alekos winkte ab und gab seine Suche auf.

Wir verstauten alles in den Autos und endlich ging es los. Gleich hinter dem Ortsausgangsschild, in Richtung *Agrotiri*, bogen wir links in einen landwirtschaftlichen Weg ab und nach gut drei Kilometern erreichten wir *unsere* Plantage.

Zarte Nebelschleier schwebten im dunstigen Morgenlicht über dem Olivenhain und Tau bedeckte den grasbewachsenen Boden. Ein leichter Wind spielte mit den Blättern der Bäume und ließ sie in der aufgehenden Sonne silbergrün funkeln. Über allem lag ein unendlicher Friede und minutenlang ließ ich dieses idyllische Bild auf mich wirken.

Alekos fuhr noch einmal weg, um die Motorsäge abzuholen. Ilias, Antony und ich beschäftigten uns damit, die Vorräte in Alekos´ ›Sommerhäuschen‹, einem einfachen Steinbau von etwa zwölf Quadratmetern, zu räumen.

Ilias, etwas älter als Alekos, erheiterte uns mit einer kleinen Geschichte, welche er per Zeichensprache zum Besten gab: Er blinzelte verschmitzt, zeigte auf seine Armbanduhr und tat so, als ob er an einer Flasche nuckeln würde. Dann hielt er seine Hände abgespreizt an den Kopf und wedelte mit den Fingern, so dass es den Anschein erweckte, er wackle mit den Ohren. Da wir ihn ja nun schon ein wenig kannten, und in Gedenken an sein ›alkoholisches Frühstück‹, interpretierten wir es so: Er würde abends ganz gerne mal ein Schlückchen trinken und hätte morgens dann einen Kater. War ja auch gar nicht so abwegig. Wer früh um sieben Uhr schon Weinbrand aus Wassergläsern trank… Auf jeden Fall amüsierten wir uns königlich über ihn.

Als nächstes entluden wir den Anhänger und Ilias zeigte uns wie und nach welchem Schema die gut zwanzig Quadratmeter großen Planen unter die Bäume gelegt werden mussten. Sorgfältig achtete ich darauf, dass die Planen möglichst dicht um die

Stämme herum lagen, damit auch ja keine Olive verloren ging.

Ilias lehnte eine Leiter gegen den ersten Baum. Bevor er jedoch flink wie ein Äffchen hinaufkletterte, bekreuzigte er sich drei Mal. – Diese Gestik hatten wir bereits des Öfteren bei Griechen beobachtet. Sei es beim Überqueren einer Straße oder dem Benutzen eines Busses. – Nachdem er einen sicheren Stand in der Krone gefunden hatte, begann er damit, ausgewählte Zweige abzuschneiden. Mit einer Handbewegung wies er uns an, sie auf einen Haufen zu legen.

Mittlerweile war Alekos auch zurückgekehrt. Er warf den Motor der ›Oliven-Abstreifmaschine‹ an und mir fielen fast die Ohren ab, da das Teil einen Höllenlärm verursachte. Dann zeigte er uns, wie man die abgesägten Äste über die Gummifinger der Walzen zog. Die so gelösten Früchte wurden durch ein Raster transportiert und kullerten in einen, an dem Gerät befestigten, Sack. Allerdings schossen auch einige der Oliven ziellos durch die Gegend, und je nachdem, auf welchem Körperteil sie auftrafen, war das verflixt schmerzhaft!

Obwohl ich Kopfbedeckungen jeglicher Art verabscheue, insbesondere wenn diese zuvor von Fremden getragen worden waren – von wem auch immer –, war ich dennoch heilfroh, dass Alekos mir eine Baseballkappe aufzwang. So war ich etwas besser vor den ›Flugoliven‹ geschützt.

Die Arbeitseinteilung war schnell geregelt. Antony filmte und klopfte mit dem Stock die Oliven von den Ästen; Ilias kletterte in die Bäume und sägte, und ich versorgte Alekos mit den Ästen, die dieser über die Maschine zog. Zwischendurch sortierten wir Blätter und Zweige von den Planen und schütteten die sich darauf befindenden Oliven in Säcke.

Die Unterlagen zogen wir von einem Baum zum nächsten und bis zur Mittagspause hatten wir ein ganz gutes Gefühl für die Arbeit bekommen.

Auch unser *Chef* schien zufrieden mit uns zu sein. Ich merkte es an meinen schmerzenden Wangen. Er hatte nämlich die absonderliche Angewohnheit sein Ge- oder Missfallen dahingehend auszudrücken, dass er mich mehr oder weniger doll in die Wangen kniff. Leichtes Zwicken bedeute: »Ich bin nicht gut zufrieden mit deiner Arbeit«, starkes Zwicken brachte das Gegenteil zum Ausdruck.
Im Laufe des Nachmittags begann ich Alekos für diese Sympathiebezeugung regelrecht zu hassen. Der Abstand den ich zu ihm hielt, wurde immer größer.

Am Ende des Tages blickten wir stolz auf sechsundzwanzig prallgefüllte Säcke. Das normale Tagespensum lag zwar bei dreiunddreißig aber erstens waren wir Neulinge auf diesem Gebiet und zweitens wurde grundsätzlich bei der ertragsschwächsten Plantage angefangen, so dass wir aus diesem Grund schon nicht mehr hatten schaffen können.

Eigentlich wollten Antony und ich Alekos am Abend zum Essen in Panaiotis´ Taverne einladen. *Eigentlich*! Fix und fertig durch die ungewohnte Arbeit, die viele frische Luft und das zwar einfache aber sättigende Mittagsmahl, welches aus Tomaten, Feta-Käse, Fladenbrot und Retsina bestanden hatte, verspürten wir keinerlei Hunger; dafür jedoch jeden einzelnen Knochen im Leib. Wir wollten nur noch in die Badewanne und ins Bett. – Letzteres musste allerdings noch warten. –

Trotz seiner Erkältung waren Alekos die Strapazen des Tages nicht anzumerken. Er fuhr nach Kalamata, um Hilfskräfte für die nächsten Tage anzuwerben. Antony und ich dagegen quälten uns in der Zwischenzeit durch die häuslichen Pflichten. Während mein Schatz Holz heranschaffte, und ich den Kamin säuberte, ließen wir den Tag noch einmal Revue passieren.

Wir waren uns einig, dass es ein großartiges Erlebnis gewesen war. Da wir jetzt am eigenen Leib erfahren hatten, was für eine unglaubliche Knochenarbeit die Olivenernte ist, gehört unsere ganze Hochachtung den Leuten, die diese Tätigkeit Tag für Tag von September bis Februar verrichteten.

Auch erlangten wir die Erkenntnis, dass man Oliven nicht einfach vom Baum naschen konnte. Der unbeschreiblich herbe Geschmack ähnelte dem von Schlehen und es zog sich *alles* in einem zusammen. Jetzt wussten wir, weshalb die Oliven vor dem Verzehr einige Zeit in Salzwasser eingelegt werden mussten, wodurch sie ihren köstlichen Geschmack entfalteten.

Bald schon kehrte Alekos zurück und wir machten es uns in der Küche am prasselnden Kaminfeuer gemütlich. Er hatte gerade sein allabendliches Telefonat mit Janoula beendet, da tauchten auch die Gesetzeshüter wieder auf.

Dieses Mal hatte Sotiris seinen Vorgesetzten, *Costas,* und einen noch jungen, schüchternen Kollegen im Schlepp.

Während die Herren sich an Alekos flüssigen Vorräten gütlich taten, täuschte ich geschäftige Betriebsamkeit vor und begann Geschirr zu spülen. Später gesellte ich mich zu der Männerrunde und genoss den melodischen Klang der in Griechisch geführten Unterhaltung. Alekos lebte richtig auf in dieser fröhlichen Runde und fühlte sich in seiner Rolle als Dolmetscher pudelwohl. Wir dagegen waren froh, dass er da war, für uns übersetzte und überhaupt!

Der nächste Tag begann wie der vorherige: Kamin anheizen, Frühstück machen, für den *Chef* den Kaffee umrühren und, Alekos´ Befehlen gehorchend, die Picknickkörbe neu zu bestücken.

Als Ilias zur Tür hereinspazierte, griff Antony automatisch zur Metaxa-Flasche und lachend prosteten sie sich zu.

Wie am Vortag, wuselte Alekos hektisch durch die Küche und durchstöberte die Schränke. Er suchte mal wieder, oder besser gesagt noch immer, die verlorengegangene Schüssel. Dieses Mal konnte Antony sich kaum noch beherrschen. Je näher Alekos der Mikrowelle kam, worin sich das gesuchte Teil befand, flüsterte Antony leise vor sich hin: »Warm, wärmer, heiß!« Letztendlich, mit einer Unschuldsmiene wie sie im Buche steht – und die er perfekt beherrscht –, meinte er mit treuherzigem Blick: »Schau doch mal in der Mikrowelle nach! Da haben wir, glaube ich, noch nicht gesucht.«

Kaum hatte Alekos die Tür des Gerätes geöffnet, vernahmen wir ein überraschtes »Oh!« Eiligst schnappte er sich das so lang vermisste Behältnis und entschwand damit kommentarlos nach draußen. Grinsend schauten wir ihm nach. Als er kurz darauf mit leeren Händen wieder erschien, waren wir sicher, dass er es *nicht* beabsichtigt hatte Penizillin-Kulturen anzulegen.

Kurz vor der Abfahrt verblüffte er mich noch mit der Frage: »Hast du auch meine Putzlappen eingepackt?«

Putzlappen??? Wozu wollte er *die* denn mitnehmen? Während ich ihn noch fragend anschaute, riss er eine der Schubladen auf und angelte sich drei *Geschirrtücher* heraus. Triumphierend wedelte er damit vor meinem Gesicht herum. »Ha! *Daran* hast du nicht gedacht!« – Nee, schon klar. Wie sollte ich auch? –
Es dauerte auch nur wenige Augenblicke, bis ich begriff *was* er damit putzen wollte: Er benutzte sie als Taschentücher für seine triefende Nase!

Da Alekos die Helfer abholte, fuhren wir mit Ilias zur Plantage und begannen schon mit den Vorbereitungen. Kaum waren wir damit fertig, erschien unser Boss mit einem jungen albanischen Ehepaar.

Vom Prinzip verlief der Arbeitsablauf wie am Vortag, mit dem Unterschied, dass wir gestern unsere *Aufwärmphase* gehabt hatten. Heute wurde *richtig* gearbeitet. Hatten wir am Vortag noch geglaubt, tüchtig gewesen zu sein, wurden wir heute eines Besseren belehrt. Alles geschah nur noch im Laufschritt.

Nie zuvor habe ich jemanden dermaßen hart arbeiten sehen, wie die beiden Albaner. Meine grenzenlose Bewunderung galt der zierlichen *Natascha*. Überaus zügig und doch sorgfältig bewältigte sie selbst die schwersten Tätigkeiten mit einem freundlichen Gesicht und guter Laune. Man merkte, dass sie dies nicht zum ersten Mal machte.

Dankbar ließ ich mir von ihr Anweisungen geben und ich freute mich, dass ich mich zwischendurch mit ihr unterhalten konnte.

Sie brachte mir bei, wie man möglichst fix die sich auf der Plane angesammelten Oliven von den Zweigen und Blättern trennte, und wie man geschickt die Unterlage so faltete, dass beim Einfüllen der Früchte in den darunter geschobenen Sack keine Olive verloren ging.
Dabei erfuhr ich, dass sie siebenundzwanzig Jahre alt sei, seit fünf Jahren in Griechenland lebte und nebenbei einige Putzstellen habe.

Weder die drückende Wärme, noch der darauffolgende fünfzehnminütige Regenschauer erschütterten uns und, obwohl die Arbeit sehr anstrengend war, hatten wir viel Spaß.

Alekos hatte uns zum Glück vorgewarnt, dass er sich heute wegen der fremden Helfer etwas anders benehmen würde. *Etwas* war gut! Ich erkannte unseren herzlichen, lustigen Alexandros nicht wieder. Er legte ein dermaßen herrisches, unfreundliches Verhalten an den Tag, dass ich mich wie eine ›Sklavin unter dem Joch des Herren‹ fühlte. In diesen Stunden konnte ich ihn überhaupt nicht leiden.

Am vergangenen Abend hatte Alekos uns erzählt, dass Ilias´ Schwiegermutter verstorben sei. Da sich Ilias aber ganz normal verhielt, taten wir es auch.
Im Laufe des Vormittags beobachtete ich allerdings, wie Ilias sich, etwas abseits von uns, in das Gras setzte und bitterlich zu weinen begann. Ich ging zu ihm und legte ihm mit tröstender Geste meine Hand auf die Schulter. Dann reichte ich ihm ein paar Tempotaschentücher und zog mich wieder zurück. Nach gut zehn Minuten flossen die Tränen immer noch. Ich gesellte mich abermals zu ihm. Aus rot geweinten Augen sah er mich hilfesuchend an, dabei deutete er auf sein rechtes Auge. Als ich genauer hinsah, entdeckte ich, dass Ilias ein Holzstückchen im Auge hatte. Mittlerweile waren auch Antony und Alekos erschienen. Während Alekos immer wieder in das Auge seines Bruders pustete, holte Antony Wasser, spülte damit das Auge und drückte ihm anschließend ein kühles, feuchtes Tuch darauf. Es dauerte auch nicht lange, da war alles wieder in Ordnung und Ilias bedankte sich mit einer herzlichen Umarmung.

Die Stunden vergingen wie im Flug und da ich hauptsächlich in Nataschas Nähe beschäftigt war, entging ich heute Alekos´ Wangenkneiferei.
Erst im Nachhinein erfuhr ich von Antony, dass er Alekos vorgewarnt hatte. Ich hatte ihm gegenüber nämlich erwähnt, dass ich mich bei der nächsten Zwickattacke wehren würde! Ob es nun Zufall oder Alekos purer Selbsterhaltungstrieb war, mich an diesem Tag seine überschwängliche Freude nicht spüren zu lassen, werde ich wohl nie erfahren.

Da Alekos nicht wollte, dass Natascha und ihr Mann erfuhren wo er wohnte, ließ er uns auf dem Heimweg an der Hauptstraße aussteigen. Wir verabschiedeten uns herzlich von den beiden und schlenderten gemächlich die paar Meter zum Haus.

Während ich mich des schmutzigen Geschirrs annahm, ging Antony nach draußen, um das Kehrblech zu holen, mit welchem die Asche aus dem Kamin entfernt wurde.

»Schau mal!« Lachend stand er da und hielt mir den Griff der Plastikschippe unter die Nase. »Kann es sein, dass du es gestern in dem Eimer mit der heißen Asche versenkt hast?«

Ertappt starrte ich beschämt die kläglichen Überreste an. Ich hatte es tatsächlich inmitten des Ascheimers platziert. Nicht bedenkend, dass das Plastikteil in der heißen Asche schmelzen würde. Zum Glück war Alekos noch nicht wieder zurück und da ich eh noch den Müll in dem großen Container an der Straße entsorgen wollte, packte ich das verschmorte Teil gleich dazu. Normalerweise steh ich dazu, wenn ich Mist baue, aber nachdem Antony schon den Toilettendeckel kaputt gemacht hatte, wollte ich nicht, dass Alekos annahm, wir würden so nach und nach sein ganzes Haus in Schutt und Asche legen.

Bevor Alekos uns gegen zweiundzwanzig Uhr nach Kalamata zum Busbahnhof fuhr, verbrachten wir noch ein paar gemütliche Stunden vor dem knisternden Kaminfeuer.

Bezogen auf den Todesfall in der Familie, erkundigten wir uns nach dem Ablauf einer orthodoxen Beerdigung. Bereitwillig gab Alekos uns darüber Auskunft.

Wenn jemand verstorben ist, wird derjenige zu Hause, im schönsten Zimmer, aufgebahrt, so dass sich alle Verwandten und Freunde von dem Verblichenen verabschieden können. Dabei werden den Besuchern Kaffee, Brandy und Kekse gereicht. Während dieser Stunden und der nächtlichen Totenwache wird gebetet und laut getrauert. Am nächsten Tag wird der Tote zur Kirche geleitet und dort in seinem offenen Sarg aufgebahrt. Die Trauermesse dauert eine knappe Stunde und meistens nehmen alle Dorfbewohner daran teil. Während der Verstorbene vom Priester zum Friedhof gebracht und in ein nur einen Meter tiefes Grab gebettet wird, geben sich die Angehörigen mit allen Anwesenden dem Leichenschmaus hin. Der Tote verbleibt durchschnittlich drei Jahre in seiner Ruhestätte. Nach Ablauf der festgesetzten Zeit werden die Gebeine exhumiert und das Grab dem Erdboden gleichgemacht. Bis es allerdings so weit ist, finden zahlreiche Gedenkmessen, Segnungen und rituelle Gebräuche statt.

Um die Stimmung nach diesem ernsten Thema wieder etwas aufzulockern, erzählten wir Alekos die ›Zeichensprache-Geschichte‹ von Ilias, die er auch an diesem Morgen wieder zum Besten gegeben hatte. Zuerst konnten wir uns Alekos´ Heiterkeitsausbruch nicht so ganz erklären. Sicher, auch wir hatten uns darüber amüsiert, aber dass ihm die Lachtränen über das Gesicht kullerten und er regelrecht nach Luft schnappen musste, irritierte uns doch.

Nachdem sich unser Gastgeber etwas beruhigt hatte, erklärte er uns, was es mit der Geschichte *tatsächlich* auf sich hatte. *Diese* Version war denn doch *etwas* anders, als unsere Auslegung. Es handelte sich dabei um nichts anderes, als dass Ilias morgens und abends, zu bestimmten Zeiten, seine neugeborenen *Zicklein* mit einem Fläschchen füttern muss! Welch zauberhaftes Missverständnis.

So verging die Zeit wie im Flug. Während Antony und ich unser Gepäck in den Kofferraum des Fords hievten, kam unser Gastgeber mit einem fünf Liter Kanister Olivenöl um die Ecke. Unser Ernte-Lohn! Erfreut verstauten wir den Behälter mit seinem wertvollen Inhalt in meinem Rucksack.

Irgendwie hatte ich ein schlechtes Gewissen, ihn mit der vielen Arbeit, die noch vor ihm lag, zurückzulassen.

Auf uns dagegen warteten noch zwei Urlaubstage in Athen, von wo aus auch der unausweichliche Rückflug nach Deutschland stattfinden würde. Aber an Letzteres wollte ich jetzt noch nicht denken.

Obwohl wir nur zwei Tage bei der Olivenernte geholfen hatten, war uns dabei ein wertvoller Einblick in die harte Arbeit vergönnt gewesen. Und glaubt mir, es *ist* ein Knochenjob! Jeder, der einmal Erntehelfer gewesen ist, wird das bestätigen.

So, wie wir Alekos Gastfreundschaft genossen hatten, hatte er sich über unsere Hilfe und Gesellschaft gefreut.

Pünktlich startete unser Bus und ich war ganz gerührt, als ich bemerkte, dass Alekos den ganzen Weg gemächlich vor uns herfuhr. In Anthia hielt er auf dem Seitenstreifen und schaltete als letzten Gruß die Warnblinklichtanlage ein.

Die Fahrt nach Athen verlief ohne nennenswerte Ereignisse. Da es stockdunkel war, versuchten wir etwas zu schlafen.

Am Busbahnhof in Athen angekommen, suchten wir in aller Seelenruhe unsere Gepäckstücke zusammen und … konnten uns kaum der unzähligen Taxifahrer erwehren, die um uns herumwuselten; und das mitten in der Nacht um kurz nach zwei Uhr!

Einer der Droschken-Cowboys war besonders aufdringlich. Ich wurde das Gefühl nicht los, dass er uns bereits als seine Fahrgäste auserkoren hatte, *bevor* unser Bus überhaupt in Sichtweite kam. Letztendlich gaben wir seinem Drängen nach und Antony nannte ihm den Namen des Hotels, zu dem wir wollten.

Da wir uns bereits im Voraus erkundigt hatten, wie teuer die Fahrt vom Busbahnhof nach *Monastiraki* sein würde – inklusive Gepäck, Nachttarif und Trinkgeld dreißig Euro –, erstaunte es uns, als der Fahrer ganz lässig die *doppelte* Summe nannte! Einerseits belustigte uns seine Forderung, andererseits empörte sie uns. So wandten wir uns kopfschüttelnd ab.

»Dann nehmt doch den Bus!«, rief er uns grummeln hinterher und fügte hämisch grinsend hinzu: »Der fährt allerdings erst morgen früh um sechs Uhr!«

Mist! Antony und ich gingen ein paar Schritte und beratschlagten, was wir tun sollten.

Seltsamerweise scharwenzelte der Taxifahrer jedoch die ganze Zeit um uns herum. Er schien zu merken, dass wir sein Angebot ernsthaft ablehnten, denn plötzlich richtete er das Wort wieder an uns: »Ich mache euch einen Sonderpreis!«

»Dreißig Euro und keinen Cent mehr!«, erklärte ich ihm.

»Was, sooo viel?« Es gelang ihm kaum, seiner Euphorie Herr zu werden.

Nanu? Erstaunt sah ich ihn an. Eben wollte er doch noch sechzig Euro? Jetzt erschien ihm die Hälfte zu viel?

»*So* teuer ist die Fahrt nach Monastiraki nicht. Kostet nur ...«

Er begann uns jeden einzelnen Posten wie Fahrt, Gepäck und Nachtzuschlag aufzulisten und heraus kam ein Betrag von *zweiundzwanzig* Euro!

»… aber wenn ihr *so viel* dafür bezahlen wollt … *mir* soll es recht sein!« – Hörte ich da etwa eine leichte Gier heraus? Denkste! Nicht mit uns! –

Als wir ihn auf seinen zuerst genannten Preis ansprachen, blickte er verlegen zur Seite und entschuldigte sich mit den Worten: »Mein Englisch ist nicht so gut. Da kommt es öfter zu Missverständnissen.« – Aha! Seltsam war nur, dass *ich* mit ihm *griechisch* gesprochen hatte! –

Obwohl er leichte Schwierigkeiten hatte, unser Hotel zu finden, erreichten wir es gut dreißig Minuten später. Während der Fahrt plauderte er in einem gut verständlichen (!) englisch-griechisch Gemisch und *trug* uns sogar noch hilfsbereit unsere *Rollen*koffer bis vor die Tür.

Mit leicht schlechtem Gewissen scheuchten wir den Nachtportier von seinem Lager und nachdem er uns aufgeschlossen hatte, wies er uns ein Zimmer im *vierten* Stock zu. – Ob das die Rache für die nächtliche Ruhestörung war? –

Das Zimmer war zweckmäßig eingerichtet. Außer Dusche und WC hatte es sogar einen Fernseher zu bieten. Wir kuschelten uns eiligst in die

Betten, um noch ein bisschen Schlaf zu bekommen, bevor unser Tagesprogramm startete.
Nach knapp vier Stunden klingelte bereits wieder der Wecker. Wir traten auf den kleinen Balkon hinaus und stellten erfreut fest, dass wir einen herrlichen Blick auf den *Turm der Winde* und die Akropolis hatten. Unternehmungslustig machten wir uns auf den Weg.
Zwar hätte ich gern als erstes die Akropolis besichtigt aber da Samstag war, und wir nicht genau wussten, wie lange die Geschäfte geöffnet hatten, ging natürlich Antonys Wunsch vor. Er hatte ja in Nemea, von dem netten Polizisten, die Adresse eines Geschäftes bekommen, welches Polizeiabzeichen, -mützen, -uniformen usw., führte.

Nach einem gewaltigen Umweg – ich hatte zwei Straßen mit fast identischen Namen miteinander verwechselt –, gelangten wir schließlich an unser Ziel. Freudestrahlend stürzte sich mein Freund auf die Objekte seiner Begierde und geriet in seinen – ersten! – Kaufrausch. Dass er *dieses* Geschäft in den nächsten Stunden noch *zwei* weitere Male aufsuchen würde, ahnte ich da noch nicht.

Gut, dass unser Hotel so zentral lag. So konnte er seine Ausbeute erst einmal im Zimmer verstauen, bevor wir unsere Besichtigungstour begannen.

Auf dem Weg zur Akropolis stolperten wir regelrecht über den berühmten Athener Flohmarkt. Wir lieben Flohmärkte und hatten angenommen, dass dieser nur sonntags stattfindet. Hoch erfreut über unseren Irrtum stöberten wir ausgiebig in dem herrlichen, antiken, und zum Teil kuriosen Trödel herum. Obwohl die Anbieter ihre Waren in den Wintermonaten in bedeutend kleinerem Rahmen präsentierten, kamen wir voll und ganz auf unsere Kosten.

Dann ging es zum *Turm der Winde*. Dieser, im 2. Jh. v. Chr. erbaut, hatte einst als Uhr, Wetter- und Sternenwarte gedient. Den dreizehn Meter hohen, achteckigen Turm umläuft ein Relieffries mit den Abbildungen der als Götter dargestellten acht Windrichtungen und ist sehr gut erhalten.

Gemütlich schlenderten wir von dort aus weiter, den Burg-Berg zur Akropolis hinauf. Sechzehn Jahre waren seit meinem ersten Besuch vergangen und voller Wiedersehensfreude schwelgte ich in Erinnerungen.

Wir bewunderten den monumentalen Torbau der *Propyläen* (Vorhallen) und das *Erechteion* (Kulttempel der Götter und Heroen), dessen Dach von den berühmten *Karyatiden* (Statuen junger Mädchen) getragen wird. Vor dem prachtvollen *Parthenon* (Tempel der Stadtgöttin *Pallas Athene*) lauschten wir dem Wind, der nun schon seit vielen Jahrhunderten säuselnd um die Säulen strich.

Auch verweilten wir geraume Zeit vor *dem* Olivenbaum. Zugegeben, dieser Baum war erst zwanzig Jahre alt, aber an genau *jener* Stelle neu gepflanzt worden, an welche die Göttin Pallas Athene einst das Samenkorn gelegt hatte und somit zur Schutzpatronin Athens erkoren wurde.

Den Beinamen *Pallas* legte Athene sich im Angedenken an ihre liebste Freundin zu. Wie Schwestern wuchsen Pallas, die Tochter des Meergottes *Triton*, und Athene auf. Sie erhielten die gleiche Ausbildung und Erziehung und verbrachten jede freie Minute miteinander. Bis Athene eines Tages ihre Gefährtin in einem spielerischen Zweikampf aus Versehen tötete.

Nach einem Rundgang durch die *Antike Agora*, verbunden mit der Besichtigung des *Tempels des Hephaistos* (einer der besterhaltenen griechischen Tempel) und der *Stoa des Attalos* (Wandelhalle), beschlossen wir, die für den nächsten Tag geplante Besteigung des zweihundertsiebenundsiebzig Meter hohen *Lykabettos-Berges* vorzuverlegen, und gingen gemächlich in dessen Richtung.

Obwohl es morgens so kalt gewesen war, dass Antony mir ein paar Handschuhe kaufte, hatte es sich mittags nun tüchtig erwärmt und ein strahlend blauer Himmel wölbte sich über der Stadt.

Problemlos erreichten wir auch den Fuß des Berges und begannen die serpentinenartig angelegten Treppenstufen hinauf zu steigen.

Die unzähligen Stufen waren zwar bequem begehbar, doch bereits nach kurzer Zeit begann ich zu keuchen und zu hecheln. Wieder einmal überlegte ich, meinen Zigarettenkonsum etwas einzuschränken. – Allerdings hechelte Antony als Nichtraucher ebenso, und das tröstete mich wiederum. – Immer häufiger griff ich zu meiner Wasserflasche und dankte innerlich dem guten Geist, welcher im letzten Drittel des Weges eine Bank hatte aufstellen lassen. Erschöpft ließen wir uns darauf nieder. Ein wenig beneidete ich die Leute, die an uns vorbei den Berg *hinab* gingen. Nachdem wir uns etwas erholt hatten, setzten wir zum Endspurt an und bald darauf erreichten wir den Gipfel.

Der atemberaubende Ausblick entschädigte uns für alle Strapazen! Die Millionenstadt Athen lag uns zu Füßen. Getaucht in goldenes Sonnenlicht leuchteten die weißen Häuser um die Wette. Tief unter uns lag die Akropolis und auch der Hafen von Piräus und der Saronische Golf schienen zum Greifen nahe. Dieser Aufstieg hatte sich wirklich gelohnt!

Nach einem Besuch in der kleinen, dem heiligen Georg geweihten, Kapelle suchten wir das auf dem Berg gelegene Restaurant auf. Ein Blick auf die horrenden Preise der Speisekarte ließen uns das Gebäude jedoch fluchtartig wieder verlassen.

Wir wandten uns den Schildern zu, die zum Ausgang wiesen und ... standen verblüfft direkt in einer Metro-Station! So ließen wir uns denn hinunter in die Stadt fahren und waren wahnsinnig stolz, dass wir uns den Aufstieg *nicht* so bequem gemacht hatten.

Wir bummelten durch die Gassen und ließen das ganz besondere Flair, das diese Stadt innehat, auf uns wirken.

Zum Ausklang des Tages wollten wir uns ein ganz besonderes Vergnügen gönnen: In der *Kod-*

ratou Straße, nahe des *Omonia-Platzes*, gibt es ein Restaurant, in dem man speisen kann, wie die ›alten Griechen‹ es taten. Den Tipp dazu hatte ich in einem der Reiseführer gelesen und war schon überaus gespannt.

Auf dem Weg dorthin durchquerten wir die Markthallen, in denen nackte Tiere jeglicher Art, befestigt an starken Haken, von hohen Gestellen herabhingen. Besonders die Truthähne, die kopfüber an speziellen Stangen baumelten und denen die Zungen aus den Schnäbeln heraushingen, wirkten ein wenig befremdlich auf uns. Trotzdem konnte ich es mir nicht verkneifen, ihnen einen hämischen Seitenblick zu zuwerfen. Hatten uns doch die riesigen Hühnervögel von Alekos´ Nachbarn kaum schlafen lassen mit ihrem nächtlichen Gekolke.

In der Nähe des Omonia-Platzes konnte ich der Versuchung nicht widerstehen, die Dienste eines Schuhputzers in Anspruch zu nehmen. Mit seinem kleinen, messingfarbenen Kasten, hockte er auf dem Bürgersteig. Er arbeitete unglaublich schnell. Innerhalb von fünf Minuten glänzten meine arg in Mitleidenschaft gezogenen Schuhe wie neu.

Kurz darauf erreichten wir, das etwas versteckt gelegene Ziel: Das *Archeon Gevsis.* Eine steile Holztreppe führte nach oben in einen großen, nur von Kerzen erhellten Raum. Im Hintergrund klangen leise, byzantinische Choräle und über die Stühle waren Stoffe so drapiert, dass die Möbel den Anschein erweckten aus Stein gemeißelt zu

sein. Die Wände zierten wunderschöne Reliefbilder und ein Kellner, gekleidet in einen roten, bestickten *Chiton,* führte uns zu einem Tisch. Da es für griechische Verhältnisse noch sehr früh war, waren wir die einzigen Gäste.
Wir bestellten Honigwein, welcher uns in einer Tonkaraffe serviert wurde und den wir aus stilvollen Tonbechern tranken. Dazu bekamen wir einen Korb mit unterschiedlichen kleinen Brötchen, die nach altüberlieferten Rezepten gebacken worden waren. Ebenso wie der Wein schmeckten sie einfach köstlich.
Auch die Speisekarten waren einzigartig. Jedes Gericht war ausführlich beschrieben und mit entsprechenden Versen und Sprüchen versehen.
Als Hauptgericht entschied Antony sich für Schweinefleisch süßsauer mit einer Soße aus Honig, Essig und Thymian, mit Kichererbsen-Püree, und als Nachtisch Crêpe mit Käse und Honig. Ich wählte den Lammbraten mit Käse und Gemüse und zum Abschluss verschiedene eingelegte Früchte, mit Nüssen, Joghurt und Honig.

An Besteck gab es lediglich Messer und Löffel. Die Gabel fehlte, da diese früher als heiliges Symbol galt, bezogen auf den Dreizack des Poseidon. Ich machte mir so meine Gedanken, wie wir denn das Fleisch zerkleinern sollten, doch erwiesen sich diese Bedenken als unnötig. Alles wurde in mundgerechten Stücken aufgetragen. Es war ein königliches Fest der Sinne. Wir konnten uns nach Beendigung des opulenten Mahls nicht erinnern, jemals so hervorragend gegessen zu haben. – Und vor allem so viel! –

Mit Einbruch der Dunkelheit hatte es sich wieder drastisch abgekühlt. Unseren Plan ein Taxi zu unserem Hotel zu nehmen verwarfen wir. Trotz der Kälte machten wir uns zu Fuß auf den Heimweg; und unsere wohlgefüllten Bäuche dankten uns jeden Schritt.

In unserem Hotel angekommen, stiegen wir auf die Dachterrasse hinauf und genossen von dort eine himmlische Aussicht über die beleuchtete Stadt. Die Akropolis erstrahlte im Licht unzähliger Scheinwerfer, ebenso der Lykabettos-Berg Antony versuchte die Stimmung mit seiner Video- und Digitalkamera einzufangen.
Dass er dabei auch etwas ganz anderes ›einfing‹, ahnten wir zu diesem Zeitpunkt noch nicht.

Der nächste Tag begann für mich weniger erfreulich. Ich erwachte mit geschwollenen, schmerzenden Händen. Da auch meine Knie und Füße höllisch wehtaten, benötigte ich mehrere Anläufe, um aus dem Bett zu kommen.

Ausgerechnet *hier* und *jetzt* hatte mich ein Rheumaschub erwischt. Ein viertel Jahr zuvor waren die Schmerzattacken erstmalig aufgetreten. Nachdem ich wochenlang unter immer wiederkehrenden Schmerzen der unterschiedlichsten Gelenke litt, begab ich mich zum Arzt. Nachdem er mich gründlich durchgecheckt hatte, erfuhr ich wenige Tage später die endgültige Diagnose: Rheuma!

Die ersten Anzeichen hatten sich bereits drei Jahre zuvor gezeigt, weshalb ich meinen Beruf als Masseurin hatte aufgeben müssen. Nun befanden wir uns in der Experimentierphase der Medikamenteneinstellung, als es mich jetzt, in Athen, bös erwischte.

Wie eine Ente mit Hühneraugen watschelte ich im Schneckentempo die Treppe vom vierten Stock des Hotels hinunter. Da meine Fußsohlen wie Feuer brannten, gelang es mir auch im Verlauf des Tages nicht, meine Schrittgeschwindigkeit zu steigern. Trotzdem wollte ich uns dadurch nicht den Tag verderben und biss die Zähne zusammen.

Zuerst spazierten wir nochmals über den Flohmarkt und von dort aus zum *Keramikos.*

Dieses antike, einem Park ähnelnde, Stadtviertel wird, unverständlicher Weise, nur von wenigen Touristen besucht. Hier standen einst die beiden bedeutendsten Stadttore Athens. Das *Heilige Tor* und das *Dipylon*, der größte Torbau der griechischen Antike überhaupt. Davor befand sich ein ausgedehnter Friedhof, der nur bedeutenden Bürgern und Gesandten fremder Stadtstaaten, vorbehalten war. Wir verweilten eine ganze Weile an diesem idyllischen Fleckchen, und machten uns dann auf den Weg zum *Syntagma-Platz*.

Hier findet jeden Sonntag, vor dem Präsidentenpalast, am Grabmal des Unbekannten Soldaten, um elf Uhr der zeremonielle und sehr aufwendig gestaltete Wachwechsel der *Evzonen* statt.

Diese Soldaten eines Ehrenregiments tragen noch immer die traditionellen Uniformen. Eine rote Kappe mit langen, schwarzen Bändern, einen kurzen, weißen Faltenrock, weiße Strümpfe, eine bestickte Weste, eine Schürze aus Seidenbändern und Schnabelschuhe mit einem Bommel darauf.

Da wir rechtzeitig dort waren, ergatterten wir einen guten Platz in der ersten Reihe. Somit hatten wir eine prima Sicht auf das Geschehen.

Ein paar Minuten vor Beginn des Wachwechsels wurde die Hauptstraße, die *Leofori Vasilis Amalias*, für jeglichen Straßenverkehr gesperrt und die Zuschauer hinter eine imaginäre Linie gescheucht. Amüsiert beobachteten wir, wie der Oberst der Evzonen die Kleidung ›seiner Jungs‹ ordnete. Jede einzelne der vierhundert (!) Falten der Röcke – eine für jedes Jahr der Fremdherrschaft durch die Türken – wurde von ihm penibel zurechtgezupft, die Bänder der Kappen und Schürzen fein säuberlich geglättet und die Haltung der Gewehre korrigiert. Kaum hatte er seine Arbeit beendet, da marschierten auch schon die Musikkapelle und die Garde auf.

Es war ein beeindruckendes Schauspiel und fasziniert beobachteten wir die komplizierte Schrittfolge der schmucken Gardisten.

Nach einer guten dreiviertel Stunde war das Spektakel beendet und wir restlos begeistert. Das war noch gelebte Tradition! Nur Antony tat mir leid. Da er das komplette Geschehen filmte, kam er erst zu Hause dazu es sich in Ruhe anzuschauen.

Am nächsten Morgen hatte ich immer noch starke Schmerzen. Dadurch musste Antony nicht nur sein, sondern auch mein Gepäck die vier Stockwerke hinunterschleppen. Auf Grund einer mitleidigen Bemerkung des Hotelbesitzers *Jannis*, erwiderte er nur grinsend: »In meinem früheren Leben war ich ein griechischer Esel, bin es also gewohnt Lasten zu schleppen!« Woraufhin Jannis vergnügt kicherte.

Eine sehr nette Geste war auch, dass er uns das Zimmer nur für zweieinhalb Nächte berechnete, weil wir erst mitten in der Nacht eingetroffen waren.

Das *Tempi Hotel* liegt nicht nur sehr zentral in der *Eolou* Straße in Monastiraki, sondern ist auch sehr ruhig und wird von dem netten Besitzer liebevoll geführt. Wir verabschiedeten uns von Jannis und versicherten, dass es bestimmt ein Wiedersehen geben würde. – Dieses Versprechen hielten wir. Mittlerweile waren wir zwölf Mal Gäste im Tempi-Hotel und fühlen uns dort fast wie zu Hause. –

Auf der Fahrt zum Flughafen hatten wir einen sehr sympathischen Taxifahrer. Er wies uns unter anderem auf die verstaubten Überreste der *Olivenbäume des Platon* hin, welche am Rande einer Hauptstraße ihr karges Dasein fristeten. Vor einigen Jahren war ein brennendes Auto in sie hinein gefahren und in letzter Sekunde konnte ein Naturwissenschaftler ein paar Samenkörner der uralten Gewächse retten. Diese ruhten nun, wohl behütet, in einer Spezialabteilung des Museums.

Wie erwartet ließ der Abschiedsschmerz nicht lange auf sich warten. Tapfer bemühten wir uns, ihn nieder zu kämpfen. Wo waren die letzten zwei Wochen nur geblieben? Die Zeit war viel zu schnell vergangen!

Unser Flugzeug startete pünktlich und gegen zwanzig Uhr trafen wir wieder zu Hause ein. Wieder einmal hatten wir eine traumhafte Zeit in *unserem* wunderbaren Land verbracht und großartige Menschen kennengelernt, was uns wieder einmal in unserem Vorhaben bestärkte, eines Tages ganz in Griechenland zu leben.

Wenige Tage nach unserer Ankunft in Deutschland kam Antony ganz aufgeregt aus seinem Büro gestürmt. In der Hand hielt er zwei frisch ausgedruckte Fotos, die er auf der Dachterrasse des Hotels geschossen hatte.

Der Hintergrund der Aufnahmen zeigte die beleuchtete Akropolis und im Vordergrund war ein Teil des benachbarten, und halb verfallenen Hauses zu erkennen. Auf diesem Bereich der Fotos tanzten seltsame weisliche Gebilde und Punkte, die ich für Lichtreflexe hielt. Da diese Flecken jedoch weder auf dem Monitor des Computers, noch auf dem Display seiner Kamara sichtbar waren, hatte Antony die Bilder per Email einem befreundeten Spezialisten in den USA geschickt. Besagter Fachmann bestätigte ihm nun, dass es sich *tatsächlich* um eine ›Geister-Aufnahme‹ handle!

Zwar war uns damals auf der Dachterrasse ein intensiver Geruch nach Kirschtabak und Weihrauch aufgefallen, aber wir hatten uns keine weiteren Gedanken darüber gemacht. Auch dazu hatte der Spezialist eine Erklärung:
Wenn zum Beispiel ein Verstorbener zu Lebzeiten Pfeife geraucht, und dafür einen speziellen Tabak verwandt hat, besteht die sehr große Wahrscheinlichkeit, dass sein geisterhaftes Auftreten mit eben diesem Geruch verbunden ist.

Obwohl mir der Anblick dieser Fotografie einen kleinen Schauer über den Rücken jagt, gehen wir davon aus, dass es ein ›guter‹ Geist war, der uns da begegnete.

Für uns war das ein Grund mehr, bei unserem nächsten Athen-Besuch wieder in besagtem Hotel abzusteigen; und, wie bereits erwähnt, brauchte ich mir definitiv keine Gedanken zu machen, dass mein Leben eines Tages langweilig und eintönig werden würde. Jedenfalls nicht, so lange Antony an meiner Seite war!

Ostern in Kalamata

Überall sind die Osterbräuche verschieden. Mal sind es Hasen, die buntbemalte Eier verstecken; mal werden Eier abschüssige Straßen hinabgekullert, wie zum Beispiel in England. In Schweden gibt es die Osterhexen; in Mexiko wird das Fest zwei Wochen lang gefeiert und die Straßen mit Bändern und Toilettenpapier (!) geschmückt; und auf den Philippinen werden die Kinder an den Köpfen festhaltend hoch gehoben, in der Hoffnung auf ein gutes Wachstum der Kleinen!

Im Laufe der vergangenen Jahre war uns natürlich auch vieles über die griechischen Osterbräuche zu Ohren gekommen. Da werden rot gefärbte Eier aneinandergeschlagen und dem, dessen Ei heil bleibt, bleibt das Glück den Rest des Jahres hold; mit Wasser gefüllte Tongefäße aus Fenstern geworfen (Zakynthos); oder aus dünnem Seidenpapier gefertigte Papierlaternen, versehen mit brennenden Lumpen und mit großen und kleinen Wünschen gefüllt, in den Nachthimmel geschickt (Dorf Leonido in Arkadien, Peloponnes).

Nun wollten auch wir einmal so ein spannendes Fest erleben, und … hatten noch etwas geplant: Wir wollten heiraten! Aber erst einmal kam Ostern.

Bei strahlendem Sonnenschein landete unser Flieger am frühen Vormittag in Athen.

Sechzehn Monate waren seit unserem letzten Besuch vergangen.

Auf der Fahrt zum Busbahnhof Kifissiou beobachtete ich den chaotischen Straßenverkehr. Dass sich niemand an die begrenzte Höchstgeschwindigkeit hielt, war dabei selbstverständlich. Tat sich dann mal eine kleine Lücke auf, und war sie noch so winzig, quetschten sich LKW und Busse sofort hinein. In Deutschland wäre höchstens ein lebensmüder Mofafahrer dermaßen wagemutig gewesen.

Alsbald erregten große, quer über der Autobahn befestigte Schilder meine Aufmerksamkeit. Auf ihnen prangte der Hinweis: BEI FAHRSPURWECHSEL BITTE DEN BLINKER SETZEN.
– Irgendwie taten die Griechen mir leid, dass sie nun auch noch *diesem Stress* ausgesetzt wurden! –

Wegen der bevorstehenden Ostertage war der Fernbus nach Kalamata bereits ausgebucht. Aber es wurde ein weiterer Bus eingesetzt, der bereits in fünfzehn Minuten abfahren würde.
Um fünfzehn Uhr dreißig erreichten wir Anthia, und dieses Mal hielt der Fahrer auch tatsächlich am Ortseingang!
Wir waren guter Dinge und alles lief bestens. Nur Antonys Koffer hatte den Flug nicht so gut überstanden. Völlig ramponiert hatte er ihn am Flughafen in Empfang genommen. Ohne Griff zerrte mein Schatz das zerfledderte Gepäckstück über

den holperigen Zufahrtsweg zu Alekos′ Haus, wo uns ein vor Freude strahlender Ilias empfing.
Noch bevor wir auch nur daran denken konnten, die Koffer in unser Zimmer zu bringen, mussten wir mit ihm erst einmal eine gehörige Portion Whisky und Ouzo verdrücken. Als er plötzlich zu seinem Handy griff, dachten wir uns nichts dabei. Doch gleich darauf verfolgten wir voller Entsetzen seine Gespräche. Er lud all unsere – und seine – Bekannten für einundzwanzig Uhr zu uns ein. Natürlich freuten wir uns darauf, alle wieder zu sehen aber doch nicht *heute*! Immerhin waren wir seit gut dreiunddreißig Stunden auf den Beinen, todmüde und mussten schließlich noch einkaufen – das Geschäft war knapp drei Kilometer entfernt – und der Hausputz wollte auch noch erledigt sein!

Nachdem Ilias sich verabschiedet hatte, stürzten wir uns sogleich in die Arbeit. – Wie war das doch gleich mit der ›griechischen Gelassenheit‹? –

Obwohl der Weg zum Supermarkt nach Epia an der stark befahrenen Hauptstraße entlang führte, tat uns der Fußmarsch nach dem vielen Sitzen gut. Um zwanzig Uhr war alles erledigt und wir machten es uns mit einem Gläschen Wein auf unserem Balkon gemütlich.

Der laue Abendwind und das Zirpen der Grillen verscheuchten jeglichen Stress und entspannt lehnten wir uns in unseren Stühlen zurück. Wie sehr hatten wir dies alles vermisst!

Als um halb zehn noch keiner der Besucher eingetroffen war – worüber weder Antony noch ich böse waren –, begaben wir uns zu Bett.

Den folgenden Tag ließen wir ruhig angehen. Wir fuhren mit dem Bus nach Kalamata und erstanden für Antony einen neuen Koffer.
Nachmittags spazierten wir zum *Römischen Bad* zwischen Anthia und Epia. Viel war von dem antiken Gemäuer nicht gerade zu sehen, aber dafür entdeckten wir einen wunderbaren Pfad durch Oliven- und Orangenhaine. Antony konnte der Versuchung nicht widerstehen zwei Orangen zu stibitzen. Sie waren saftig und süß, und um ein Haar hätte ich ihn losgeschickt, um Nachschub zu besorgen.

Tags darauf statteten wir unserer *Pelops-Autovermietung* einen Besuch ab. Obwohl fast anderthalb Jahre vergangen waren, erkannte Smaroula uns sofort wieder. Rasch waren die Formalitäten erledigt und wir konnten unseren Kleinwagen in Empfang nehmen. Bevor wir jedoch fröhlich vom Firmengelände rollten, fragten wir sie, ob sie am sechsundzwanzigsten als unsere Trauzeugin und Dolmetscherin fungieren wolle. Begeistert sagte sie zu. Vor Gericht und bei der Polizei sei sie schon des Öfteren als Übersetzerin tätig gewesen aber noch nie bei einer Trauung.

Als wir am nächsten Tag von einem kleinen Ausflug nach *Kiparissia* und *Pylos* zurückkamen, begrüßte uns *Vasiliki*, Ilias´ Frau.

Die kleine, brünette Dame war sehr nett. Soweit es meine Griechisch-Kenntnisse zuließen, unterhielten wir uns prima. Erst später sollten wir erfahren, dass sie Ausländer, insbesondere Deutsche, nicht ausstehen konnte. – »Die haben alle Läuse!« – An uns schien sie jedoch großen Gefallen zu finden.

Bald trafen auch die Töchter *Maria* und *Ireni* ein. Da der etwas weiter entfernt lebende Bruder von Vasiliki sich über die Feiertage mit seiner Familie in Ilias´ Haus einquartiert hatte, bezogen er und seine drei Mädel nun kurzerhand Alekos´ Räumlichkeiten.

Die beiden Mädchen lebten in Athen und sprachen englisch, worüber Antony sehr erleichtert war und es die Verständigung vereinfachte.

Tags zuvor hatten wir Ilias gefragt, was seine Töchter denn beruflich machen. Er erzählte, dass Ireni in einer Spedition arbeite und auf Maria bezogen legte er sein Gesicht in tiefe Kummerfalten und bekreuzigte sich. Da wir nicht einordnen konnten, was es mit dieser Gestik auf sich hatte, kamen wir nach kurzer Überlegung zu dem Ergebnis, dass sie eine Ordensschwester sei.

Überzeugt, dass unsere Vermutung den Tatsachen entsprach, staunten wir nicht schlecht, als wir Maria sahen. Eine bildhübsche junge Frau mit langen, wundervollen Haaren und bekleidet mit einem Jogginganzug (!), reichte sie uns strahlend ihre Hand. Ihre Schwester, nicht minder hübsch

und ebenfalls leger gekleidet, begrüßte uns, als ob sie uns schon ewig kannte.
Rasch entwickelte sich eine lockere Plauderei. Natürlich waren alle Seiten neugierig aufeinander und die Fragen flogen nur so hin und her. Als das Thema Berufstätigkeit zur Sprache kam, blickten Antony und ich erwartungsvoll zu Maria. Ihre Antwort lautete: »Ich bin im Augenblick *arbeitslos.*« – So weit zu Ilias´ Zeichensprache und unseren Interpretationen. Wie war das doch gleich mit der Fütterung der Ziegen gewesen? –

Grinsend berichteten wir den beiden von unserem gestrigen Gespräch mit ihrem Vater, dessen Gestik und unserer Vermutung. Die Mädchen wollten sich ausschütten vor Lachen und gluckste n noch eine ganze Weile immer wieder vor sich hin.

Um einundzwanzig Uhr fuhren wir gemeinsam nach *Skala*. Dort, in der Kirche des Nachbarortes fand, wie Karfreitag üblich, eine Messe mit anschließender Prozession statt.

Obwohl Antony und ich kein Wort von dem ungewöhnlichen Singsang verstanden, verfolgten wir interessiert die Zeremonie. Dicht an dicht standen die Menschen und … *unterhielten sich*! Immer wieder wurden von Neuankömmlingen Kerzen, die man am Eingang kaufen konnte, in mit Sand gefüllte Schalen gesteckt und angezündet. Kaum dass sie brannten, wurden sie von einem Kirchenhelfer auch schon wieder gelöscht und entsorgt, um Platz für neue zu schaffen.

Nach etwa einer Stunde wurde die wunderschön mit Blumen geschmückte Bahre mit der Ikone Christi (des *Epitaphs*, was *Der auf dem Grab Liegende* bedeutet), von vier kräftigen Helfern angehoben und nach draußen getragen.
Da wir der Prozession folgen wollten, drängten wir zum Ausgang. Als wir ihn endlich erreicht hatten, mussten wir feststellen, dass es wie aus Eimern schüttete. Vereinzelt standen Kirchgänger im Regen aber von der Prozession war weit und breit nichts zu sehen. Trotzdem schauten wir um die Ecke. Nichts. Also wieder zurück ins Gotteshauses. Und da waren auch die Würdenträger mit der Ikone. Die Nässe hatte ihnen wohl nicht behagt und so waren sie durch einen Seiteneingang wieder hereingeschlüpft. – Sie müssen wie verrückt um die Kirche herum gerannt sein! –
Damit war die Zeremonie beendet und wir begaben uns auf den Heimweg.

Am folgenden Tag fuhren Antony und ich nach Kalamata. Wir bummelten durch die Gassen und setzten uns anschließend in ein Café am Hafen um bei einem Eiskaffee das bunte Treiben zu genießen. Auf der dortigen Toilette machte ich eine nette Entdeckung: Wie es in Griechenland üblich ist, entsorgt man das benutzte Papier nicht *in* der Toilette, sondern in bereitstehenden Eimern. Kaum hatte ich die Kabine betreten, erregte ein seltsames Klappern meine Aufmerksamkeit. Stand dort doch tatsächlich ein metallfarbener Müllei-

mer, der automatisch, in gleichbleibendem Rhythmus, seinen Deckel auf und zu klappte!
Eine noch deutlichere Aufforderung, das Behältnis zu nutzen, konnte ich mir beim besten Willen nicht vorstellen. Ich fand die ›Erfindung‹ sehr praktisch. Gab es doch bestimmt genügend Touristen, die die korrekte Entsorgung des Papieres hin und wieder ›vergaßen‹.

Nachdem wir unseren Wagen bei der Autovermietung abgeliefert hatten, und Smaroula uns versicherte, dass sie pünktlich beim Standesamt sein würde, begaben wir uns zu der gegenüberliegenden Bushaltestelle. Fest davon überzeugt, dass hier der Bus nach Anthia halten würde. Es dauerte auch nicht lange, da erschien das ersehnte Fahrzeug. Wir stiegen ein, der Bus fuhr los und freundlich bat ich den Fahrkartenschaffner um zwei Tickets. Als ich unseren Zielort angab, schaute er uns mit großen Augen an und erklärte, dass *dieser* Bus *nicht* in Anthia hielte. Er stoppte auf freier Strecke, wir stiegen aus und gingen zur nächsten Haltestelle. Dieses Mal mussten wir etwas länger warten. Endlich bog der nächste Bus um die Ecke. Da kein Zielort darauf stand, stiegen wir also erneut ein und brachten, natürlich nachdem das Fahrzeug los gefahren war, unseren Haltestellenwunsch zur Sprache. Prompt erhielten wir die gleiche Antwort wie im Fahrzeug zuvor: »Dieser Bus hält nicht in Anthia!« Also wieder aussteigen und weiter zur nächsten Station. Als sich das Spiel zum dritten Mal wiederholte, reichte es uns. Bevor wir den Rest des Tages damit vertrödelten, in Etappen nach Hause zu kommen, winkten wir ein Taxi heran. Leider haben wir nicht mehr herausfinden können, ob überhaupt ein Bus, außer den Fernbussen, in dem kleinen Dorf hält.

Gegen dreiundzwanzig Uhr machten wir uns auf den Weg zur Kirche, am Stadtrand von Kalamata. Da unweit davon Vasilikis Familie wohnte, schneiten wir dort hinein, plauderten eine gute dreiviertel Stunde und marschierten dann alle zusammen, kurz vor Mitternacht, zum Gotteshaus. Hatte ich vorher noch geglaubt, dass wir wieder so einer faszinierenden Messe beiwohnen würden, wie am Vortag, sah ich mich enttäuscht. Menschen drängten sich auf dem Vorplatz und waren bestrebt, dem Kirchendiener vor die Füße zu springen. Dieser verschüttete Literweise Weihwasser auf die Umstehenden und jeder wollte etwas von dem gesegneten Nass abbekommen. Kaum hatte auch ich meine, eher ungewollte, Dusche erhalten, verlöschten auch schon die Lichter. Die *heilige Flamme* wurde von Kerze zu Kerze weitergereicht und die Glocken erklangen. Ein herzliches Umarmen begann, verbunden mit den Worten: »*Christos anesti*« (Christus ist auferstanden), worauf der Angesprochene zu erwidern hatte: »*Allissos anesti*« (er ist wahrhaftig auferstanden). Die Beglückwünschungen gingen nach und nach im Lärm unter, den Kracher, Böller und selbstgebastelte Dynamitbomben verursachten.

Eine Weile schauten wir dem farbenprächtigen Feuerwerk zu; dann begaben wir uns auf den Heimweg.

Zurück in Anthia wartete ein spätes Abendessen auf uns. Vasiliki, die zu Hause geblieben war, hatte den Tisch gedeckt und das Essen vorbereitet. Außer den Frikadellen, den gefüllten Tomaten und dem Salat, was ich zu dem Festmahl beigesteuert hatte, wurden im Kaminfeuer Lammkoteletts gegrillt, knuspriges Fladenbrot stand bereit und köstliche Patates (Pommes) brutzelten in der Pfanne. Als erstes jedoch wurde ein großer Topf mit der typisch griechischen Ostersuppe, der *Magiritsa*, herumgereicht. Vom Aussehen her glich sie unserer deutschen Wirsingsuppe. Ich liebe Suppen jeglicher Art, aber da ich wusste, aus was diese hier bestand, hielt sich meine Begeisterung in Grenzen.

Vielleicht gibt es ja den einen oder anderen Griechenlandkenner, dem diese Suppe schmeckt, allen anderen möchte ich die Vorfreude darauf nicht nehme und verschweige die Zutaten.

Tapfer führte ich also den ersten Löffel zum Mund und ... verwahrte den Inhalt in der rechten Wangentasche. Der zweite Löffel Suppe wurde in der linken deponiert und dann … hatte ich ein Problem! Es kam der Moment in dem ich schlucken *musste*. Vorsichtig schielte ich zu Ireni und Maria. Anhand ihrer Mimik konnte ich feststellen, dass dieses Gericht auch nicht unbedingt zu ihren Leibspeisen zu zählen schien. Mein Blick schweifte zu Antony hinüber; allerdings konnte ich mich nicht nach *ihm* richten. Er isst einfach *alles*! Nach kurzer Überlegung kam ich zu dem Entschluss, dass ich es wohl überleben würde, und schluckte. Dass ich mich nicht besonders toll dabei fühlte, brauche ich wohl nicht extra zu erwähnen. Nach etwa vier Löffeln Suppe stellte ich fest, dass die beiden Mädels ihre Teller, noch halb voll, beiseitegeschoben hatten. Voller Erleichterung tat ich es ihnen gleich.

Später gestand Antony mir, dass er unglaublich stolz auf mich gewesen war, dass ich mich dazu durchgerungen hatte, ein paar Löffel davon zu essen. Um nichts auf der Welt hätte ich Vasiliki beleidigen wollen, indem ich mich geweigert hätte, von der Suppe nicht wenigstens zu probieren.

Obwohl ich nach dem Essen meine Hilfe beim Abwasch anbot, ließen die drei dies nicht zu. So hatte ich die Gelegenheit ihnen bei der Arbeit zuzuschauen.

Dass sich Griechen von Deutschen in vielerlei Hinsicht unterscheiden, ist ja bekannt. Dass es aber auch Unterschiede beim Spülen des Geschirrs gibt, war mir neu. Fasziniert beobachtete ich, wie Maria reichlich Spülmittel auf einem Schwammtuch verteilte, den Heißwasserhahn aufdrehte, einen schmutzigen Teller darunter hielt, ihn mit dem Tuch abwischte und nochmals abspülte! Diese Prozedur vollzog sie bei jedem Geschirr- und Besteckteil. Da davon reichlich vorhanden war, zog sich die Aktion eine gute halbe

Stunde hin. Natürlich bei ständig laufendem Wasser! Der Wasserverbrauch muss durch diese Technik in enorme Höhen geschossen sein. Meine Besorgnis wuchs, ob Janoula *uns* den gewaltigen Mehrverbrauch nachträglich in Rechnung stellen würde.

Dass bei dieser Art des Abwaschs auch eine komplette Flasche Spülmittel draufging, interessierte die Damen herzlich wenig. Wie ich später erfahren sollte, war dies tatsächlich die in Griechenland gängige Art des Geschirrspülens.

Am nächsten Tag war ich etwas enttäuscht, weil keiner Anstalten machte, die rotgefärbten Eier mit mir ›an zu ticken‹. Das Aufbrechen der Schale symbolisiert die Auferstehung Christi und soll Glück für das ganze Jahr bedeuten.

So unternahmen Antony und ich einen wunderbaren Spaziergang. Der Weg führte durch Orangenhaine zu einem kleinen Fluss. Diesen schlenderten wir entlang und durch Olivenplantagen zurück.

Mittags zeigten Ireni und Maria uns die Schritte des *Kalamatiano*. Es war gar nicht so einfach, die komplizierte Schrittfolge dieses traditionellen Tanzes der Peloponnes einzuhalten. Doch die beiden hatten Geduld. Nachdem wir ihn zu ihrer Zufriedenheit beherrschten, verabschiedeten sie sich, um nach Athen zurückzufahren.

Am Nachmittag schauten Antony und ich bei Ilias, dem Polizisten, vorbei. Da weder er, noch seine Kollegen sich in den letzten Tagen hatten blicken lassen, wollten wir uns gerne noch einmal absichern, dass wir am Sechsundzwanzigsten auch *wirklich* auf ihn zählen konnten. Leider trafen wir nur seine Frau an. Sie wusste nicht, wo sich ihr Mann aufhielt, wollte ihm aber ausrichten, dass er am Abend zu uns kommen solle. Wieder einmal warteten wir vergeblich! Soviel denn dazu, dass er ›voller Begeisterung‹ zugesagt hatte, unser Trauzeuge zu sein.

Hochzeit

Mittlerweile waren Antony und ich seit sieben Jahre ein Paar.
Immer wenn wir in den vergangenen Jahren gefragt wurden, ob wir denn auch mal ›den Bund fürs Leben‹ schließen wollten, antworteten wir unbestimmt: »Vielleicht … irgendwann einmal.« Und: »Wenn überhaupt, dann nur in Griechenland!« Seltsamer Weise hatten wir nach der letzten Aussage immer unsere Ruhe vor weiteren Fragen.

Nun also war *irgendwann* und voller Vorfreude hatten wir uns auf die Vorbereitungen gestürzt.
Es gab unglaublich viel u planen und zu bedenken. Zunächst einmal galt es das Datum auszuwählen. Auf gar keinen Fall durfte es in den Mai fallen! Dieser Monat gehört in Griechenland den Toten. Außerdem lautet ein altes Sprichwort dort: *»Im Mai heiraten nur die Esel!«*

Da der Ostersonntag auf den dreiundzwanzigsten April fallen würde, entschieden wir uns für einen Termin drei Tage nach dem Fest. In der *Kokkinowoche* (Karwoche) zu heiraten wäre nicht sehr klug gewesen, da der Großteil der Griechen die Fastenzeit streng einhält. Es wäre von uns also gemein gewesen, unsere Bekannten um das ausgiebige Hochzeitsessen zu bringen.

Der nächste Schritt war der gewesen, beim Griechischen Generalkonsulat anzurufen und uns zu erkundigen, welche Papiere wir benötigten. Diese Frage konnte mir zwar auch der dritte Mitarbeiter mit dem ich verbunden wurde, nicht konkret beantworten, jedoch gab er mir die Telefonnummer des Deutschen Konsulates in Patras. Unsere Ansprechpartnerin dort, Frau Rita, war sehr nett und hilfsbereit. So erfuhren wir, dass wir internationale Geburtsurkunden, ein Ehefähigkeitszeugnis und Abschriften aus den Familienstammbüchern benötigten. Ebenso Kopien unserer Scheidungsunterlagen, die wir von den Standesämtern der Städte anfordern mussten, in denen wir geschieden worden waren. Keine der Unterlagen durfte dabei älter als ein halbes Jahr sein.

Außerdem würde einer von uns einen schriftlichen Antrag bezüglich der Heirat beim Standesamt in Kalamata stellen müssen. Natürlich auf Griechisch. Diese Arbeit übernahm ich gerne. Ich schrieb einen zu Herzen gehenden Antrag, der von keinem griechischen Standesamt abgelehnt worden wäre. Zusätzlich sollte jeder von uns eine Anzeige in der dortigen Tageszeitung aufgeben. Diese sei ein wichtiges Dokument, ohne das die Hochzeit nicht genehmigt werden könne. Letzteres erschien uns unsinnig. Auf meinen Einwand hin, dass uns dort doch keiner kenne, da wir ja in Deutschland lebten, blieb uns dies letztendlich zum Glück erspart.

Nachdem wir alle Unterlagen beisammen hatten, schickten wir sie zu einer Übersetzerin nach Hannover. Auf Empfehlung unserer Bekannten hatten wir uns für eine dort lebende deutsch-griechische Rechtsanwältin entschieden, die auch deren Korrespondenz erledigte. Nach drei Telefonaten, hielten wir vierzehn Tage später die mit Apostillen versehenen Unterlagen in Händen. – Eine Apostille ist eine vereinfachte, international anerkannte Beglaubigungsform. Sie bestätigt die Echtheit von Unterschriften, die Befugnis des Ausstellers und die Richtigkeit von Siegeln auf offiziellen Dokumenten. Sie wird benötigt, damit Urkunden im Ausland rechtlich anerkannt werden –.

Da Janoula und Alekos ursprünglich ebenfalls das Osterfest in ihrer Heimat feiern wollten, freuten sie sich riesig, als wir sie fragten, ob sie unsere Trauzeugen sein wollten. Sie sagten begeistert zu, doch leider sollte es nicht dazu kommen. Ein Todesfall im März beorderte die beiden vorzeitig nach Griechenland, so dass sie im April nicht erneut dorthin reisen konnten.

Wir waren zwar enttäuscht, doch würde sich für uns eine Lösung finden lassen.

Dafür hatten wir Glück bei der Auswahl der Ringe. Wir wurden rasch fündig und konnten uns dem nächsten Punkt widmen, der da lautete: *Was ziehen wir an?*

Schnell waren wir uns einig, dass es die Landesfarben sein sollten. Antony erstand auch im Handumdrehen einen dunkelblauen Anzug mit dazu passendem Hemd und Krawatte.

Nur für mich ließ sich nichts finden.

Es schien schier unmöglich im Februar einen cremefarbenen Hosenanzug mit kurzärmeligem Blazer zu finden. Ganz zu schweigen von einem dunkelblauen Top. Gerade *dies* hatte ich mir aber in den Kopf gesetzt und ich weiß nicht wie viel Benzin ich verfuhr, bis ich, schon leicht in Panik, endlich fündig wurde.

Ein paar Tage später überraschte uns Alekos mit der Nachricht, dass er mit dem Polizisten, Ilias, telefoniert habe und dieser freue sich darauf, für uns als Trauzeuge zu fungieren. Prima! Das Problem wäre also gelöst. Zusätzlich nahm ich mir jedoch vor, Smaroula, die nette Angestellte von der Autovermietung, zu fragen, ob sie für uns dolmetschen – und zur Not als Trauzeugin einspringen – würde.

Anfang April baten wir Alekos beim Standesamt in Kalamata telefonisch nachzufragen, ob es bei unserem Wunschtermin bliebe.

Erleichtert nahmen wir die Bestätigung auf, dass dem nichts im Wege stünde und noch am selben Tag ließen wir das Datum in die Ringe eingravieren. Vorsichtshalber hatten wir damit noch gewartet.

Mit riesen Schritten rückte *unser Tag* immer näher.

Himmel, war ich aufgeregt! Ich wurde immer zappeliger, denn: In Griechenland ist alles etwas anders!

Wie man uns gesagt hatte, sollten wir zwei Tage vor der Trauung im Standesamt unsere Originaldokumente abgeben. Im Rathaus jedoch erfuhren wir, dass dort heute noch niemand für uns zuständig sei. Eine junge Angestellte führte uns über die Straße und um drei Ecken herum, in das entsprechende Büro. Dieses lag gut versteckt zwischen mehreren Cafés und Geschäften – warum sollte es sich auch im Hauptgebäude befinden? –

Wir hatten Glück und trafen auf einen Mitarbeiter, der etwas Deutsch konnte. Der junge Mann hatte einige Jahre in der Schweiz gelebt und brachte uns mit seinem Schweizerdeutsch zum Schmunzeln. Als er dann auch noch feststellte, dass er den gleichen Vornamen wie Antonys Vater hatte, war das Eis endgültig gebrochen.
Die Formalitäten waren schnell erledigt und nach einem schnellen, verstohlenen Blick auf die Unterlagen, stellten wir erstaunt fest, dass unsere Heiratsurkunden bereits fertig waren!?

Theodoros brachte uns zurück zum Rathaus und zeigte uns das Zimmer, in dem wir am übernächsten Tag getraut werden würden.

Von dort aus begaben Antony und ich uns auf die Suche nach einem Fotostudio. Die Auswahl war gar nicht mal so schlecht. Vor ein paar Tagen war mir jedoch ein ganz Bestimmtes aufgefallen. Dorthin wollte ich. Nicht nur, dass es in unmittelbarer Nähe zum Standesamt lag, nein, Ausschlaggebend war ein ganz besonderes Foto im Schau-

fenster. War darauf doch ein Brautpaar unter einer *Palme* abgebildet!
Ich hatte zwar keine Ahnung wo sich diese Palme befinden sollte, aber genauso ein Bild wollte ich haben. Wir beauftragten also den Fotografen, unsere Hochzeitszeremonie zu knipsen und bestellten ihn für dreizehn Uhr ins Standesamt. – Wie sich später herausstellen sollte, war dies eine unserer besten Ideen überhaupt. –

Tja, und dann war er da, der heißersehnte Tag! Während des Frühstücks machte sich dann so langsam eine leichte Nervosität, gepaart mit unbändiger Vorfreude, in uns breit. Sprich: Das Gefühlschaos war perfekt. Würde alles nach Plan verlaufen? Hatten sich die Beamten morgens um acht Uhr dazu entschlossen zu streiken? Waren unsere Dokumente über Nacht verschwunden? War der Standesbeamte in der vergangenen Nacht erkrankt und es gab keinen Ersatz? Schließlich war in Griechenland *alles* möglich.

Letztendlich überwiegte jedoch die Vorfreude und wir verbannten alle negativen Gedanken in die dunkelste Gehirnschublade.

Viel zu früh standen wir fix und fertig angezogen auf unserem Balkon. Es ist so, dass Antony immer großartig aussieht, egal was er anhat. Aber in seinem blauen Anzug, dem hellen Hemd, der dezent gemusterten Krawatte und den Ansteckblumen – einem Zweig kleiner, weißer Rosen –, sah er einfach umwerfend aus! Eine Mischung aus Freude und Stolz erfüllten mich. In nur wenigen Stunden würde ich die Ehefrau dieses tollen Mannes sein!

Ich sah aber auch nicht übel aus. In meinem cremefarbenen Hosenanzug und dem blauen Top war ich die perfekte Ergänzung zu ihm. Selbst mein kleiner künstlicher Blumenstrauß war in den Farben blau und weiß gehalten.

Da wir noch fast fünf Stunden Zeit hatten – Überpünktlichkeit ist eine meiner liebenswerten Macken –, entschlossen wir uns spontan, mit dem Bus nach Kalamata zu fahren. Die Zeit bis zu unserem Termin wollten wir dort in einem Café verbringen. Wir hatten gerade die Hälfte des Weges zu der knapp einhundert Meter entfernten Bushaltestelle zurückgelegt, als Alekos Bruder, Ilias, uns mit seinem Auto entgegenkam. Wir hatten keine Ahnung gehabt, dass er uns abholen würde. So kehrten wir also wieder um und machten es uns auf der Terrasse gemütlich.

Da auch der Ouzo, den Ilias uns aufdrängte, gegen unsere Kribbeligkeit nicht half, machten wir uns gegen elf Uhr auf den Weg.

Gegenüber dem Standesamt hatten Antony und ich ein Café ausfindig gemacht und sagten Ilias, dass wir gerne dorthin wollten.

Entweder war mein griechisch an diesem Tag etwas undeutlich oder Ilias wollte uns eine ›besondere‹ Freude machen. Jedenfalls gelangten wir nicht in die von uns ausgespähte Lokalität. Stattdessen landeten wir in einem Café mitten auf einer *Verkehrsinsel*!

Gerade mal sechs Tische fanden auf dem Inselchen Platz. Einige verkümmerte Pflanzen boten etwas Sichtschutz und eine provisorisch gespannte Plane übernahm die Aufgabe eines Sonnenschirms. In unserem Sonntagsstaat fielen wir hier auf, wie zwei rote Kühe auf einer leuchtend grünen Wiese. Fassungslos starrte ich Antony an. Er sah auch nicht gerade glücklich aus und zuckte mit den Schultern. Keinen Meter von uns entfernt brausten in beiden Richtungen die hupenden und knatternden Fahrzeuge an uns vorbei und nach wenigen Minuten hatten die stinkenden Abgase mein dezent aufgetragenes Parfüm überdeckt. Ergeben ließen wir uns auf die Stühle sinken. Eine Unterhaltung war auf Grund des Lärmpegels ausgeschlossen und so fiel es auch nicht weiter auf, dass es mir regelrecht die Sprache verschlagen hatte. Ilias sprang flink wie ein Wiesel zwischen den Autos hindurch, um bei seinem Freund, der eine Spielhölle, kombiniert mit einem Restaurant, auf der gegenüberliegenden Straßenseite betrieb, seine Bestellung aufzugeben.

Wenig später erschien ein Kellner, der den Männern zwei Flaschen Bier und eine Platte mit Mezes servierte. Ich bekam einen Kaffee – obwohl mir eher nach einem dreifachen Whisky zumute gewesen wäre! – Meine Gedanken kreisten nur um eines: Hoffentlich bekleckert Antony sich nicht! Was würde der Standesbeamte in diesem Fall von uns denken und wie würde sich *das* auf den Hochzeitsbildern machen?

Nachdem Ilias noch einmal das Gleiche geordert hatte, richtete sich meine Aufmerksamkeit auf den Kellner. Ich bewunderte ihn. Dies beruhte allerdings lediglich auf der Tatsache, dass er überaus geschickt, die mehr oder weniger voll beladenen Tabletts im Slalom durch den dichten Verkehr balancierte, ohne dass jemand zu Schaden kam.

Gegen zwölf Uhr dreißig konnte ich Ilias endlich überzeugen, dass es Zeit sei, aufzubrechen.

Zwanzig Minuten später erreichten wir das Standesamt und kurz nach uns erschienen auch der Fotograf und unsere Trauzeugin. Ich freute mich, Smaroula zu sehen und begrüßte sie mit einer herzlichen Umarmung.

Antony schaute ständig auf die Uhr. Er hoffte immer noch, dass Alekos´ Bekannte, die Gesetzeshüter, kommen würden. Sein enttäuschter Gesichtsausdruck tat mir in der Seele weh. Fünf Minuten vor unserem Termin sauste er noch mal die Treppe hinunter. Mit den Worten: »Vielleicht stehen sie unten und wissen nicht wo sie hin müssen«, verschwand er.

Plötzlich öffnete sich die Tür zum Trauzimmer und wir wurden herein gebeten. Na prima! Das fing ja gut an! Und wo war mein zukünftiger Ehemann? Voller Panik lehnte ich mich über das Geländer und brüllte durch das Treppenhaus: »*A N T O N Y*!!!«

Hinter meinem Rücken hörte ich verhaltenes Kichern. Ich wusste genau, was alle nun dachten! Zum Glück kam der Bräutigam just in diesem

Moment die letzten Stufen heraufgespurtet. Mit triumphierendem Blick wandte ich mich um. Ha! Die hatten doch alle geglaubt, dass sich mein Schatz aus dem Staub gemacht hätte. Nun, vielleicht ein anderer Mann, aber nicht *mein* Antony!

Wir wurden überaus freundlich vom *Bürgermeister* der Stadt, einem sehr sympathischen Herrn in den Fünfzigern, und seiner Sekretärin, begrüßt. Lächelnd überreichte er mir einen wunderschönen Strauß weißer Rosen. Nachdem der Fotograf seine Stellung bezogen hatte, konnte die Zeremonie beginnen. Andächtig lauschten wir der Rede des Bürgermeisters, die dieser mit leiser, warmer Stimme vortrug und Smaroula kam ihrer Aufgabe als Dolmetscherin hervorragend nach. Ich war froh, dass wir sie dafür hatten gewinnen können, denn trotz aller Konzentration konnte ich der Ansprache doch nur bedingt folgen.
Eine feierliche Stimmung lag über dem Raum, bis ein kleiner Zwischenfall die Gemüter erheiterte. Ausgelöst wurde dieser durch, oder besser gesagt *während* des Ringtausches. Auf Grund der sommerlichen Temperaturen waren Antonys Finger ziemlich angeschwollen. In weiser Voraussicht hatten wir die Ringe zwar bereits etwas größer anfertigen lassen, aber Antonys wollte einfach nicht über dessen Finger rutschen! Unter Aufbietung all meiner Kräfte gelang es mir letztendlich doch. Trotz meiner unsanften Bemühungen lächelte mein Schatz. Allerdings mit schmerzver-

zerrtem Gesicht. – War dies nun ein gutes oder schlechtes Omen? – Auf jeden Fall spricht das Foto, welches dabei geschossen wurde, Bände!

Immer noch schmunzelnd erteilte der Bürgermeister Antony die Erlaubnis seine frisch angetraute Ehefrau zu küssen, dem er auch postwendend nachkam.

Zum Unterschreiben der vorgefertigten Urkunden duften wir auf dem Amtssessel Platz nehmen. Da bekam auch ich endlich mit, dass nicht nur Smaroula als unsere Trauzeugin fungierte, sondern auch Alekos´ Bruder! Wie wir später erfahren sollten, hatten die Polizisten einen Großeinsatz gehabt, was natürlich ihr Fernbleiben entschuldigte. Da sie uns nicht erreichen konnten, riefen sie Alekos in Deutschland an. Der wiederum informierte seinen Bruder und dieser sprang kurzerhand als Trauzeuge ein! – Das Improvisationstalent der Griechen ist einfach genial! –

Viel zu schnell fand die wunderbare Zeremonie ein Ende.

Nachdem wir Glückwünsche und herzliche Umarmungen entgegen genommen hatten, verließen wir nach zwanzig Minuten den Raum. Das nächste Brautpaar wartete bereits.

Ilias verabschiedete sich, da er zu seiner Farm zurück musste. Smaroula begleitete uns, zusammen mit dem Fotografen, in einen kleinen Park, gegenüber dem Rathaus. Dort sollten noch einige Fotos gemacht werden. Und da stand sie: Meine Palme! Und ich bekam tatsächlich ein ebenso schönes Foto, wie das, welches ich im Schaufenster gesehen hatte.

Die Bilder waren nun im Kasten und strahlend verkündete der Fotograf uns, dass wir die Bilder *am nächsten Tag* abholen könnten. Mit einer geballten Ladung Überredungskunst gelang es uns ihn davon zu überzeugen, dass wir die Aufnahmen unbedingt *heute* noch bräuchten, da wir bereits am kommenden Tag zeitig nach *Korinth* aufbrechen würden. Schließlich einigten wir uns darauf, dass wir die Bilder um achtzehn Uhr abholen könnten.

Smaroula brachte uns zu dem außerhalb des Rathauses gelegenen Büro, da wir dort die Urkunden eintragen lassen mussten.

Kaum hatten wir die Räumlichkeit betreten, stellte sich uns ein Pope in den Weg. Mit böse funkelnden Blicken überschüttete er uns mit einem

Wortschwall, von dem ich keine Silbe verstand. Die Kurzform davon lieferte uns unsere Begleiterin: »Vor *ihm* seid ihr noch nicht Mann und Frau. Erst wenn er euch in seiner Kirche hatte!«

Nachdem ihm erklärt wurde, dass wir aus Deutschland kämen und nur hier gewesen seien, um zu heiraten, zog er grummelnd davon.

Theodoros gratulierte uns und schnell waren die Formalitäten erledigt. – Dachten wir! – Strahlend erklärte er uns, dass wir nun noch in ein anderes Gebäude, am anderen Ende der Stadt (!) müssten, um die Urkunden dort beglaubigen zu lassen!

Mittlerweile war es drei Minuten vor vierzehn Uhr, und wie alle Behörden in Griechenland schloss besagtes Amt um vierzehn Uhr. Das würden wir *nie* schaffen! Welcher griechische Beamte würde *unseretwegen* Überstunden machen? Trotzdem unternahm Theodoros den Versuch, telefonisch einen Mitarbeiter dort zu erreichen. Fehlanzeige! Als Entschuldigung dafür, dass seine Kollegen schon Feierabend hatten, faxte er unsere Heiratsurkunde kostenlos nach Hannover zu unserer dortigen Übersetzerin. Wir hatten das so mit ihr vereinbart, so dass die Papiere bis zu unserer Rückkehr nach Deutschland bereits fertig wären.

In der Zwischenzeit riefen wir Ilias an und baten ihn, uns am nächsten Tag, früher als geplant, nach Kalamata zu fahren, da wir vor Abfahrt unseres Busses unbedingt noch besagte Behörde aufsuchen mussten.

Als Dank für ihre Hilfe schenkte ich Smaroula zum Abschied den herrlichen Hochzeitsstrauß, den mir der Bürgermeister überreicht hatte. Sie freute sich riesig und wir versprachen, ihr Abzüge der Fotos zu schicken.

Gemächlich schlenderten mein frisch angetrauter Ehemann und ich durch die Straßen. Immerhin mussten wir vier Stunden überbrücken, bis wir die Bilder abholen konnten. Nach Anthia zu fahren lohnte sich nicht. Unser Ziel war ein gemütliches kleines Café in der Altstadt. Dort hatten wir schon einige Male Station gemacht und wurden bereits wie gute, alte Bekannte begrüßt. Natürlich fiel auch der Bedienung unsere schicke Kleidung auf. Auf ihre fragenden Blicke hin, erzählten wir freudestrahlend dass wir soeben geheiratet hätten. In null Komma nix strömten, uns völlig unbekannte, Leute an unseren Tisch, um zu gratulieren.

Pünktlich trafen wir vor dem Fotogeschäft ein und kurze Zeit später sahen wir die einhundert vierzig Aufnahmen durch. Es waren großartige Bilder! Der Fotograf hatte ganz hervorragende Arbeit geleistet und freute sich über unser Lob und das großzügiges Trinkgeld. Zufrieden, aber erschöpft, hielten wir das nächste Taxi an und ließen uns nach Hause kutschieren.

Wenn Alekos und Janoula da gewesen wären, hätten wir die beiden zum Essen eingeladen. Da aber alles anders gekommen war, und wir eh keine Feier geplant hatten, bestand unser Hochzeitsmahl aus kalten Nudeln mit Käse-Soße, die wir noch vom Vortag übrig hatten.

Wir machten es uns in der Küche am knisternden Kaminfeuer gemütlich und Ilias schaute nochmal herein. Wir mampften seine mitgebrachten Erdnüsse und die beiden Männer tranken den Whisky, der eigentlich für die Polizisten bestimmt gewesen war.

Es war ein wunderbarer, ganz besonderer Tag gewesen; doch die Anspannung der letzten Stunden machte sich langsam bemerkbar und als Ilias merkte, dass mir fast die Augen zufielen, verabschiedete er sich.

Müde aber glücklich, dass unser Traum von einer Hochzeit in Griechenland wahr geworden war, schliefen wir ein.

Pünktlich am nächsten Morgen erschien Ilias, um uns in die Stadt zu bringen. Zum Glück wusste er, wo sich das Amtsgebäude befand, in welchem wir unsere Apostillen bekommen würden. Bis wir das zuständige Büro allerdings gefunden hatten, mussten wir durch sämtliche Gänge des fünfstöckigen Hauses eilen. Ilias klopfte an unzählige Bürotüren, doch es schien niemand so ganz genau zu wissen, wo es die von uns so heiß begehrten Stempel gab. In der obersten Etage wurden wir im vorletzten Büro endlich fündig, und eine viertel Stunde später saßen wir wieder im Auto.

Nach einem herzlichen Abschied von unserem *Koumbaro* (Trauzeuge), starteten wir unsere Hochzeitsreise.
Diese sollte erst nach Korinth, und dann weiter nach Athen gehen.

Drei Stunden später bezogen wir im *Marino House* unser Zimmer. Das kleine, inmitten eines Orangenhains gelegene Hotel am Rand von *Archéa Korinth*, überraschte uns mit seiner ruhigen, idyllischen Lage. Wir waren überzeugt davon, dass wir in der kommenden Nacht endlich das tun konnten, wozu wir in Anthia kaum gekommen waren: Eine Nacht lang *durchschlafen*! So schön das Haus von Alekos und Janoula auch ist, während der gesamten Zeit hatten wir nie mehr als vier Stunden Schlaf bekommen. Bis Mitternacht kläffte der Hund des Nachbarn sich die Seele aus dem Leib und gegen vier Uhr früh begannen dessen Hühner und Truthähne, die ihren Stall keine drei Meter von unserem Schlafzimmer entfernt hatten, zu krakeelen.

Nach einem ausgiebigen Rundgang durch den zauberhaften Ort, ließen wir uns am Abend mit einem hervorragenden Festmahl verwöhnen. Das Hotel ist berühmt für seine Küche »á la Mama Maria« und wir können dies nur bestätigen.

Nach einem letzten Blick auf die hoch über uns aufragende Burganlage *Akrokorinth*, fielen wir in tiefen, ungestörten Schlaf.

Mit einem Taxi ließen wir uns am nächsten Morgen zu der Festung hinauffahren. Es war noch früh am Tag, und wir die einzigen Besucher. Obwohl der Himmel bedeckt war, hatte ich auf die Mitnahme meiner Regenjacke verzichtet. – Was ich schon wenig später bitter bereuen sollte. – Kaum hatten wir nämlich das Burgtor durchschritten, begann es zu regnen.
Wir gelangten auf einen großen Platz. Dies musste der Bereich sein, wo in alter Zeit der Liebesgöttin *Aphrodite* gehuldigt wurde. Der Legende nach sollen hier bis zu eintausend Tempeldienerinnen die männlichen Pilger verwöhnt haben, um dadurch der Stadt den Schutz der Göttin zu gewährleisten. – Was für eine schöne Umschreibung für das älteste Gewerbe der Welt. –

Am Rande des Plateaus entdeckten wir zwei Esel. Eine zierliche weiße Stute, die Zaumzeug trug, und einen kräftigen, etwas struppig wirkenden, schwarzen Hengst. Die beiden hatten vor dem Regen Schutz unter einem ausladenden Olivenbaum gesucht. Auch wir sahen uns nach einem Unterstand um. Leider hatten wir nicht so viel Glück wie die beiden Tiere. Der Regen wurde stärker und kurze Zeit später war ich völlig durchnässt. Selbst Antony, trotz Trecking-Jacke und Hut, triefte vor sich hin.

Im Frühjahr und im Herbst kann es in Griechenland immer mal wieder zu kurzen, aber heftigen Schauern kommen, aber meist dauert es nicht lange, bis sich die Sonne wieder blicken lässt. So war es auch an diesem Tag.

Auf schmalen, verwilderten, und kaum mehr zu erkennenden, Pfaden strolchten wir über das weitläufige Gelände. Mohnblumen in Hülle und Fülle breiteten sich wie ein Teppich über dem Areal aus und setzten zauberhafte Farbtupfer. Die Festungsanlage war verhältnismäßig groß. Leider war nur etwa die Hälfte davon begehbar. Wir schlugen uns bis zu den mit Zinnen bestückten Mauerkronen durch, welche teilweise auf antiken Quadersteinen errichtet waren. Von den einstigen Tempeln waren kaum noch Spuren vorhanden. Dafür präsentierte sich uns eine phantastische Aussicht.

Bei unserem Abstieg gelangten wir wieder zu dem Plateau auf dem die beiden Vierbeiner grasten. Als wir näher kamen, hob der Schwarze seinen Kopf und blickte argwöhnisch in unsere Richtung. Der Abstand betrug gut zwanzig Meter und Antony begann leise auf den Esel – oder war es ein Muli? – einzureden.

Anzunehmen dass er dies missverstand, denn plötzlich stieß er ein grollendes Wiehern aus und kam auf uns zugestürmt. Die Ohren so dicht an seinen Kopf gelegt, dass sie kaum noch zu erkennen waren. Nur eine Armeslänge von uns entfernt stoppte der Hengst seinen Lauf, bleckte seine großen gelben Zähne und demonstrierte uns sein gewaltiges Gebiss. Furchterregend mit den Augen rollend schnappte er immer wieder nach Antony; dabei keilte er wie besessen aus. Gerade noch rechtzeitig konnten wir uns hinter eine Säule flüchten.

Es dauerte eine ganze Weile bis das tobende Tier sich etwas beruhigte. Langsam, ihn nicht aus den Augen lassend, zogen wir uns zurück. Doch egal wohin wir uns wandten, er beobachtete jeden einzelnen unserer Schritte. Wahrscheinlich glaubte er, wir wollten seiner Gefährtin etwas tun und übernahm die Rolle des Beschützers.

Zum Glück konnten wir letztendlich den Bereich ohne weitere Angriffe verlassen.

Nachdem wir in dem kleinen Geschäft auf dem Gelände noch eine Flasche Met erstanden hatten – die wir an unserem fünften Hochzeitstag leerten –, gingen wir die Serpentinenstraße hinab nach Archéa Korinth.

Wer auch nur ein bisschen Interesse an Ausgrabungen hat, darf sich diese antike Stätte auf keinen Fall entgehen lassen.

Bereits im 8. Jahrhundert v. Chr. war Korinth eine der bedeutendsten Städte Griechenlands. Durch die optimale Küstenlage wurden damals schon Keramik- und Metallwaren bis ins östliche Mittelmeer, und an die Küsten des Schwarzen Meeres verschifft. Auch fand im Jahre 664 v. Chr. die erste griechische Seeschlacht der Geschichte zwischen Korinth und Kerkyra (Korfu) statt.

Etwa 150 Jahre v. Chr. wurde die Stadt von den Römern dem Erdboden gleichgemacht. Es dauerte fast zwanzig Jahrzehnte bis sie wieder aufgebaut war und eine neue Blütezeit erreichte. In den Jahren 375 n. Chr. und 551 n. Chr. wurde sie endgültig von schweren Erdbeben zerstört.

Ursprünglich schrieb man Korinth *Qorinthos*. Daher findet man auf antiken Münzen immer ein kleines *q* als Münzzeichen.

Vorbei an der *Glauke-Quelle*, einem gewaltigen Felsblock mit Brunnenkammern, wanderten wir zum *Apollo-Tempel*. Von den einst achtunddreißig dorischen Säulen stehen noch sieben und können sich rühmen das meistverkaufte Postkartenmotiv von Korinth zu sein.

Nach einem Rundgang durch das Museum schlenderten wir über die *Agora*. Überreste weiterer Tempel, Säulenhallen und Gebäude säumen den Marktplatz. Im Zentrum des Platzes befindet sich eine Markierung. Hier soll einst der *Apostel Paulus* zu den Korinthern gesprochen haben.

Nach Verlassen des Geländes besichtigten wir die, sich auf der gegenüberliegenden Straßenseite befindenden, Überreste des *römischen Odeons* und die eines großen, über fünfzehntausend Zuschauer fassenden *Amphitheaters*.

Am nächsten Morgen nahmen wir uns ein Taxi und ließen uns zum acht Kilometer entfernten Busbahnhof bringen. Von dort aus fuhren wir über den Kanal von Korinth nach Athen, wo wir die nächsten fünf Tage verbringen wollten.

Im Tempi Hotel wurden wir von Jannis herzlich begrüßt. Er freute sich, uns wiederzusehen und wir erhielten wunschgemäß ein Zimmer in der vierten Etage, so wie damals. Dass wir nun wieder mehrmals täglich siebenundneunzig Treppenstufen steigen mussten, war zwar nicht so toll, unserer Kondition jedoch äußerst förderlich.

Den Rest des Tages durchstreiften wir die Gassen der *Plaka*. Abends speisten wir in einem Restaurant mit Dachgarten und je nach Sitzplatz, mit herrlichem Blick auf die Stadt und auf die Akropolis.

Diese besichtigten wir am nächsten Tag, und entdeckten von unserem Aussichtspunkt sogar unser Hotel in dem gewaltigen Häusermeer.

Da der folgende Tag ein Feiertag war, spazierten wir zum *Nationalfriedhof*.

Unser Besuch hier galt zwei bestimmten Gräbern. Das der berühmten Sängerin und Schauspielerin, und späteren Politikerin, *Melina Mercuri* und das des bekannten Archäologen *Heinrich Schliemann*. Doch auch an einer anderen, uns unbekannten, Ruhestätte verweilten wir eine zeitlang. Es handelte sich um eine verwilderte Familiengrabstätte, die von einem hohen Zaun umgeben war. Die Ecken wurden flankiert von Steinsäulen und auf jeder dieser vier Säulen saß … eine Katze!

Den Tag beschlossen wir dann im *Archeon Gevsis*. Leider wurden wir dieses Mal etwas enttäuscht. Auf Grund der Umstellung der Speisekarte, konnten wir nicht das essen, was wir gerne wollten. Es standen nur eine Handvoll Gerichte zur Auswahl, aber davon sagte uns nichts so richtig zu. Letztendlich trafen wir doch eine Wahl und trösteten uns damit, dass der *Met* noch genauso gut mundete, wie wir es von unserem letzten Besuch in Erinnerung hatten.

Das *Archäologische Nationalmuseum* hatten wir für den nächsten Tag geplant.

Langsam gingen wir durch die Räume des freundlich gestalteten Gebäudes. Staunend blickten wir auf die beachtlichen Statuen, Torsos und Reliefs. Auch die Inhalte der Vitrinen mit den Keramiken, Münzen, Waffen und Schmuckstücken beeindruckten uns tief.

Ein paar Schritte vor Antony her bummelnd, streifte mein flüchtiger Blick einen leeren Ausstellungskasten, der sich auf einem Podest befand. Ich ignorierte ihn, da sich ja nichts in ihm befand und wandte meine Aufmerksamkeit interessanteren Dingen zu. Plötzlich hörte ich, wie Antony nach mir rief: »Wow! Das *musst* du dir ansehen!«

Überrascht blickte ich mich um und sah, dass er vor der leeren Vitrine stand und andächtig hineinblickte. Neugierig geworden ging ich zu ihm. Hätte ich doch nicht so achtlos daran vorbei gehen sollen, oder war ich nur mal wieder zu klein gewesen, um das ›Wesentliche‹ in dem Behälter erkennen zu können?

Ich stellte mich neben meinen Mann und blickte in den Kasten. Da meinte er auch schon mit tragender Stimme: »Schau mal, *viertausend* Jahre alter Sand!« Aus seiner Stimme klangen Begeisterung und Überwältigung. Noch während seine

Worte in mir nachklangen, wandte er sich breit grinsend zu mir um. Da wusste ich, dass er mich mal wieder angeschmiert hatte. Er freute sich diebisch, dass ich, wie schon so oft, auf einen seiner albernen Scherze hereingefallen war! – Typisch für mich! *Viertausend Jahre alter Sand!* So was Dämliches! –

Den letzten Tag ließen wir ruhig angehen. Wir beschlossen, einen Abstecher zur drittgrößten Stadt Griechenlands und deren berühmten Hafen zu machen. Nach *Piräus*.

Mit der Metro hatten wir unser Ziel schnell erreicht und betrachteten die großen Fähren und Kreuzfahrtschiffe. Zu gerne hätte ich einen kleinen Abstecher auf eines der Eilande gemacht, aber leider war es dazu schon zu spät.

Nach einem gemütlichen Spaziergang gelangten wir zu den Hafenbecken an denen die Yachten der Schönen und Reichen ankerten und sahen uns eine ganze Weile die schicken Boote an.

Ich summte die Melodie des Liedes »Ein Schiff wird kommen« vor mich hin, und zur Strafe, weil Antony mich wieder geneckt hatte, sang ich ihm das Lied auch noch auf Griechisch vor.

Später, als wir wieder in unser Hotel zurückgekehrt waren, machte ich es mir auf dem Balkon gemütlich. Währenddessen durchstöberte Antony einige Buchläden und stattete dem Geschäft mit den Polizeiabzeichen einen Besuch ab.

Gegen Abend bummelten wir noch einmal zum *Keramikos* und durch die Plaka.

Unser Abendessen nahmen wir im *Gerani* ein. Dieses 1935 gegründete *Mezedopolio* ist ein Geheimtipp unter Athen-Kennern. In einer kleinen Seitenstraße gelegen, wirkt es eher unscheinbar und Speisekarten sucht man vergeblich. Der Kellner erscheint mit einem überdimensionalen Tablett, auf dem sich zahlreiche Teller mit den unterschiedlichsten Speisen befinden. Daraus wählt man die Dinge aus, die man essen möchte. Zu einem Festpreis hat man die Wahl aus fünf verschiedenen Gerichten, einer Flasche Wein und einem Dessert. Die mit Ouzo flambierten Würstchen sind eine Spezialität des Hauses und schmecken großartig!

Damit ging unser ereignisreicher Urlaub zu Ende. Wir freuten uns schon auf die erstaunten Gesichter, wenn wir unseren Kollegen und Bekannten von unserer Hochzeit in Griechenland berichten würden. Schließlich waren nur unsere Familien und unsere Freunde Martina und Uli vorher eingeweiht worden.

Bei unserer Ankunft in Deutschland erwartete uns unser ›Stammtaxifahrer‹ am Bahnhof und begrüßte uns strahlend mit den Worten: »Kalimera!« (Guten Morgen!).
Da es abends neunzehn Uhr war, grinste ich ihn nur vergnügt an.
»War das richtig so?«, fragte er unsicher.

»Perfekt!«, beruhigte ich den netten Herrn. Ich brachte es einfach nicht übers Herz, ihm zu sagen, dass er mit dieser Begrüßungsformel ein paar Stunden zu spät dran war.

Eine Woche später erhielten wir die Übersetzungen unserer Heiratsurkunden. Ein erneuter Gang zum Standesamt, dieses Mal in unserer Stadt, zwecks Eintragung der Urkunden war nun nötig und der Versand der Dokumente zum Hauptstandesamt nach Berlin. Da es in Griechenland unüblich ist, dass die Ehefrau den Namen ihres Gatten annimmt, wurde ich dort unter meinem alten Namen geführt. Da ich diesen aber gerne ablegen und Antonys führen wollte, blieb uns dieses Extra nicht erspart.

Obwohl es letztendlich ein ganz schöner Papierkram gewesen war, waren wir der einhelligen Meinung, dass wir es jederzeit wieder so machen würden.

Es war wunderschön, und vor allem einzigartig!

Die Suche geht weiter

Mittlerweile war mein Mann dermaßen vernarrt in Griechenland, dass er ein Fernstudium über Altgriechische Geschichte und Archäologie begann. Mit Feuereifer stürzte er sich in die neue Aufgabe. So war es keine große Überraschung, dass unsere nächste Reise abermals nach Athen ging.

Schon längst benötigten wir keinen Stadtplan mehr und entdeckten immer wieder neue, interessante Plätze und urige Ecken. Selbstverständlich stiegen wir auch dieses Mal wieder im Hotel Tempi ab. Doch so wohl wir uns auch in dieser Millionenmetropole fühlten, für einen dauerhaften Wohnsitz kam die Stadt für uns nicht in Frage.

Von Athen aus unternahmen wir kleinere Ausflüge.

Der eine führte uns zur Kultstätte *Elefsina*. Dreißig Kilometer nordwestlich von Athen gelegen, stammen die meisten Ruinen dort aus römischer Zeit und das überschaubare Gelände mit dem angrenzenden Museum ist durchaus sehenswert.

Auch war ein Ausflug ans *Kap Sounion* zum *Poseidon*-Tempel längst überfällig. Also machten wir uns auf, zur südlichsten Spitze Attikas. Die antiken Marmorsäulen sind sehr gut erhalten und man hat eine fantastische Aussicht über das Meer und auf die umliegenden Inseln. Außerdem kann man von dort einen unvergesslichen Sonnenuntergang erleben!

Der Legende nach, stürzte sich König *Ägeus*, Herrscher von Athen, an ebendieser Stelle ins Meer. Ägeus war der Vater von *Theseus*, der, mit Hilfe der Königstochter *Ariadne*, den *Minotaurus* auf Kreta besiegte. Theseus, der es eilig hatte, seinem Vater die Kunde über den Sieg mitzuteilen, vergaß die Segel seines Schiffes auszutauschen. Der Absprache nach, sollte das Boot weiße Segel tragen, wenn es dem Jungen gelang, das Untier zu töten, schwarze Segel dagegen bedeuteten den Tod Theseus´. Als der König nun das Schiff mit den schwarzen Segeln sichtete, stürzte er sich aus Trauer um den vermeintlichen Tod seines Sohnes von den Klippen.

Ein anderes Mal bestiegen wir in Piräus ein Tragflächenboot, das uns auf die zauberhafte Insel *Ägina* – auch *Ziegeninsel* genannt – brachte. Schwerpunkt der Landwirtschaft dort sind die Pistazien. Drei bis fünf Prozent der Welternte kommen von dieser kleinen Insel im Saronischen Golf. Außerdem wurden dort, ca. 650 Jahre v. Chr., die ersten Münzen mit dem Abbild einer Schildkröte geprägt.

In einer Pferdedroschke ließen wir uns durch die Straßen und Gassen der Stadt kutschieren, und beäugten etwas neidisch die gepflegten Häuser mit ihren blühenden Gärten. Der Zweig mit den

Jasmin-Blüten, den mir der Kutscher unterwegs pflückte, verströmte noch Tage später seinen lieblichen Duft.

Die an der Strandpromenade gelegenen Tavernen boten ein beschauliches Bild mit an Leinen aufgehängten Tintenfischen, von denen wir uns später einen schmecken ließen. Wir sonnten uns an dem kleinen Strand und badeten im Meer. Was uns weniger begeisterte war, dass Antony, in einer der Umkleidekabinen am Strand, mit einem Kot-Haufen in Berührung kam. Ob dieser von einem Tier oder einem Menschen stammte, war nicht ersichtlich. Auf jeden Fall war sein Hosenbein arg verschmutzt, und notdürftig versuchten wir das Beinkleid im Meer auszuwaschen.

Trotz dieses unschönen Erlebnisses hatte uns die Insel sehr gut gefallen.

Selbstverständlich war auch *Kreta* ein Muss.

Ein Jahr später führte uns unsere zweiwöchige Reise dorthin. Für mich war es eine Auffrischung der Erinnerungen. Hatte ich doch bereits vor gut fünfzehn Jahren diese Insel mit Hella bereist.

Von unserem, an der Nordküste gelegenen, kleinen Hotel, unternahmen wir ausgiebige Exkursionen über die Insel.

Allein für *Knossos* benötigten wir einen ganzen Tag, da Antony sich alles ganz genau anschaute, und zahlreiche Notizen machte. Zufrieden, wie eine Katze vor dem Sahnekrug, verließ er am Ende des Tages die historische Stätte.

Über *Agios Nikolaos* und *Elounda* unternahmen wir einen Abstecher zur Insel *Spinalonga.* Einst von den Türken als Basis für ihre Schmuggelaktivitäten genutzt, wurde Spinalonga in späteren Jahren als Leprakolonie bekannt. Nachdem 1953 der letzte Bewohner starb, wurde die Insel nicht mehr besiedelt. Darüber gibt es einen wunderbaren Roman mit dem Titel: »Insel der Vergessenen«, den ich schon mehrmals gelesen habe.

Der Palmenstrand von *Vai* durfte auf unserem Programm natürlich genau so wenig fehlen, wie die Wohnhöhlen von Matala, die Ausgrabungen von *Kato Zakros, Festos* und *Gortys.* Doch nicht nur den bekannten Stätten galt unser Besuch. Auch die vielen Kleineren, wurden von uns gebührend beachtet.

Besonders freuten Antony und ich uns auf das Städtchen *Agia Galini.* Der Grund dafür war, dass wir, neben *Petros Markaris* und dessen Kommissar *Kostas Charitos* auch Fans des Schriftstellers *Klaus Eckhardt* und seines Detektiven *Jak Anatolis* sind. Da besagter ›Schnüffler‹ in und um Galini agiert, wollten wir uns nun, die in den Büchern erwähnten Plätze, einmal anschauen. Wir aßen also zu Mittag in dem Restaurant gegenüber der Polizeistation und fanden auch das Hotel seines Freundes *Costas.*

Der ehemalige Fischerort, eingebettet zwischen hohen Sandsteinfelsen und dem Meer ist mit seinen kleinen Gassen ein nett anzuschauender Ort. Nur für uns zu lebhaft und touristisch.

In *Rethimnon* schlenderten wir am malerischen venezianischen Hafen entlang und ließen uns von dem bunten Treiben auf dem Wochenmarkt mitreißen.

In *Chania* genossen wir das zauberhafte Ambiente der Altstadt und ich stellte fest, dass sich während der vergangenen Jahre nichts Wesentliches verändert hatte.

Am Ende unserer Besichtigungstour standen nun noch die Höhlenbesuche an.

Die auf der *Lassithi*-Hochebene gelegene *Dikti*-Höhle kannte ich bereits. So konnte ich vor Antony endlich mit meinem Wissen glänzen, weshalb sie auch *Zeus*-Höhle genannt wurde. War es doch so gewesen, dass *Rhea* den kleinen Zeus hierher in Sicherheit gebracht hatte, damit sein Vater *Kronos* ihn nicht verspeisen konnte, wie er es bereits mit all seinen anderen Kindern getan hatte.

Nachweislich diente die an Stalagtiten und Stalagmiten reiche Höhle bis zum 1. Jahrhundert n. Chr. als Kultstätte.

Von der Hochebene aus fuhren wir Richtung Westen. Unser nächstes Ziel war die *Sventoni*-Tropfsteinhöhle.

Benannt nach einem Rebellenanführer, diente der vordere Teil die Höhle den Aufständischen während der Türkenherrschaft als Unterschlupf. Bizarre Felsformationen vermitteln eine gespenstische Atmosphäre und nahe des Eingangs zeugen rußgeschwärzte Wände davon, dass die Rebellen nach jahrelanger Belagerung von den Türken ausgeräuchert wurden, und so eines qualvollen Todes starben.

Nicht weit von der Sventoni-Höhle entfernt liegt der Ort *Zoniana.* Dort befindet sich ein sehr schönes Wachsfiguren-Museum. Die Figuren sind hervorragend gearbeitet und wirken dermaßen lebendig, dass es uns Schauer über den Rücken jagte. Da war wirklich ein Meister am Werk gewesen. Es lohnt sich auf jeden Fall, dort einmal hinein zu schauen.

Zoniana an sich wirkte wie ausgestorben. Lediglich zwei kleine Jungen spielten vor der Kirche Fußball. Was uns etwas stutzig machte war, dass die vier Männer die wir sahen, komplett in schwarz gekleidet waren und mit finsteren Blicken zu uns herübersahen. – Wie wir etwas später aus der *Griechenland Zeitung* erfahren sollten, fand eine knappe Woche nach unserem Besuch in Zoniana eine Polizei-Razzia statt. Es wurde von Schusswaffen Gebrauch gemacht und es gab auf beiden Seiten Verletzte. –

Auf unserem Rückweg zum Hotel, trafen wir auf *Manolis Siragopoulos*. Mittlerweile über achtzig Jahre alt, zeigte uns der Töpfer voller Freude seine außergewöhnlichen Waren, die er, noch ganz traditionell, in einem uralten Ofen brannte.

Kreta ist eine sehr schöne, und vor allem vielseitige, Insel. Da wir zwei Wochen lang Tag für Tag unterwegs gewesen waren, hatten wir sie ausreichend kennengelernt. Doch leben könnte ich dort nicht. Die gewaltigen Berge hatten für mich etwas Bedrohliches und zeitweise hatte ich das Gefühl, erdrückt zu werden.

Sicher, der Bereich um die Orte Kalyves, Georgioupoli und Rethimnon war flacher, aber der berühmte Funke war weder bei Antony, noch bei mir übergesprungen.

Um ehrlich zu sein, gab ich die Hoffnung langsam auf. Würde sich mein langjähriger Wunsch nach einem Leben in Griechenland überhaupt jemals erfüllen? Auf die Frage hin, wann wir denn den Schritt in unser neues Leben wagen würden, hatte ich immer mit *irgendwann* geantwortet. War *irgendwann* vielleicht doch nur ein anderes Wort für *niemals*? Es blieben nicht mehr viele der infrage kommenden Ecken unseres Traumlandes übrig.

Ein Stück vom Paradies

Wieder einmal zog der Sommer ins Land. Jedenfalls *das* was man in unseren Breitengraden unter *Sommer* verstand. – Immerhin hatte ich es geschafft eine ganze Woche lang *ohne* Rollkragenpullover zu überstehen! –

Voller Elan hatte mein Mann sein Fernstudium weitergeführt und hervorragende Noten erhalten. Außerdem ergab sich für ihn die Möglichkeit einer Organisation beizutreten, die spezialisiert ist auf Waldbrandbekämpfung in unwegsamen Gelände, sowie Such- und Rettungseinsätze nach Naturkatastrophen. In dieser Vereinigung lebte er so richtig auf. Wenn er gefragt wurde, weswegen er sich dort so engagiere, erwiderte er immer mit einem verschmitzten Augenzwinkern: »Alles für später. Für Griechenland!«

Auf Grund seiner häufigen Übungseinsätze und Fortbildungen, führte ich an vielen Wochenenden das einsame Leben einer Strohwitwe.

Eines nasskalten Sommertages setzte ich mich an den Computer, um mich durch die verschiedenen Angebote der Auslandsimmobilien-Anbieter zu klicken.

Und plötzlich sah ich *es*: Ein zauberhaftes Häuschen inmitten eines weitläufigen Gartens!

Es lag in genau jenem Bereich Griechenlands, den wir uns unbewusst bis zuletzt aufgehoben hatten. Im Norden der Peloponnes.
Ich konnte es kaum erwarten, meinem Mann davon zu berichten und ganz zappelig erwartete ich seine Rückkehr. Wie ich es vermutet hatte, war auch er von den Bildern im Internet ganz angetan. So setzten wir uns noch am gleichen Tag mit dem Anbieter in Verbindung.

In den folgenden Tagen und Wochen herrschte reger E-Mail-Verkehr zwischen Griechenland und Deutschland. Das Objekt gehörte einem griechischen Ehepaar, die das viertausend Quadratmeter große Grundstück mit Oliven-, Zitronen-, Orangenbäumen und Wein aus Altersgründen nicht mehr bearbeiten konnten. Das Haus an sich war noch keine zehn Jahre alt und etwa achtzig Quadratmeter groß.

Der Vermittler war überaus hilfsbereit und gab uns viele wertvolle Informationen. Er selbst lebte mit seiner Frau seit zwölf Jahren in einem kleinen Ort in der Nähe von Aigio und vermieteten Ferienwohnungen.

Ende September konnten wir endlich zur Besichtigung unseres Traumhauses starten. Vor lauter Ungeduld waren wir versehentlich sogar einen Tag zu früh am Flughafen. Nun hatten wir die Qual der Wahl: Wieder nach Hause fahren oder den teuren Aufpreis bezahlen? Antony entschied sich für Letzteres, da zuhause der Kühlschrank eh leer war.

Unser Kontaktmann holte uns am Flughafen in Athen ab und die Fahrt gestaltete sich recht kurzweilig. Es gab viel zu erzählen und wir kamen zügig voran, was hauptsächlich an dem – vorsichtig ausgedrückt – rasanten Fahrstil unseres Chauffeurs lag. Darauf angesprochen, schmunzelte *Jürgen* und erwähnte, dass er früher Rennen gefahren sei. – *Das* erklärte natürlich alles! –

Wir hatten schon gut die Hälfte der Strecke hinter uns gebracht, und befanden uns kurz hinter Korinth, als ein vorausfahrender PKW, der auf dem Dach seines Fahrzeuges eine überdimensionale Matratze transportierte, seine wertvolle Fracht verlor! Das riesige Teil segelte durch die Luft und genau auf uns zu. Sehen und handeln war eins bei unserem Fahrer. Durch geschickte Ausweichmanöver konnten wir das Hindernis umfahren, und somit einem bösen Unfall entgehen. Einem anderen Autofahrer gelang es nach zirka zwei Kilometern den nun matratzenlosen PKW anzuhalten und den Fahrer auf seinen Verlust hinzuweisen.

Die Strecke entlang des korinthischen Golfs ist wunderschön. Links erstecken sich die Ausläufer des Kyllini-Massivs; rechts reihen sich Plantagen mit Orangen-, Zitronen-, und Olivenbäumen aneinander und wechseln sich mit Weinanbauflächen ab. Unterbrochen von Zypressen und vereinzelten Dörfern, blitzt immer wieder das blaue Wasser des Golfes, mit seinen verträumt daliegenden Buchten.

Nach etwa zweieinhalb Stunden erreichten wir unser Ziel: Das Winzerdorf Hatzi. Der bezaubernde, ursprüngliche Ort liegt inmitten sanfter, mit Wein und Olivenbäumen bewachsener Hügel. Die liebevoll gepflegten Häuser und die Lage begeisterten uns auf Anhieb und schlagartig wussten Antony und ich: Wir hatten unser Paradies gefunden. Hier, und nur hier wollten wir heimisch werden!

Jürgens Frau *Jutta*, und Familienhund *Benny*, hießen uns herzlich willkommen. Obwohl wir noch keine Stunde hier waren, und erst einen Bruchteil der Umgebung gesehen hatten, fühlten wir uns bereits unglaublich wohl. Wir bezogen ein nettes Gästezimmer und genossen die himmlische Ruhe und die milde Luft.

Den Abend verbrachten wir in einer urigen Taverne am Ortsrand. Das Essen war hervorragend und erst gegen Mitternacht schlummerten wir voller Vorfreude auf die Besichtigung *unseres* Häuschen dem kommenden Tag entgegen.

Jutta verwöhnte uns mit einem reichhaltigen, liebevoll hergerichteten Frühstück, dann waren wir startklar. Gerade, als wir das Haus verlassen und zu unserer Besichtigung aufbrechen wollten, klingelte das Telefon. Es war die Anwältin der Hausbesitzer, die uns mitteilte, dass das Objekt am Vortag verkauft worden sei!

Wir fielen aus allen Wolken, und unsere Gastgeber waren stinksauer. Nicht im Traum hätten wir daran gedacht, dass *so etwas* passieren könnte; zumal wir ja auch eine nicht unbeträchtliche Geldsumme überwiesen hatten, um uns das Vorkaufsrecht zu sichern. – Toll! Und was nun??? –

Doch aller Ärger nützte nichts und kurzentschlossen fuhren wir erst einmal nach Aigio.

Jutta führte uns durch die Straßen und Gassen des netten Städtchens. Sie zeigte uns die Sehenswürdigkeiten, Geschäfte, Parkmöglichkeiten und wo samstags der Markt stattfand. Bevor wir uns auf der hübschen *Platia* (Dorfplatz) zu einem Imbiss niederließen, gingen wir zum Finanzamt, um eine Steuernummer zu beantragen. Das ist ein absolutes *Muss*, da man ohne diese weder eine Immobilie erwerben, noch ein Bankkonto eröffnen kann.

Die Mitarbeiter der Finanzbehörde waren sehr nett. Während wir mit Juttas Hilfe noch die Formulare ausfüllten, klingelte Antonys Mobiltelefon. Normalerweise ist das ja nun nicht gerade erwähnenswert, wenn … seines nicht als Klingelton die griechische Nationalhymne spielen würde! Schlagartig nahmen alle im Raum befindlichen Leute eine straffere Haltung an und schauten sich irritiert um. Als sie entdeckten, woher die Hymne erklang, entspannten sie sich wieder und lächelten.

Der Anruf kam von der Hilfsorganisation @-fire, für die mein Mann ehrenamtlich tätig war, und beinhaltete die Frage, ob er zu einem Einsatz in Indonesien abkömmlich sei. Nachdem Antony kurz erklärt hatte, *wo* er sich gerade befand, erledigte sich dieser Anruf von selbst.

Vom Finanzamt aus gingen wir zur Bank, um dort unser Konto zu eröffnen. Auch wenn es mit unserem Hauskauf nicht geklappt hatte, so waren wir doch absolut sicher, dass wir *hier* leben wollten.

Der nette Berater, der uns bediente, war sehr zuvorkommend und sprach sogar englisch. Da unsere finanziellen Mittel begrenzt waren, wollten wir auch gleich einen Kreditantrag stellen. Dazu benötigten wir allerdings noch drei übersetzte Verdienstbescheinigungen und zwei Steuererklärungen. Mit anderen Worten: wir mussten alleine deswegen und zwecks Unterschrift des Antrages noch einmal herkommen. Aber das machte uns nichts aus. Im Gegenteil! So hatten wir wenigstens einen triftigen Grund möglichst bald wiederzukommen. Die Formalitäten waren unbürokratisch erledigt und wir waren erleichtert. War doch kein einziges Geldinstitut in Deutschland bereit gewesen, uns einen Kredit zu gewähren, weil unser Traumziel *Griechenland* hieß! Außerdem waren die Konditionen der griechischen Bank super günstig und die Beantragung völlig unproblematisch.

Von dort aus ging es weiter zu einer Anwältin. Wir hatten uns entschlossen, unseren neuen Bekannten eine allumfassende Vollmacht zu erteilen. Auf diese Weise konnten die beiden unsere Interessen in jeglichen Belangen bezüglich eines Hauskaufs, Behördengängen usw. vertreten.

Nachdem auch dies erledigt war, fuhren unsere Gastgeber zwei Tage lang mit uns durch die wunderschöne Gegend, um uns noch verschiedene Häuser und Baugrundstücke zu zeigen. Leider fand keines der gezeigten Objekte unsere Zustimmung. Teils lag es an der Gegend – zu bergig oder zu abgelegen –, teils am Zustand der Gebäude – Komplettsanierung der ›Ruinen‹ wäre nötig gewesen –. Manchmal waren aber auch nur die utopischen Preisvorstellungen der Verkäufer ein Ausschlusskriterium.

Langsam aber unerbittlich sank unsere euphorische Vorfreude.

Am Ende des zweiten Tages waren wir immer noch nicht fündig geworden und unsere Stimmung kroch unerbittlich dem Nullpunkt entgegen.

Wie viele Kilometer waren wir gefahren? Wie viele Objekte hatten wir besichtigt? Sogar während der Mittagszeit, die den Griechen heilig ist, hatten wir die Leute aus ihren Betten geklingelt und wurden dafür sogar noch zu Limonade und Kaffee eingeladen!

Auch das Auto hatte gelitten. Irgendwann musste Jürgen wohl eine Bodenwelle oder kleinen Felsbrocken zu stürmisch überfahren haben; jedenfalls verlor der Wagen Kühlwasser und der Schaden musste schnellstmöglich behoben werden. Sollte das denn nun alles umsonst gewesen sein?

Da kam Jürgen eine Idee. Am Ortsrand des Dorfes, unterhalb der urigen Taverne, erstreckte sich ein zirka fünftausend Quadratmeter großer Weinberg. Dieser gehörte einem Bekannten von ihm und der wollte ihn, in Parzellen aufgeteilt, verkaufen.

Sollten wir tatsächlich doch noch Glück haben? Obwohl: Ein Grundstück war ja schön und gut. Nur, wollte dieses auch bebaut werden. *Das* hatten Antony und ich nie in Erwägung gezogen. So verhielt ich mich erst einmal abwartend … bis ich einen Blick auf das Grundstück geworfen hatte. Schlagartig verflogen alle Bedenken.

Von der Schönheit der Lage restlos begeistert, setzten wir uns umgehend mit dem Besitzer, *Sotiris*, in Verbindung. Schnell wurden wir uns über den Preis *unseres* Grundstücks einig. Wir ergatterten das schönste Baugrundstück, mit Blick auf einen Olivenhain und sanfte Hügel. – Wer zuerst kommt, malt halt zuerst! –

Wie wir etwa vier Wochen später erfuhren, hatten wir es zu einem absoluten Schnäppchenpreis erstanden. Nach Überprüfung von Seiten verschiedener Ämter hätte Sotiris gut ein Viertel mehr der abgemachten Kaufsumme verlangen können.

Nachdem auch die Anwältin ihre Recherche auf eventuelle Erbansprüche abgeschlossen hatte, gehörte das zauberhafte Grundstück endgültig uns!

Jutta und Jürgen freuten sich mit uns und wir waren glücklich, so hilfsbereite Nachbarn zu bekommen. Ohne die Hilfe der beiden wären wir gar nicht so weit gekommen. Jedenfalls nicht so schnell.

Nun konnten wir beruhigt die Heimreise antreten und uns in die Bauzeichnungen und andere Planungen stürzen. Das Abenteuer würde also weiter gehen.

Nach langen Jahren der Suche hatten wir ›unser Paradies‹ gefunden.

Damit hatte sich der erste Teil meines großen Traumes erfüllt. Voller Optimismus blickten wir in die Zukunft, ganz sicher, dass unser *Leben in Griechenland* auch noch wahr werden würde.

Anfang Februar des folgenden Jahres flogen mein Mann und ich erneut nach Griechenland.
Im Gepäck hatten wir nicht nur die Übersetzungen der erforderlichen Papiere für die Bank, sondern auch mehrere, eigenhändig gezeichnete Baupläne.
Erst zwei Wochen zuvor war Antony aus Haiti zurückgekehrt. Nach dem schweren Erdbeben im Januar war er mit seinem Team von @-fire dorthin geflogen, um Hilfe bei der Suche nach Verschütteten zu leisten. Er hatte den anstrengenden Einsatz und den anschließenden Medienrummel gut verarbeitet, und Jutta und Jürgen brannten darauf, von seinen Erlebnissen zu hören.

Dieses Mal stürzten Antony und ich uns in das für uns noch unbekannte Abenteuer vom Flughafen in Athen mit dem Vorortzug *Proastiako* nach *Kiato* zu fahren. Von dort wollte Jürgen uns abholen. Die Bahnstrecke befindet sich zurzeit im Ausbau und soll in einigen Jahren bis Aigio führen.
Nach Verlassen des Flughafengebäudes überquerten wir also die Straße und begaben uns in Richtung der *Metro* Station. Im Gebäude hielten wir uns links, wo sich die Ticketschalter befanden. Nach dem Kauf der Fahrkarten gingen wir die gegenüber liegende Treppe hinunter und schon standen wir auf dem passenden Bahnsteig. Die Züge fahren immer fünfzehn Minuten vor jeder

vollen Stunde. Wir hatten es zeitlich gut abgepasst und brauchten nur wenige Minuten zu warten. Die Fahrt dauerte zirka eineinhalb Stunden und verlief sehr angenehm. Außerdem ist diese Art zu reisen preiswerter als mit dem Bus.

Jürgen erwartete uns in Kiato und erneut genossen wir die Fahrt durch die wunderschöne Landschaft, entlang des Golfs.

In unserem Dorf angekommen nahm er uns nicht wie erwartet mit zu sich nach Hause, sondern steuerte, etwa einhundert Meter hinter dem Dorfplatz, auf eine Einfahrt zu. Er und Jutta hatten sich überlegt, uns so nah wie möglich bei unserem Grundstück unterzubringen.

Das Haus gehörte einer Freundin der beiden. Da diese sich jedoch ausschließlich in Athen aufhielt, vermietete sie es an Feriengäste.

Antony und ich hatten es bereits bei unserem letzten Besuch einmal kurz besichtigt und so fanden wir uns schnell zurecht. Dem großen Wohn-Essbereich mit offenem Kamin waren eine geräumige Küche mit separatem Abstellraum, und ein Duschbad angegliedert. Über eine Holztreppe gelangte man ins Obergeschoss, wo sich ein Bad mit Wanne und zwei Schlafräume mit Balkonen befanden.

Da die Außentemperaturen bei etwa fünfzehn Grad lagen und es zwischendurch immer mal wieder regnete, hatte Jutta mit Hilfe von elektrischen Öfen gut eingeheizt.

Kaum dass wir unsere Koffer ausgepackt hatten, ließ Antony es sich nicht nehmen, den Kamin anzufachen. Rasch brannte ein lustiges Feuer und verbreitete zusätzliche Wärme und Gemütlichkeit. Doch auch wenn es drinnen noch so kuschelig war, gingen wir nach einer Weile vor die Haustür, um eine Zigarette zu rauchen. So lernten wir einen unserer Nachbarn kennen. Frei nach dem Motto ›Nichts geht über gute Nachbarschaft‹, grüßten wir jeden, der in Sichtweite an unserer Unterkunft vorüberging. Da sich der Strom der Fußgänger in Grenzen hielt – täglich höchstens ein bis zwei Personen –, riefen wir also dem alten, dahinschlendernden Mann, ein fröhliches »Jassas!« zu und winkten.

Erstaunt sah er zu uns herüber und nach kurzem Zögern betrat er das Grundstück. Mit seiner gebeugten Gestalt, den abgetragenen Kleidern und dem stoppeligen Kinn, wirkte er wie einer der vielen Griechen, die tagtäglich stundenlang vor den Kafenions (Cafés) saßen, und ihren ›Kaffee eliniko‹ (griechischen Kaffee), oder mit Wasser verdünnten Ouzo, tranken. Er lächelte uns aus einem fast zahnlosen Mund an und murmelte eine Begrüßung.

Hochgradig konzentriert hörte ich seinem Geplauder zu und stellte voller Entsetzen fest: Ich verstand kein einziges Wort! Sicher, perfekt waren meine Griechisch-Kenntnisse nicht, aber ich hatte im Laufe der Jahre doch so einiges gelernt und konnte mich, normaler Weise, auch gut verständigen aber … in *welcher Sprache* unterhielt er sich mit uns? Letztendlich plauderte ich einfach darauf los und *er* schien *mich* zu verstehen. Wir boten ihm eine Zigarette an, und nachdem er sie aufgeraucht hatte, gab er mir, mit lebhaften Gesten untermalt, Tipps, wie die Rosen im Vorgarten zu beschneiden seien.

Später erkundigten wir uns bei Jutta nach ihm. Sie erzählte uns, dass er *Thomas* heiße, öfters mal vorbei schaute, um eine Zigarette zu erbitten und dafür kleine Arbeiten für sie erledigte. Auch sie hatte Probleme ihn zu verstehen; *das* beruhigte mich ungemein.

Am nächsten Tag statteten wir als erstes unserem Geldinstitut einen Besuch ab. Der nette Berater freute sich, uns wiederzusehen und wir überreichten ihm die übersetzten Bescheinigungen.

Später lernten wir dann auch endlich unseren zukünftigen Architekten, *Alexander,* kennen.

Der sympathische junge Mann kam gebürtig aus München und lebte seit einigen Jahren mit seiner italienischen Frau und den Kindern in der Nähe von Aigio.

Er präsentierte uns Fotos von seinen gebauten Häusern und wir ihm unsere Entwürfe. Natürlich hatten wir konkrete Vorstellungen von unserem Haus, wussten jedoch nicht, inwiefern sich alles umsetzen ließ, da unser Budget begrenzt war. Er staunte, an welche Details wir gedacht hatten und versprach, die Bauzeichnung bis zum nächsten Tag fertig zu haben.

Da Jürgens Auto in die Werkstatt musste, unternahmen wir am nächsten Tag einen Ausflug nach *Patras*. Viel Zeit konnten wir zwar nicht in der Hafenstadt verbringen, aber wir bekamen einen ersten Eindruck.

In der Nähe des Hafens befindet sich ein Baumarkt, der zu einer Kette gehört, die auch in Deutschland mit ihren Filialen weit verbreitet ist. Trotz Zeitmangels wollte ich ihn unbedingt besichtigen. – Wenn man mich vor die Wahl stellt, Klamotten-Shopping oder Baumarkt, entscheide ich mich grundsätzlich für Letzteres. – Im Laufschritt eilten wir also durch die Gänge. Rasch notierte ich mir Preise von Fliesen, Heiz- und Klimageräten und eines großen *Nofrost* Kühl-Gefrierschrankes.

Ein paar Stunden später überbrachte uns der Architekt seinen Entwurf für unser Haus.

Zuerst waren Antony und ich etwas irritiert. *Unser* Plan beinhaltete ein zweistöckiges, weißverputztes Haus mit Dachterrasse, Gästezimmer und Bürotrakt im Obergeschoss. Im Erdgeschoss sollten das Wohnzimmer mit offenem Kamin, Schlafzimmer, Bad mit Wanne, Küche mit Zugangstür nach draußen und Abstellraum sein.

Was er uns nun präsentierte sah völlig anders aus. Vor allem: Bedeutend kleiner!

Sein Entwurf zeigte ein einstöckiges Häuschen aus Natursteinen, mit offenem Dachgebälk und Sprossenfenstern. Das Schlafzimmer würde einen großen Einbauschrank erhalten und den Anschluss für den Fernseher hatte er ebenfalls schon festgelegt. Auch war die Badewanne berücksichtigt worden, sowie der Kamin, die Fensterläden und die Heiz-/Klimaanlagen.
Dass die Küche lediglich vier Quadratmeter maß, viel mir erst später auf.
Der Büro- und Gästetrakt gestaltete sich in Form eines kleineren Nebengebäudes, vom Haupthaus zwar getrennt, aber durch ein Schutzdach miteinander verbunden.
Obwohl sein Entwurf sich von unserem gänzlich unterschied, gefiel er uns. – Leider erfuhren wir erst später, dass das Nebengebäude nicht in unserer Preisvorstellung enthalten war! –
Wir wollten uns die Zeichnung allerdings noch in Ruhe anschauen. Schließlich mussten wir umdenken. Außerdem wollte Alexander die Baugenehmigung sowieso erst in zwei Wochen beantragen. Wir hatten also Zeit und mussten nichts überstürzen.

Jürgen bot uns an, die Bauleitung zu übernehmen. Schließlich konnten wir nicht alle paar Wochen angeflogen kommen. Weil wir ihm vertrauten, bezahlten wir ihm sein Honorar für diese Aufgabe schon mal im Voraus.

Da unser Architekt für ein paar Tage nach München musste, und den gleichen Flug gebucht hatte wie wir, konnten wir am Flughafen noch einiges mit ihm besprechen.

Aufgrund der sich zuspitzenden Wetterlage in Deutschland, es schneite bereits seit Tagen ununterbrochen, hatte unser Flug drei Stunden Verspätung. Antony und ich wollten die Zeit nutzen und mit einem Taxi in das, ganz in der Nähe gelegene, schwedische Möbelhaus fahren. Schließlich konnte man die Inneneinrichtung nicht früh genug planen. Leider wurde nichts daraus. Ausgerechnet an diesem Tag streikten die Taxifahrer!

Als wir in München ankamen, herrschte dort das absolute weißflockige Chaos. Deutschland lag unter einer dichten Schneedecke. Alle Flüge und Anschlussflüge waren gestrichen. Nichts ging mehr.

Nach mehreren Fehlinformationen, zweistündigem herumirren und diversen Begegnungen mit gestresstem Bodenpersonal, hatten wir doch noch Glück. Wir trafen eine sehr nette, kompetente Dame unserer Fluglinie, die uns freundlich mit einem Taxi- und Hotelgutschein weiterhalf.

Nachdem wir uns den Weg nach draußen gebahnt hatten, folgte der nächste Schock: Gut einhundert Leute lauerten am Taxistand auf eines der begehrten Fahrzeuge!

Verzweifelt schaute ich zu einem bereits besetzten Mietwagen hin, der gerade losfahren wollte. Es war wohl eine Fügung des Schicksals, dass der Fahrer in diesem Moment auch zu uns herüber sah. Er steuerte auf uns zu und fragte, in welches Hotel wir müssten. Kaum hatten wir den Namen genannt, forderte er uns auch schon auf einzusteigen.

Noch während wir die Türen schlossen, fuhr er bereits los. Unzählige Flüche und Beschimpfungen der Zurückgelassenen begleiteten unsere Abfahrt. Verstehen konnte ich sie ja. Irgendwie.

Erleichtert kuschelte ich mich in den Sitz und nachdem unser Mitinsasse bei seinem Hotel abgeliefert worden war, entspann sich eine nette Unterhaltung zwischen unserem türkischen Fahrer, *Lefteris*, und uns.

Er gestand, dass seine Kollegen und er fix und fertig seien. Die ungewöhnlich vielen Schneemassen der letzten Tage machten allen zu schaffen. Heute würden weder er, noch seine Kollegen, eine weitere Fahrt zum Flughafen machen. Sie brauchten alle dringend eine Pause.

Puh, da hatten wir aber wirklich Glück gehabt!

Obwohl die Fahrt zu unserem Hotel gut eine Stunde dauerte und wir nur knappe drei Stunden Schlaf bekamen, holte uns Lefteris pünktlich um vier Uhr früh wieder ab.

Er spendierte uns sogar einen Kaffee an einer Tankstelle, und wir erreichten bequem und ausgeruht, nach knapp sechsstündiger Abwesenheit, wieder den Flughafen. Bald darauf stiegen wir in unseren Flieger Richtung Heimat.

Dass wir ohne Gepäck nach Hause kamen, störte uns nicht. Unsere Koffer sollten in zwei bis drei Tagen nachgeliefert werden. Sobald das Gepäck-Chaos beseitigt sei.

Nun, die Unterlagen für unser Haus hatten wir im Handgepäck und das war für Antony und mich das Wichtigste.

Obwohl wir unseren Architekten gebeten hatten, mit dem Einreichen der Baugenehmigung noch zu warten, tat er dies schon vor Ablauf der Vierzehntage-Frist. Auf unseren Protest hin vertröstete er uns mit den Worten: »Falls ihr etwas ändern möchtet, können wir das später immer noch machen. Hauptsache die Bearbeitung läuft!«

Die Dauer der Bearbeitung sollte acht bis zwölf Wochen betragen. Nach unserer Berechnung würden also spätestens Ende Mai die Bagger anrollen, und wenn wir von einer Bauzeit von fünf Monaten ausgingen, konnten wir bereits im Oktober unser Haus beziehen! – Dachten wir! –

In den folgenden Wochen und Monaten träumten Antony und ich von unserem Steinhaus.

Ich stürzte mich mit Feuereifer in die Planung der Inneneinrichtung und das Anlegen des Gartens.

Fleißig mailten wir mit Jutta und Jürgen und wir alle fieberten dem Baubeginn entgegen. Bis … alles eine ungeahnte Wende nahm.

Zu Beginn des Sommers teilte uns unser Architekt mit, dass es zu *Verzögerungen* käme. Ein Mitarbeiter des Forstamtes war zur Besichtigung des Grundstückes erschienen und hatte festgestellt, dass keine Begrenzungspunkte vorhanden seien. Wer dies nun zu verantworten hatte sei dahingestellt. Auf jeden Fall kam es zum Streit zwischen Jürgen, der ja unser ›Auge, Ohr und Stimme vor Ort‹ war, und Alexander.

Jutta, Antony und ich hängten uns schlichtend zwischen die beiden und nach etwa drei Wochen schien alles wieder okay zu sein.

Nachdem wir unseren Architekten zwei weitere Male gefragt hatten, wie der Bearbeitungsstand nun sei, antwortete dieser jedes Mal: »Zurzeit werden Privatanträge nur sporadisch erledigt, da fast alle Mitarbeiter der Behörde wegen des Ausbaus der Bahnlinie und der Autobahn beschäftigt sind, aber ich bleib dran!«

Als wir Anfang August immer noch nichts gehört hatten, wurden wir langsam sauer.

Kurzentschlossen ging Jutta selbst zum Forstamt und erlebte eine Überraschung. Sie traf einen sehr netten, hilfsbereiten, deutschsprachigen Beamten an und nachdem sie ihm ihr Anliegen geschildert hatte, versprach er ihr, unseren Antrag noch in der gleichen Woche zu bearbeiten! Unseren Architekten kannte er gar nicht, da der immer einen griechischen Kollegen mit der Nachfrage betraut hatte. Die Aussage bezüglich der Verzögerung irritierte ihn ebenfalls.

Der Beamte hielt sein Versprechen und keine zwei Wochen später lag die Genehmigung des Forstamtes vor!

Bevor Jutta die Unterlagen allerdings zur Baubehörde bringen konnte, musste sie in zwei Tageszeitungen je eine Anzeige starten. Diese beinhalteten lediglich, dass wir die Grundstückseigentümer seien. Die Inserate musste sie wiederum beim Forstamt vorlegen.

Da zufällig in jener Woche gleich beide Zeitungsverlage, auf Grund der Sommerferien, geschlossen hatten, verzögerte sich alles nochmals um eine weitere Woche.

Mittlerweile war Jutta unzählige Male, bei über 40 Grad im Schatten, für uns durch Aigio gerannt, um alles zu erledigen. Wir waren ihr unendlich dankbar und hatten schon ein ganz schlechtes Gewissen, zumal sie zu diesem Zeitpunkt auch Gäste in ihren Ferienwohnungen zu betreuen hatte.

Während unser Antrag beim Bauamt schlummerte, überdachten Antony und ich nochmals die Bauzeichnung. Schließlich hatte unser Architekt uns ja zugesichert, dass wir *jederzeit* Veränderungen vornehmen könnten.

Nach einigen Überlegungen und Berechnungen kamen mein Mann und ich zu dem Entschluss, das Haus nicht aus Naturstein, sondern aus Ziegelsteinen mit Verputz bauen zu lassen. Somit würde es preislich günstiger und um einige Quadratmeter größer werden. Außerdem hätten wir lieber ein Walm- statt eines Satteldaches.

Wir fertigten also eine dementsprechende Zeichnung an und schickten sie an unseren Architekten und an Jürgen. Dass wir damit einen Stein ins Rollen bringen würden, der eine ganze Lawine auslösen sollte, konnten wir nicht ahnen!

Zuerst rief der Architekt an und riet uns, es beim ursprünglichen Plan zu belassen. Alles andere sei »nicht akzeptabel«. Wir würden uns später nur ärgern.

Jürgen hingegen fiel aus allen Wolken. Er hatte überhaupt nicht gewusst, *wie klein* unser Haus werden sollte, da er den Bauplan gar nicht zu sehen bekommen hatte. Antony und ich waren fassungslos. Waren wir doch fest davon ausgegangen, dass unser Architekt unserem Bauleiter alle Unterlagen hatte zukommen lassen! Die ohnehin angespannte Stimmung zwischen den beiden eskalierte nun vollends.

Jürgen stand voll und ganz auf unserer Seite, dass der Bau eines so kleinen Hauses indiskutabel sei. Als Ferienhaus wäre es ja noch gegangen, aber schließlich wollten wir ja eines Tages ständig darin wohnen, und dafür war es definitiv nicht groß genug.

Es folgten viele unschöne Mails und Anrufe von unserem Architekten. Nachdem sich der ganze Streit und Ärger gut zwei Wochen hinzog, waren unsere Nerven zum Zerreißen gespannt. Und wir überlegten, alles zu stoppen. Es reichte uns. Wir

hatten die Nase gestrichen voll. Aber was sollten wir tun, nach allem was Jutta und Jürgen für uns getan hatten? Und was würde aus dem Grundstück werden?
Die Antwort auf diese Frage erhielten wir wenige Tage später.

Auch Jutta und Jürgen hatten sich Gedanken gemacht. So bekamen wir Ende August eine E-Mail von ihnen, die uns schlichtweg die Sprache verschlug.

Die beiden boten uns eines ihrer Häuser, welches sie bisher an Feriengäste vermietet hatten, zum Kauf an! Welch ein Lichtblick, nach all dem Tamtam der vergangenen Wochen!

Bei dem Haus handelte es sich – anfangs – um eine Traumimmobilie! Genauso, wie wir sie uns immer vorgestellt hatten. Ein fast einhundertfünfzig Jahre altes, und vor zwölf Jahren von Grund auf restauriertes, Haus! Wir hatten es bereits auf Fotos bewundert, die die beiden uns zugeschickt hatten. Es lag im unteren Teil des kleinen Ortes. Leider wurde es, immer wenn wir dort waren, von Gästen bewohnt, so dass wir es nie hatten besichtigen können, aber wir *wussten*, dass es sehr schön war.

Auf unsere Frage hin, ob sie es *wirklich* ernst meinten mit dem Angebot, erwiderte Jürgen: »Wir überlegen schon etwas länger, es zu verkaufen. Wir möchten nicht mehr vermieten und mehr Zeit für uns haben. Allerdings wollen wir es aber auch nicht an *irgendjemanden* verkaufen, sondern nur an jemanden von dem wir überzeugt sind, dass es in gute Hände kommt.«

Antony und ich waren überwältigt.

Der Preis den Jutta und Jürgen gerne dafür wollten, überschritt zwar unser Budget bei Weitem, aber das war uns die Erfüllung unseres Traumes wert. Würden wir uns halt in den nächsten Jahren in anderen Bereichen des alltäglichen Lebens etwas stärker einschränken müssen. Außerdem bot Jürgen an, in unserem Namen einen Käufer für unser Grundstück im Weinberg zu suchen. Er schickte uns noch weitere Bilder und einen Grundriss des Hauses, und Antony und ich schwebten wie auf Wolken.

Noch am selben Tag schrieben wir an unseren Architekten und stornierten den Auftrag. Er sollte zwar die Baugenehmigung nicht stoppen, aber der Bau würde von unserer Seite her nicht mehr stattfinden.

Seine Antwort fiel, wie zu erwarten, nicht sehr freundlich aus, aber das war uns jetzt auch egal. Das einzige was uns wirklich ärgerte war, dass wir es aus beruflichen Gründen erst Anfang November schaffen würden, unser Traumhaus in Augenschein zu nehmen. Doch andererseits steigerte das die Spannung und Neugierde umso mehr.

Angekommen

Wie bei unserem letzten Besuch waren Antony und ich mit dem Proastiako gefahren und Jürgen holte uns wieder von Kiato ab. Hatte ich die letzten Male die herrliche Fahrt und Aussicht genossen, konnte ich es dieses Mal kaum abwarten, in unserem Dorf anzukommen.

Kribbelig bis zum Gehtnichtmehr und voller Vorfreude fieberten wir dem großen Augenblick entgegen.

Endlich erreichten wir unser Ziel.

Vorbei an der Kirche in Hatzi und dem Haus unserer Bekannten, führte die schmale Straße leicht bergab und dann hielten wir … vor dem schönen Haus!

Weiß verputzte Mauern leuchteten im Sonnenschein und mit den blauen Fensterläden und dem Sockel aus Natursteinen wirkte unser Haus freundlich und einladend.

Bei näherem Hinsehen wurde es mir jedoch etwas unheimlich. Es hatte eine unglaubliche Ähnlichkeit mit dem Entwurf, den wir unserem Architekten gegeben hatten!

Noch während Antony und ich durch die schmiedeeiserne Pforte schritten, und dem mit weißem Kies bestreuten Weg ums Haus herum folgten, überkam uns ein tiefes Glücksgefühl. Es war unbeschreiblich. Es schien, als hätte das Haus geradewegs auf uns gewartet.

Im kleinen Garten blühten Rosen und Oleander und auch zwei Orangenbäumchen, eine große Palme und ein alter Maulbeerbaum waren vorhanden. Wenn auch alles etwas verwildert wirkte, war es ein kleines Paradies für sich. Kurzum: Es war Liebe auf den ersten Blick.

Innen bestand es aus Naturfliesen, einem Kamin und ausreichend Platz.

Die erste Nacht verbrachten mein Mann und ich im Gästebereich im oberen Stockwerk. Der große, lichtdurchflutete Raum wirkte ungemein gemütlich, und der Natursteinboden stand in harmonischem Kontrast zu dem offenen Dachstuhl mit seinen Holzbalken. Sogar eine riesige Dachterrasse mit Pergola und Wein war vorhanden.

Wir schliefen so gut wie lange nicht.

Am nächsten Morgen waren wir bei Jutta und Jürgen zum Frühstück eingeladen.

Obwohl wir den Abend zuvor bereits ausgiebig geplaudert hatten, gab es noch immer viel zu besprechen.

Nach einem anschließenden Ausflug ans Meer, kehrten wir am Nachmittag in unser Häuschen zurück. Wir schnappten unsere Sachen und das Bettzeug und zogen ins Erdgeschoss um. Schließlich wollten wir ja auch wissen, wie es sich unten, in unserem zukünftigen Hauptbereich, schläft.

Selbstverständlich hatten sich auch die Dorfkatzen rasch eingefunden. Neugierig beäugten sie uns. Zu meiner großen Freude besuchten uns jedoch nicht nur die Samtpfötchen. Auf dem Nachbargrundstück ›wohnte‹ eine Eselin. Ein wunderschönes, junges Grautier, das ich gleich in mein Herz schloss, und am folgenden Tag mit Möhren verwöhnte.

Während Antony mit seiner Kamera den Räumlichkeiten auf den Pelz rückte, tat ich es ihm mit einem Zollstock gleich. Das war gar nicht so einfach. Die Zimmer waren für Feriengäste eingerichtet und vollgestopft mit teils defekten Möbelstücken, angeschlagenem Geschirr und sehr viel Krimskrams. Aber dem würde ich auch noch zu Leibe rücken und kräftig aussortieren! Akribisch maß ich jedes Zimmer, jede Nische und jedes Fenster aus. Ich wollte einen Grundriss anlegen und zu Hause in Ruhe überlegen, wo später einmal unsere Möbel stehen könnten.

Anschließend saßen wir unter den ausladenden Ästen des Maulbeerbaums, tranken Wein aus der Region, lauschten dem Zirpen der Grillen und schmiedeten Zukunftspläne. Die Luft war seidig warm und wir fühlen und rundherum glücklich und zufrieden. Eine tiefe innere Ruhe hatte sich unserer bemächtigt. Ja, wir hatten unser Paradies nicht nur gefunden, wir lebten in ihm. Endlich waren wir angekommen.

In den folgenden Tagen streiften wir durch die Gassen von Aigio oder saßen am Meer und ließen uns den fangfrischen Fisch schmecken.

Natürlich schauten wir auch bei *Dionisius*, unserem netten Bankberater, vorbei. Unser Kredit war zwar bereits genehmigt, aber da wir nun vom Haus*bau* auf Haus*kauf* umgeschwenkt waren, benötigte der Bearbeiter noch eine Urkunde. Aus der musste hervorgehen, dass das Haus *vor* 1955 gebaut worden war. Wäre es jünger, wäre noch eine gesonderte Baugenehmigung nötig gewesen.

Wie wir wenige Tage später erfahren sollten, besagte die erste Grundbucheintragung: 1875!

Ebenso wie der Bank statteten wir auch der Notarin einen Besuch ab. Wir wollten, unter anderem, noch eine Vollmacht für unsere Freunde ausstellen lassen, damit Jürgen unser Grundstück im Weinberg veräußern konnte.

Auch fuhr Jutta mit uns zur IKA, um die Genehmigung bezüglich unseres, nun nicht mehr stattfindenden, Hausbaus abzuholen. Bei der größten Versicherungsanstalt des Landes werden nicht nur Angestellte versichert, sondern auch Hilfskräfte, die wir für den Bau unseres Hauses benötigt hätten. Da noch einige Eintragungen vorgenommen werden mussten, hatten wir Zeit die Beamten hinter ihren Schaltern zu beobachten.

Der Chef, ein sympathischer Herr Anfang vierzig, wirkte überaus kompetent. Der Mitarbeiter welcher uns bediente war schon etwas älter und hatte enorme Schwierigkeiten mit dem Schreiben Lateinischer Buchstaben. Da Letzteres nur sehr langsam ging, und er zwischendurch seine fünfzehnminütige Pause einlegte, dauerte alles ein bisschen länger.

Schließlich fiel unser Augenmerk auf einen noch jungen Angestellten, der seinen Schreibtisch etwas weiter hinten im Raum stehen hatte. Er saß da und … tat gar nichts! Naja, er hielt einen Kugelschreiber in Händen, den er ab und zu drehte. Alle paar Minuten nahm er einen Schluck aus seinem Kaffeebecher, zog ein bis zwei Mal eine Schublade auf, schaute hinein und schloss sie wieder, und das war´s. Ansonsten saß er nur da und sah geradeaus. Seinem entrückten Gesichtsausdruck nach, schien er von unglaublich schönen Dingen zu träumen – vielleicht von mehr Arbeit? – Mittlerweile war gut eine halbe Stunde vergangen. Plötzlich jedoch geschah es: Sein Chef reichte ihm ein

Formular und erteilte ihm eine kurze Anweisung. Strahlend sprang der bis dahin Teilnahmslose auf, und … setzte einen Stempel auf das Papier. Dann entschwand er im Nebenzimmer. Wenige Augenblicke später kehrte er – immer noch strahlend – zurück an seinen Platz, stärkte sich mit einem Schluck Kaffee und versank wieder in seiner vorherigen Beschäftigung; dem Nichtstun.

Wir wussten nicht, ob wir ihn bedauern oder bewundern sollten. – Ich möchte damit auf keinen Fall etwas gegen das griechische Beamtentum sagen. Wir haben immer nur positive Erfahrungen mit den Angestellten des Öffentlichen Dienstes gemacht, und sie haben es ganz bestimmt nicht leicht in der momentanen Situation. Traurig genug, dass sie nun keine Zulagen mehr für Pünktlichkeit und den Transport von Aktenordnern von einer Etage in die andere bekommen! –

Viel zu schnell vergingen die wenigen Tage, die wir zur Verfügung hatten.

Die Sonne genießend, saßen wir an unserem Abreisetag mit Jutta und Jürgen am Yachthafen von Aigio und stießen mit einem Gläschen Ouzo auf ein Leben in unserem Paradies an.

Später brachten sie uns zum Busbahnhof, von wo aus wir nach Athen zum Flughafen fuhren. In unserem Gepäck befanden sich die wertvollsten Souvenirs, die wir je transportiert hatten: Unzählige Fotos von unserem Haus!

Außerdem hatte ich mir ganz fest vorgenommen – mittlerweile achtundvierzigjährig – meiner Mutter zu beichten, was ihre ›Jüngste‹ nun wieder angestellt hatte.

Vier Jahre nachdem wir Jutta und Jürgen kennengelernt hatten, verließen sie unser Dorf. Es zog sie in Jürgens alte Heimat, die Lüneburger Heide, zurück. Ihr Haus in Griechenland behielten sie jedoch, um zwischendurch immer mal wieder vorbeizuschauen. Vielleicht treffen wir sie eines Tages, bei einem ihrer Besuche, noch einmal wieder.

Jutta fiel der Abschied besonders schwer. So richtig konnte sie sich noch gar nicht vorstellen, wie es sein würde, ihr *neues Leben* in Deutschland. Trotz der stressigen Vorbereitungen, die sie zu treffen hatte, lud sie all ihre Freunde zu einem Abendessen ein.

Jürgen war zu dem Zeitpunkt bereits in Deutschland. Da er bei unseren früheren Besuchen immer sehr gut gekocht hatte, waren wir ganz gespannt, was Jutta uns servieren würde.

So saßen wir denn in geselliger Runde beisammen und auch das Essen war vorzüglich. Nur … leider hatte Jutta sich beim Einkauf verschätzt und so bat sie kurzerhand ihre Freundin, *Beate*, doch nicht so viel zu essen, weil es ansonsten nicht reichen würde! Leider erfuhren wir dies erst hinterher und schmunzelten noch Jahre später darüber.

Wobei dies natürlich jederzeit selbst der besten Hausfrau passieren kann.

Hatte ich wirklich geglaubt, dass ich mich nach dem Kauf unseres Hauses auf die faule Haut legen und es mir gutgehen lassen konnte? – Ja. Hatte ich! Wie bescheuert konnte ich in diesem – fortgeschrittenen – Alter eigentlich noch sein???

Als wir das nächste Mal zu unserem Häuschen kamen, mutierte das Wort *Faulenzen* zu einem Luxusobjekt. Wir hatten festgestellt, dass doch das eine oder andere erneuert, repariert oder ersetzt werden musste. So stürzten wir uns, mal mit mehr, mal mit weniger Tatendrang, in die Arbeiten. Natürlich ging nicht alles auf einmal, dazu reichten unsere finanziellen Mittel nicht, aber

auch mit Kleinigkeiten konnte man ja schon eine große Wirkung erzielen.
Wir hatten das Haus möbliert gekauft und waren mit Jutta und Jürgen so verblieben, dass, wenn wir etwas nicht haben wollten, sie es zurückbekämen. So begann ich, erst einmal, – mit der dringend notwenigen – Entrümpelung, weil nur noch ein geringer Bruchteil der Möbel wirklich zu gebrauchen waren.

Durch diese Aktion lernten wir auch Juttas Freunde Beate und Klaus kennen.

Beate mochten wir auf Anhieb. Seit dreißig Jahren war sie nun schon in dieser Region heimisch. Bereits als junge Frau hatte es sie hierher verschlagen. Ich bewunderte – und beneidete – sie darum, dass *sie* den Mut dazu aufgebracht hatte. Sie war Deutschlehrerin an einer Schule in Aigio und wohnt mit drei – manchmal auch mehr – Hunden und Katzen in einem kleinen Häuschen direkt am Meer. Gerade mal zwei Meter Strand liegen zwischen ihrem Grundstück und dem Golf von Korinth. – Wenige Jahre später, nachdem Jutta und Jürgen Griechenland verlassen hatten und wir eine neue Bevollmächtigte vor Ort brauchten, bot sie uns an, diese Aufgabe für uns zu übernehmen. –

Klaus war ebenfalls sehr nett. Er hatte wenige Jahre zuvor ein baufälliges Gemäuer erstanden – genaugenommen einen Ziegenstall –, diesen von Grund auf restaurieren, und als Wohnhaus herrichten lassen. Es ist wunderschön geworden und befindet sich am Rande eines Dorfes im Nachbartal. Von seiner Terrasse aus hat man einen wunderbaren Blick auf den Golf und die Stadt *Nafpaktos*, auf dem gegenüberliegenden Festland. Da Klaus bereits Rentner ist, verbringt er mehr Zeit in Griechenland, als in seiner Norddeutschen Heimatstadt Kiel.

In den folgenden Jahren sollten wir noch viele vergnügte Stunden miteinander verbringen, aber jetzt war ich erst einmal froh, dass sie da waren, um die ausrangierten Möbel abzutransportieren.

Das Haus direkt neben uns gehörte Dieter. Einem älteren Herrn aus der Nähe von München. Auch er schon Rentner, verbringt mit seinem Hund Carlo mehrere Wochen im Jahr in seinem griechischen Domizil.

Und dann gab es noch Thanasis und Gisela. *Er* Grieche, *sie* Schweizerin. Beide auch schon im Rentenalter, waren uns auf Anhieb sympathisch. Über die beiden gibt es so viel zu erzählen, dass ich gar nicht weiß, wo ich anfangen soll. Sie waren sehr hilfsbereite Menschen, mit denen wir gerne zusammen saßen.

Gisela ist eine großartige Köchin, die mit Leidenschaft jegliches Gemüse und Obst verarbeitet und aus wirklich *allem* Essbaren die herrlichsten Gerichte zaubern kann.

Thanasis kümmerte sich eine Zeitlang um das Wohl der Dorfbewohner und setzte sich für die Belange der Nachbarn ein. Sie haben uns schon einige Male mit Rat und Tat zur Seite gestanden und uns wertvolle Tipps gegeben, wofür wir sehr dankbar waren.

Als wir eines Tages gemütlich mit den beiden zusammen saßen, erzählte uns Thanasis folgende Geschichte:

»Gott hatte die Erde erschaffen. Nun ging es um die Verteilung der Länder. Er rief alle Bewohner der Erde zu sich und so erhielten die Italiener Italien, die Engländer England usw.

Am darauffolgenden Tag erschienen die Albaner und erbaten sich ihr Stück Land. »Wo wart ihr denn gestern? Da fand die Verteilung statt!«, stöhnte er. »Nun habe ich nur noch ein kleines Stückchen übrig, welches sehr bergig ist. Das, und nur das, kann ich euch geben.« Freudig stimmten die Albaner zu und zogen in ihre neue Heimat.

DREI Tage später erschienen die Griechen. »Wir sind gekommen, um uns unser Stück Land bei dir abzuholen«, sprachen sie zu Gott. Dieser schlug die Hände über seinem Kopf zusammen. »Wo wart ihr denn, als alle anderen hier waren? Jetzt habe ich kein Land mehr!«

»Nun«, sprachen die Griechen, »wir haben gearbeitet, gefeiert, uns ausgeruht und das Leben genossen. Deshalb konnten wir nicht rechtzeitig hier sein.«

Nachdenklich blickte Gott vor sich hin und strich sich über seinen langen Bart. Was sollte er tun? Auch diese, seine Kinder, brauchten doch eine Heimat! Als er den Kopf hob, schaute er in hoffnungsfrohe und erwartungsvolle Augen. Da seufzte er tief und sprach: »Gut, ihr sollt euer Land bekommen. Es ist das Schönste von allen und ich wollte es eigentlich für mich behalten!«

Ich vermute, dass wir Thanasis´ und Giselas Hilfe noch oft in Anspruch nehmen müssen. Sei es bei Behördengängen, Gesprächen mit Handwerkern, oder … um endlich die griechische Sprache ›richtig‹ zu lernen.

Sprechen geht ja soweit auch ganz gut, aber mit dem *Verstehen* haperte es gewaltig. Und … es gibt da zwei Wörter, die ich *immer* verwechsele: *Jatrós* (Arzt) und *Jésaros* (Esel)! Trotz vieler ›Eselsbrücken‹ gelingt es mir einfach nicht, es mir einzuprägen. – Na, wenn ich irgendwann einmal einen Taxifahrer bitten muss, dass er mich zu einem … fährt und dieser dabei in wieherndes Gelächter ausbricht, weiß ich, dass ich die Wörter *wieder* verwechselt habe. –

Wen, besser gesagt *was* ich jedoch unbedingt noch erwähnen muss, sind unsere … Dorfkatzen!
Vom ersten Tag an waren diese Samtpfoten unsere ständigen Besucher. Eine machte den Anfang und kundschaftete aus, ob sich bei den ›Neulin-

gen‹ eine weitere Futterquelle erschließt. Natürlich war dem so! Rasch sprach es sich unter den Pelzchen herum und so wurden es von Tag zu Tag mehr. Zu Spitzenzeiten zählten wir elf Katzen! Nach zuerst vorsichtigen Annährungen wurden sie immer zutraulicher und brachten schließlich sogar ihren neugeborenen Nachwuchs mit. Wir mochten sie alle, wobei uns eine besonders ans Herz wuchs. Ein ganz lieber, roter Kater, den mein Mann Garfield nannte. Er war lange Zeit der Einzige, der uns auch im Haus besuchen durfte, fraß alles, was man ihm gab und war sehr zutraulich.

Eines Tages zu Beginn einer unserer zweiwöchigen Aufenthalte, gesellte sich ein Neuer hinzu. Wir hatten noch nicht einmal die Koffer ausgepackt, als es vor der Tür bereits maunzte.

Sechs unserer altbekannten Samtpfoten waren aufmarschiert und hatten *ihn* im Schlepptau. Einen schon ziemlich betagten, schwarzweißen, ungepflegt wirkenden, struppigen Kater. Seine Augen waren verklebt, der Großteil seiner Zähne fehlte und … er sabberte wie ein Wasserfall! Letzteres nahmen wir zum Anlass, ihn spontan *Sabber* zu nennen.

Wir füllten also hurtig die Katzennäpfe, um die hungrige Bande abzufüttern. Doch schnell bemerkten wir, dass Sabber das harte Trockenfutter nicht beißen konnte. Er tat uns furchtbar leid. Also bekam er etwas Nassfutter, das er dankbar hinunterschlang. Zwei Tage lang beobachteten wir, dass er sich immer etwas abseits von seinen Artgenossen hielt. Da konnte Antony das jammervolle Bild nicht mehr ertragen und beschloss: »Heute ist Badetag für Sabber!«

Kurzentschlossen schnappte mein Mann sich eine Plastikwanne und füllte diese mit lauwarmem Wasser, zweckentfremdete ein Geschirrtuch, – wir haben es danach nicht mehr als solches benutzt! – und streifte sich vorsorglich Handschuhe über. Nun aber stellte sich heraus, dass er mindestens eine Hand zu wenig hatte! Schließlich wollte, beziehungsweise *musste*, er den Kater ja auch mit etwas Futter die Badeprozedur schmackhaft machen. Ohne lange zu überlegen strich Antony sich etwas Dosenfutter oberhalb der Handschuhmanschetten auf seinen Unterarm. Nun konnte es losgehen. Ganz nach dem Motto »Ratz fatz, rubbel die Katz!«

Zuerst war es Sabber nicht ganz geheuer, was da mit ihm angestellt wurde, aber kaum hatte er das Futter gerochen, begann er es von Antonys Arm zu schlecken. Alles andere schien ihm egal. So konnte mein Mann ihn mit der einen Hand festhalten und mit der anderen behutsam säubern. Ganz entspannt ließ der alte Kater alles über sich ergehen. Im Laufe der folgenden Minuten scharrten sich immer mehr Katzen um ihren Artgenossen und meinen Mann und beobachteten fasziniert das Geschehen. Es dauerte ungefähr eine halbe Stunde, bis Antony mit seiner Arbeit fertig war und ein blitzsauberer Sabber sich seinen Kumpels präsentierte. Wundersamer Weise behielt er diesen gepflegten Zustand den Rest unseres Urlaubs bei und auch sein Speichelfluss verringerte sich.

Natürlich gibt es noch viel mehr über unsere Samtpfoten und die restlichen Dorfbewohner zu erzählen, aber das würde jetzt doch ausufern.

In den vergangenen Jahren haben viele großartige Menschen, Griechen und Deutsche, unseren Weg gekreuzt, und wir werden bestimmt noch weiteren begegnen. Mit dem einen wird man etwas mehr Kontakt haben, mit dem anderen etwas weniger, aber das Wichtigste was uns mit all diesen Leuten verbindet, war und ist … die Liebe zu Griechenland!

Wen ich aber auf jeden Fall hier und jetzt noch erwähnen möchte, ist unsere Nachbarin, denn sie ist:

Eine ganz besondere Frau

Ja! Auch wir haben *SIE*. *Wen*? Na, die Dorfälteste natürlich! Diese hochangesehenen, alten Menschen, die zu jedem Dorf gehören und denen jeder, ob Einheimischer oder Zugezogener, Respekt und Achtung entgegenbringt. Diese Menschen, die allein durch ihre Anwesenheit einem Dorf eine Seele verleihen und die mit ihrer Lebenserfahrung und fast vergessenem Wissen eine Bereicherung jeder Dorfgemeinschaft sind.

Gleich zu Beginn unserer Hausübernahme erfuhren wir, dass in dem Haus gegenüber die Dorfälteste wohne. Innerlich erstarrte ich erst einmal vor Ehrfurcht. Waren diese Leute doch etwas ganz Besonderes für mich! Jutta hatte uns erzählt, dass Frau *Mouriki* sehr nett sei und sich über jeden freue, der ein paar Worte – natürlich auf Griechisch – mit ihr wechselte.

Für Antony und mich war es selbstverständlich, die zierliche alte Dame, die die meiste Zeit des Tages auf ihrem Balkon saß, zu grüßen. Als wir erfuhren, dass sie uns mochte und auch immer einen wachsamen Blick auf unser Haus habe, freuten wir uns ganz besonders.

Im Laufe unserer nächsten Urlaube wagte ich dann auch schon mal eine kleine Unterhaltung … und ärgerte mich, weil meine Sprachkenntnisse nicht ausreichten, um ein längeres Gespräch mit ihr zu führen, da ich Probleme hatte, ihren Dialekt zu verstehen. Zu gerne hätte ich jedoch Näheres über sie erfahren und ein paar Geschichten aus ihrem Leben gehört.

Eines Tages bat ich kurzentschlossen unseren Nachbarn Thanasis für mich zu dolmetschen. Zu meiner großen Freude erklärte Frau Mouriki sich sofort bereit ein wenig aus ihrem Leben zu plaudern.

Wann genau sie geboren wurde wusste sie nicht mehr, aber sie sei so etwa neunzig Jahre alt. Geboren war sie in *Arachova*, einem kleinen Ort in der Nähe von Delphi und kam als kleines Kind mit ihren Eltern in den Ort bei Aigio. Besonders freute sie sich über den hübschen Vornamen, den ihre Eltern ihr gegeben hatten: *Sotiria*. Er bedeutet *Retterin* oder auch *Helferin*, und sie sollte ihrem Namen in späteren Jahren alle Ehre machen.

Mit ihren vier Geschwistern wuchs sie wohlbehütet in dem kleinen Dorf auf. Sie spielte als kleines Kind am liebsten mit ihren selbstgemachten Puppen oder mit anderen Dorfkindern. Bereits während ihrer sechsjährigen Schulzeit half sie ihren Eltern bei der schweren Arbeit, die auf den Feldern, in den Weinbergen oder den Olivenplantagen verrichtet werden mussten. Da in damaliger Zeit weder Maschinen, noch Fahrzeuge zur Verfügung standen, die die Arbeit und den Transport erleichterten, und man sich glücklich schätzen konnte, wenn man wenigstens einen Esel sein

Eigen nennen durfte, blieb nur wenig freie Zeit. In den wenigen Stunden, in denen nicht auf den Feldern gearbeitet wurde, musste die Hausarbeit erledigt werden. Da wurde genäht, gewaschen und geputzt.

Abends saß die Familie zusammen und die Kinder lauschten den Erzählungen und Geschichten der Eltern, oder sangen die alten Volksweisen. Trotz der harten Arbeit hatte Sotiria jedoch viel Freude am Leben. Sie war überzeugt, dass die Menschen damals glücklicher und zufriedener waren als heutzutage.

Überaus stolz war sie auf einen ihrer beiden Brüder, der als Pope viele Jahre die Kirche *Agios Andreas* in Hatzi leitete.

Sie war noch sehr jung, als sie ihren Mann heiratete. Er stammte aus dem Dorf und sie war schon lange heimlich in ihn verliebt. Sie führten eine glückliche Ehe und bekamen vier Kinder. Als ihr Mann vor zwanzig Jahren verstarb, waren ihr ihre Kinder ein großer Trost.

Trotz der schweren Jahre ermöglichte Frau Mouriki den vier eine gute Ausbildung. Patroula wurde Beamtin und lebt mit ihrer Familie in Athen; Chrisoula wurde Sekretärin und wohnt im Nachbarort, wo sie neben ihrer Arbeit auch als Bäuerin tätig ist; Stamatis, der Jüngste, arbeitete als Beamter beim Finanzamt in Aigio; und Andonis, der Älteste, lebte bei seiner Mutter und erledigte all die täglich anfallenden Arbeiten. Alle kümmerten sich liebevoll um die betagte Dame und besuchten sie regelmäßig. – Vielleicht auch, weil sie so eine begnadete Köchin war? –

Auch die schwere Zeit nach dem Krieg ist noch tief in ihrer Erinnerung verwurzelt. Trotz aller Widrigkeiten gehörten sie, und ihre Familie, zu den Glücklichen, die keinen Hunger leiden mussten. Die Gaben der Natur sicherten ihnen genauso das Überleben, wie der Zusammenhalt der Familie und ihre unbändige Lebensfreude. Heute macht es sie traurig, wenn sie die Menschen beobachtet. Sie haben alles im Überfluss und sind doch nie zufrieden. Missgunst, Streit und Unzufriedenheit beherrschen deren Leben. Dabei könnte es doch gerade hier, in diesem kleinen Ort auf der Peloponnes, wie im Garten Eden sein!

Ebenso unvergessen ist für sie die Zeit nach dem großen Erdbeben von 1963. Da der Ort fast vollständig zerstört wurde, wurden die Bewohner nach *Mesinesi*, unterhalb des Hospitals umgesiedelt. Sie bekamen vom Staat neue Häuser und nur wenige blieben und bauten ihre zerstörten Häuser wieder auf. So auch Frau Mouriki. Sie wollte ihre Heimat, ihr Paradies, um nichts in der Welt aufgeben.

Die längste Reise, die sie je unternommen hatte, war eine Fahrt nach Athen, um ihre dort lebende Tochter und deren Familie zu besuchen. Doch die große Stadt gefiel ihr gar nicht. Der Verkehr, der Lärm, die vielen Menschen und die ungewohnten Gerüche raubten ihr den Atem. Da lobte sie sich doch ihre frische, saubere Landluft.

Gerne schwelgte unsere Nachbarin auch in Erinnerungen an die früheren Dorffeste. Damals, als noch Musikanten durchs Land zogen und die Leute mit ihren Melodien und Liedern begeisterten. Da konnte die Last und Mühe des Tages bei Gesang und Tanz schon mal für ein paar Stunden in Vergessenheit geraten. Auch heute noch hört die alte Dame gerne Volksmusik mit Klarinette, Violine und Bouzuki, oder freut sich, wenn im Fernseher alte Spielfilme gezeigt werden, weil ihr die damaligen Schauspieler bedeutend besser gefallen, als die heutigen.

Ihr hohes Alter führt sie auf die gesunde Ernährung zurück. Öl, Früchte und Gemüse sind ihr Lebenselixier und viel frische Luft. Sie hat sich fest vorgenommen mindestens 100 Jahre alt zu werden und meiner Meinung nach schafft sie es auch! – Die Wetten im Dorf belaufen sich sogar auf mindestens 105 bis 110 Jahre! –

Es gab viele Höhen und Tiefen im Leben unserer Frau Mouriki, doch durch ihren unbändigen Lebenswillen ließ sie sich nie unterkriegen. Vielleicht wird sie auch deshalb von allen im Dorf verehrt. Sie ist wirklich eine bewundernswerte, großartige alte Dame und mein Mann und ich mögen sie sehr.

Als ich mich von Frau Mouriki verabschiedete, schenkte mir Spiros, der Ehemann von Frau Mourikis Tochter Patroula, eine Tüte mit *Musmulla*. Ich hatte nie zuvor Mispeln gegessen und war überrascht, wie schmackhaft die leicht säuerlichen

Früchte waren. Leider würde ich nun bis zum nächsten Jahr warten müssen, bis ich sie wieder genießen konnte. In Deutschland habe ich sie bislang nicht auftreiben können.

Vielleicht ist dies eine Geschichte, wie es sie hundertfach in Griechenland und auf der Welt gibt.
Für uns aber ist es eine ganz besondere, weil es
die Geschichte unserer Frau Mouriki ist.

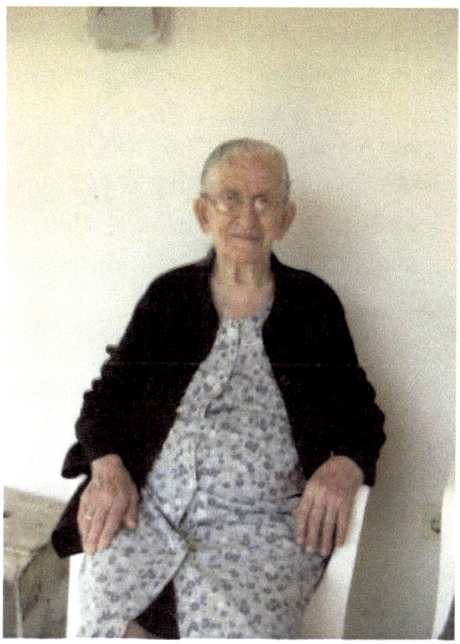

Zum ersten Mal seitdem ich griechischen Boden betreten habe, überkommt mich bei der Abreise kein Abschiedsschmerz mehr.
Und zum ersten Mal haben Antony und ich das tiefe, warme Gefühl ›zu Hause‹ zu sein.

Der über viele Jahre hinweg dauernde Traum ist kein Traum mehr. Er ist Wirklichkeit geworden. Und wer weiß, was das Schicksal noch alles mit uns vorhat, in unserem Paradies?

Sicher, die Verständigung ist immer noch recht holperig. Auch gibt es in meinem Traumland einige Dinge, die mir wohl auf ewig ein Rätsel bleiben werden. Aber macht dies nicht gerade den Reiz aus? Meine tiefen Gefühle für dieses großartige Land und dessen wunderbare Menschen, haben sich in den vergangenen Jahrzehnten nicht verändert. Und das wird auch in Zukunft so bleiben. Da bin ich mir ganz sicher; denn:

In meinem Herzen bin ich Griechin!

Grüne Täler, sanfte Hügel,
meiner Seele wachsen Flügel.
Die Welt getränkt in Blütenduft,
wie Samt und Seide ist die Luft.

Weit der Himmel, blau das Meer,
ein leichter Wind von Süden her.
Das Land getaucht in goldenes Licht,
welches silbern sich auf den Wellen bricht.

Weiße Häuser, schmale Gassen,
stille Dörfer, teils verlassen.
Oliven- und Orangenhaine,
das Land des Ouzo und der Weine.

Esel, meistens voll beladen,
gemächlich durch die Straßen traben.
Geckos in der Sonne sitzen,
um bei Gefahr davon zu flitzen.

Am Hafen, mit verträumten Blicken,
Fischer ihre Netze flicken.
Auch Hirten mit ihren Ziegenherden,
trifft man noch häufig in den Bergen.

Der Grieche herzlich, gern in Gesellschaft,
mit Freuden singt, tanzt und lacht.
Gastfreundschaft wird groß geschrieben,
als sei die Zeit einfach stehengeblieben.

Antike Stätten, stumme Zeugen alter Zeit,
weisen in die Vergangenheit.
Ruinen, Säulen und Odeen,
lassen uns das ›Damals‹ sehen.

Mythen, alte Göttersagen,
ranken schon seit Jahr und Tagen,
ihr geheimnisvolles Band,
um dieses wunderbare Land.

Athene, Zeus und Helena,
bringen uns die Geschichte nah.
Auch die Kunst aus jener Zeit,
noch heute unsere Sinne erfreut.

Große Dichter und Gelehrte,
übermittelten uns Werte,
die auch jetzt noch gültig sind
und es kennt sie jedes Kind.

Sokrates und Platon waren
damals schon berühmte Namen.
Auch der Hippokrat´sche Eid,
hat gezeigt Beständigkeit.

Dunkelheit senkt sich hernieder
und von fern erklingen Lieder.
Von Sehnsucht, Liebe und auch Schmerz,
ein Zauberbann umschließt mein Herz.

Bouzoukiklänge zart und sacht,
tönen leise durch die Nacht.
Zikaden stimmen fröhlich ein,
umhüllt vom Mondes Silberschein.

Am Firmament ein Sternenmeer,
jeder Abschied fällt mir schwer.
Leis plätschern Wellen an den Strand,
oh, mein geliebtes Griechenland!